Iris Kürschner

Piemont Süd

Vom Monviso bis zu den Ligurischen Alpen

50 ausgewählte Wanderungen und Treks

ROTHER
BERGVERLAG

Vorwort

Feinschmeckern ist das Piemont längst ein Begriff, man denkt an Trüffel und vollmundigen Wein, an hausgemachte Pasta und diese unermessliche Fülle kreativer Antipasti. Man denkt auch an mittelalterliche Dörfer und grüne Hügelwellen, gekrönt von Burgen und herrschaftlichen Weingütern. Wer vom Piemont spricht, meint fast immer die Langhe, das hügelige Mittelland. Sicherlich herrlich zum Spazierengehen, doch braucht es dafür einen Wanderführer? Dieses Buch hat vor allem Neuentdeckungen im Sinn, denn in der zweitgrößten Region Italiens schlummern Schätze, die erst allmählich vom Tourismus entdeckt werden und deren Erkundung fast schon einer Pionierreise gleicht: die wilden Alpentäler der Provinz Cuneo, deren Grate sich auf kurzer Distanz von der Po-Ebene zum Grenzkamm aufschwingen und einen besonders gelungenen Landschaftsakt im Alpenbogen bilden, der sich wie ein gigantisches Amphitheater um die Provinzhauptstadt Cuneo schmiegt.
Viele Täler sind von der Landflucht, die in den 1950er-Jahren einsetzte, stark betroffen. Mitunter sind ganze Dörfer entvölkert, in vielen leben nur noch ein paar Alte. Durch die fehlende Kultivierung des Bodens verwildert das Land, wachsen die Wege zu, erobern dichte Wälder die Hänge. Dadurch sind zumeist die vorderen bis mittleren Talabschnitte zum Wandern eher unattraktiv. Doch eine Etage höher, auf den aussichtsreichen Graten oder in den Talschlüssen, wird es richtig spannend. Eine raue, unverfälschte Natur zieht in ihren Bann, schärft die Sinne und lädt zum Entdecken ein, gerade weil nicht alles so perfekt durchorganisiert ist wie in den Österreichischen, Deutschen oder Schweizer Alpen. Keine Seilbahnen, nicht permanent ein Ausflugslokal, keine Wanderkolonnen, keine Wegweiserparcours. In den letzten Jahren sind die Naturoasen wieder entdeckt worden, wird das Wegenetz zunehmend ausgebaut und mit Farbklecksen hinreichend markiert, und auch die Dörfer bekommen wieder Leben: Die Häuser werden zu Ferienwohnungen für Städter renoviert oder von jungen Aussteigern bewohnt. Jedes Tal ist eine Welt für sich, hat seine eigene Mentalität, seinen speziellen Charakter, seine Spezialitäten. Neben der Natur sind es vor allem auch die Gastfreundschaft und die Offenheit der Menschen, die begeistern.
Der legendäre Monviso, Mythosberg der Piemontesen und Wahrzeichen der Provinz Cuneo, macht den Auftakt zu einer ganzen Reihe von Hochgebirgstouren, die mitunter auch die Grenze wechseln, was für noch mehr Abwechslung sorgt. Das Projekt »Alpes sans Frontières«, Alpen ohne Grenzen, hat die Autorin zu grenzüberschreitenden Mehrtagestrekkings animiert. So kommt man in den Genuss zweier verschiedener Mentalitäten und Landschaften. Da es in den piemontesischen Tälern keine Aufstiegshilfen gibt, stehen steile Anstiege häufig an der Tagesordnung. Einmal auf der Höhe, bietet es sich da eher an, von Hütte zu Hütte zu wandern, als am selben Tag kniemörderisch steil zum Ausgangspunkt zurückzukehren. Nicht zuletzt stellt so eine Mehr-

tagestour auch die beste Möglichkeit dar, einmal so richtig vom Alltag abzuschalten.
Vom Val Po bis zum Val Stura bewegen wir uns in den Cottischen Alpen, südlich davon reicht das Tourengebiet bis weit in die Seealpen hinein. Neben zahlreichen Wanderungen im Parco Naturale delle Alpi Marittime werden auch Kombinationen mit dem angrenzenden französischen Nationalpark Mercantour vorgestellt. Den Abschluss macht der Naturpark Pesio-Tanaro, der sich jenseits des Tenda-Passes bereits in den Ligurischen Alpen befindet. Das einzigartige Karstmassiv, das in der Punta Marguareis kulminiert, erinnert stark an die Dolomiten und wird deshalb von den Piemontesern gerne auch als »die kleinen Dolomiten von Cuneo« bezeichnet.
Neben zahlreichen Mehrtagestreks von zwei bis elf Tagen Länge beinhalten die 50 Wandervorschläge auch einfache bis anspruchsvolle Tagestouren. Von der »schwarzen« Kategorie sollte man sich nicht abschrecken lassen, unter »Variante« ist meist auch eine »blaue« Möglichkeit vorgeschlagen. Bei der Routenwahl wurde auf landschaftliche Abwechslung, kulturelle Besonderheiten, Bergseen und viel Panorama geachtet.
Da durch viele Faktoren ständig Veränderungen eintreten können, freut sich die Autorin über Hinweise zur Berichtigung oder auch ganz persönliche Lesertipps.

Ein Dankeschön …
… an Armando Erbi und Manuela Dutto von Conitours, an Daniela Salvestrin vom A.T.L. del Cuneese, an Giorgio Bernardi vom Parco Naturale Alpi Marittime und alle Hüttenwarte für die Unterstützung zu diesem Buch, ganz besonders auch an Peter Vogt, dem das Maira-Tal zur zweiten Heimat geworden ist und der uns immer wieder mit tollen Tipps versorgt hat. Mit uns meine ich meinen Partner, Sherpa, Motivator, Masseur, Computerspezialist und Mitarbeiter Dieter Haas, ohne den die Buchrecherche nur halb so viel Spaß gemacht hätte.

Grenzach, Sommer 2024
Iris Kürschner

Inhaltsverzeichnis

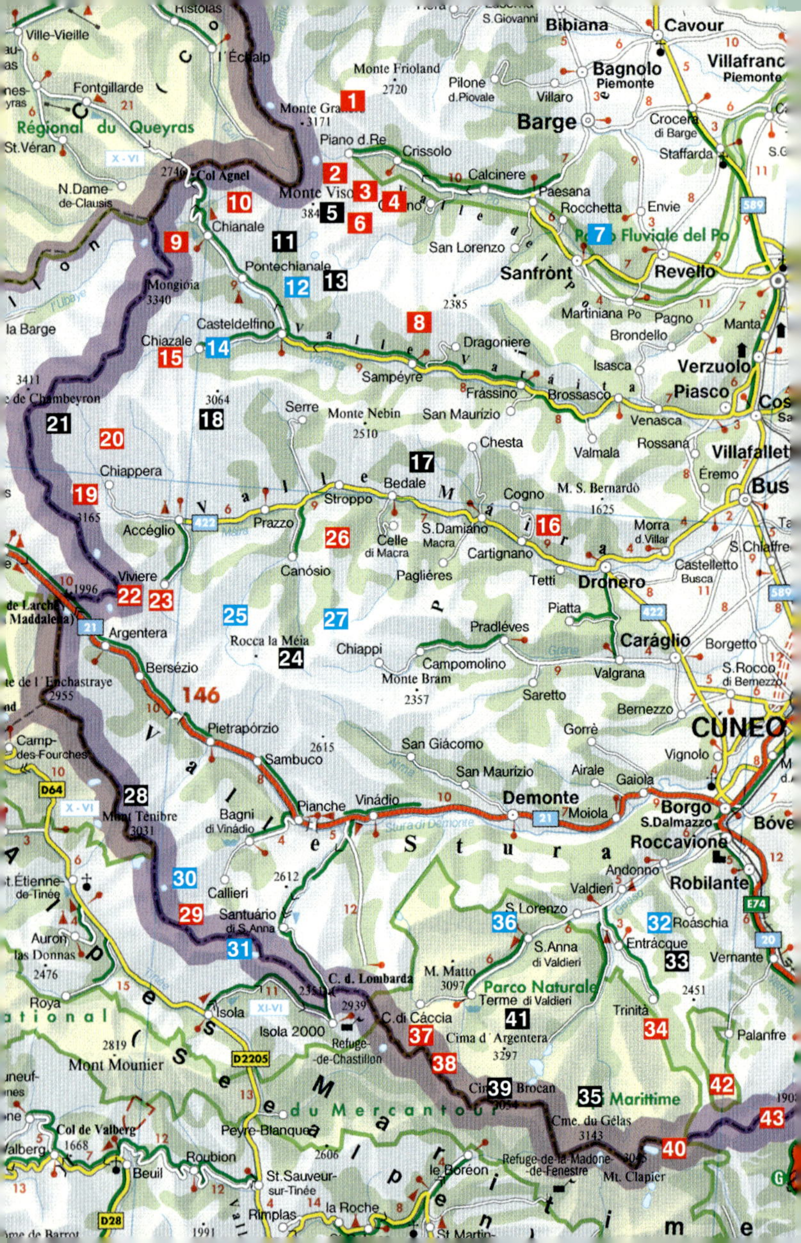

Ristolas
Ville-Vieille
l'Échalp
Fontgillarde
Régional du Queyras
St.Véran
X - VI
N.Dame-de-Clausis
2746
Col Agnel
Monte Granero
3171
Piano d.Re
Crissolo
Monte Viso
3841
Calcinere
Paesana
Rocchetta
Envie
Monte Frioland
2720
Pilone d.Piovale
Villaro
S.Giovanni
Bibiana
Cavour
Bagnolo Piemonte
Villafranca Piemonte
Barge
Crocera di Barge
Staffarda
589
Parco Fluviale del Po
Revello
Sanfront
San Lorenzo
Chianale
Pontechianale
Mongioia
3340
l'Ubaye
la Barge
Casteldelfino
Chiazale
Sampéyre
Dragoniere
2385
Martiniana Po
Pagno
Manta
Brondello
Isasca
Verzuolo
Piasco
Frássino
Brossasco
Venasca
San Maurizio
Monte Nebin
2510
Serre
3064
3411
Col de Chambeyron
Chiappera
Chesta
Valmala
Rossana
Villafalletto
Éremo
Bedale
Stroppo
Cogno
M. S. Bernardò
1625
Busca
Acceglio
422
Prazzo
Celle di Macra
S.Damiano Macra
Cartignano
Morra d.Villar
S.Chiaffredo
Castelletto Busca
3165
Canósio
Paglières
Tetti
Dronero
Viviere
1996
Col de Larche (Maddalena)
Argentera
Rocca la Méia
Chiappi
Piatta
Pradlèves
Caráglio
Borgetto
Campomolino
Monte Bram
2357
Valgrana
S.Rocco di Bernezzo
Bersézio
Col de l'Enchastraye
2955
146
Saretto
Bernezzo
Pietrapórzio
Sambuco
2615
San Giácomo
Gorrè
CUNEO
Vignolo
Camp-des-Fourches
D64
Monte Ténibre
3031
Bagni di Vinádio
Pianche
Vinádio
San Maurizio
Airale
Gaiola
Demonte
Moiola
Borgo S.Dalmazzo
Bóves
Stura di Demonte
Stura
Roccavione
Andonno
Robilante
St.Étienne-de-Tinée
2612
Callieri
Valdieri
S.Lorenzo
E74
Santuário di S.Anna
Roáschia
Auron
las Donnas
2476
S.Anna di Valdieri
Entrácque
Vernante
M. Matto
3097
C. d. Lombarda
2351
Parco Naturale
Terme di Valdieri
2451
Roya
Isola
XI-VI
Isola 2000
2939
C.di Cáccia
Trinità
Palanfrè
Refuge-de-Chastillon
Cima d'Argentera
3297
2819
Mont Mounier
D2205
Cima di Brocan
3054
Alpi Marittime
Col de Valberg
1668
Valberg
Peyre-Blanque
du Mercantour
Cme. du Gélas
3143
Roubion
2606
Refuge-de-la-Madone-de-Fenestre
Mt. Clapier
3045
Beuil
St.Sauveur-sur-Tinée
le Boréon
Rimplas
la Roche
D28
1991
St.Martin-
Alpes
Maritime

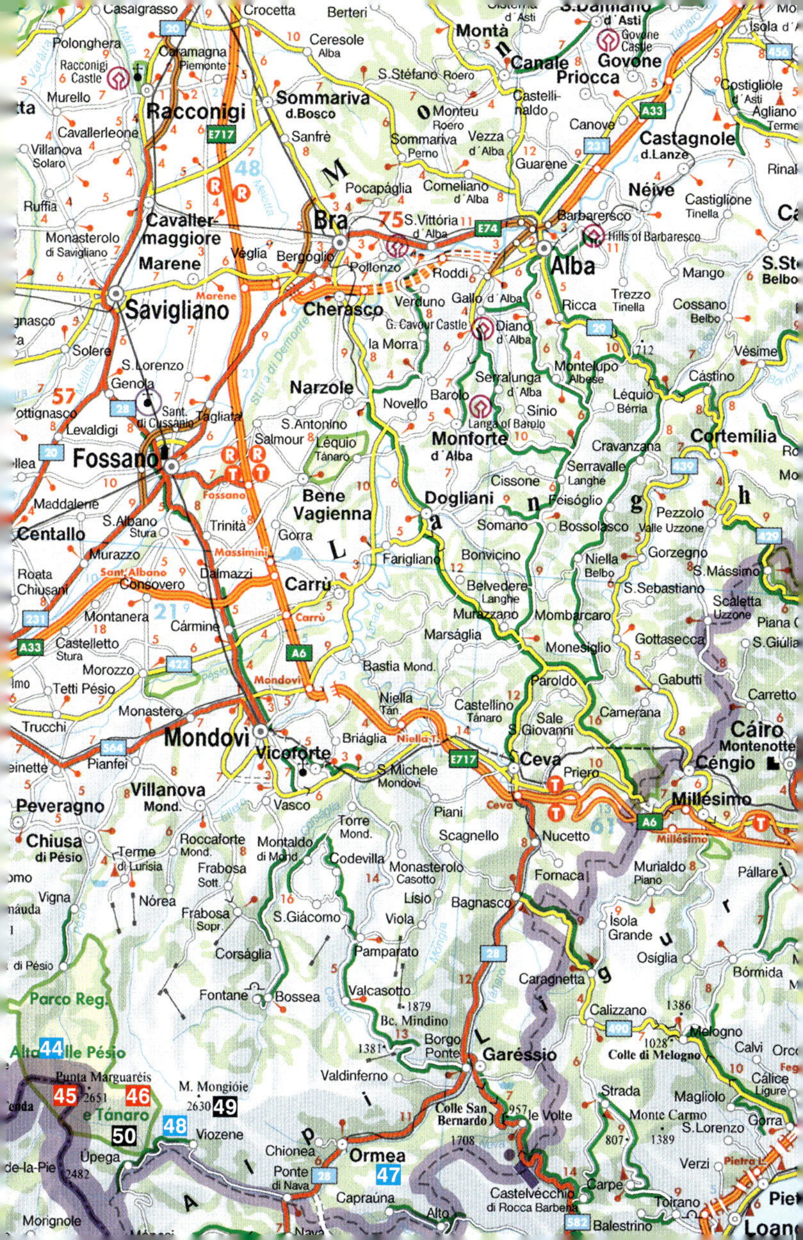

Casalgrasso
Crocetta
Berteri
Montà
Canale
S.Damiano d'Asti
Govone Castle
Govone
Priocca
Isola d'Asti
Polonghera
Carmagna Piemonte
Racconigi Castle
Racconigi
Ceresole Alba
S.Stéfano Roero
Sommariva d.Bosco
Monteu Roero
Castellinaldo
Costigliole d'Asti
Agliano Terme
Murello
Cavallerleone
Villanova Solaro
Sanfrè
Sommariva Perno
Vezza d'Alba
Canove
Castagnole d.Lanze
Guarene
Pocapáglia
Corneliano d'Alba
Néive
Castiglione Tinella
Ruffia
Cavallermaggiore
Bra
S.Vittória d'Alba
Barbaresco
Hills of Barbaresco
Monasterolo di Savigliano
Marene
Véglia
Bergoglio
Pollenzo
Roddi
Alba
Mango
S.Stefano Belbo
Savigliano
Cherasco
Verduno
Gallo d'Alba
Ricca
Trezzo Tinella
Cossano Belbo
G. Cavour Castle
Diano d'Alba
la Morra
Vésime
Solere
S.Lorenzo
Genola
Montelupo Albese
Cástino
Narzole
Serralunga d'Alba
Barolo
Novello
Sínio
Léquio Bérria
Sant. di Cussanio
Tagliata
Levaldigi
S.Antonino
Salmour
Léquio Tánaro
Langa of Barolo
Monforte d'Alba
Cravanzana
Cortemilia
Fossano
Serravalle Langhe
Cissone
Maddalene
Bene Vagienna
Dogliani
Feisóglio
Centallo
S.Albano Stura
Trinità
Somano
Bossolasco
Pezzolo Valle Uzzone
Gorra
Murazzo
Massimini
Bonvicino
Niella Belbo
Gorzegno
Roata Chiusani
Sant'Albano
Dalmazzi
Consovero
Farigliano
S.Mássimo
Carrù
Belvedere Langhe
S.Sebastiano
Montanera
Murazzano
Scaletta Uzzone
Cármine
Mombarcaro
Piana Crixia
Castelletto Stura
Marságlia
Gottasecca
S.Giúlia
Morozzo
Monesíglio
Tetti Pésio
Bastia Mond.
Mondovì
Paroldo
Gabutti
Carretto
Monastero
Niella Tán.
Castellino Tánaro
Camerana
Trucchi
Mondovì
Vicoforte
Briáglia
Sale S.Giovanni
Cáiro Montenotte
Pianfei
Ceva
Priero
Céngio
S.Michele Mondovì
Millesimo
Villanova Mond.
Peveragno
Vasco
Piani
Torre Mond.
Chiusa di Pésio
Roccaforte Mond.
Montaldo di Mond.
Scagnello
Nucetto
Terme di Lurisia
Frabosa Sott.
Codevilla
Monasterolo Casotto
Fornaca
Murialdo Piano
Pállare
Vigna
Nórea
Lísio
Bagnasco
Frabosa Sopr.
S.Giácomo
Viola
Ísola Grande
Corságlia
Pamparato
Osíglia
Bórmida
Caragnetta
Fontane
Bossea
Valcasotto
Calizzano
Parco Reg. Alta Valle Pésio e Tánaro
Bc. Mindino
Borgo Ponte
Melogno
Calvi
Colle di Melogno
Garéssio
Valdinferno
Cálice Ligure
Punta Marguaréis
M. Mongióie
Strada
Magliolo
Colle San Bernardo
le Volte
Monte Carmo
S.Lorenzo
Viozene
Upega
Chionea
Ormea
Ponte di Nava
Verzi
Capraúna
Carpe
Castelvécchio di Rocca Barbena
Toirano
Alto
Morignole
Balestrino
Loano
Alpi
Langhe
Liguria

Touristische Hinweise

Zum Wanderführer

Die Beschreibung des Wegverlaufs ist, besonders wo eindeutige Wege und Markierungen vorhanden sind, möglichst knapp gehalten. Aufgrund des oft unzureichenden öffentlichen Verkehrsnetzes werden die Wanderungen, soweit es das Gelände erlaubt, als Rundtour mit identischem Ausgangs- und Endpunkt vorgestellt. Einige Wanderungen lassen sich verknüpfen, was unter Variante vermerkt ist. Von der »schwarzen« Kategorie nicht abschrecken lassen, mitunter ist unter Variante eine »blaue« Möglichkeit vorgeschlagen.

Anforderungen

Der Großteil der hier vorgestellten Wanderungen führt über gut markierte Wege und Pfade. Oft müssen jedoch aufgrund des rauen Geländes Trittsicherheit und Kondition vorausgesetzt werden. Meist leiten neben Hinweisschildern auch Farbtupfer durchs Gelände.
Auf besondere technische Anforderungen wie z. B. Gletscherüberquerungen, Kletterei, heikle Passagen etc. wird bei den einzelnen Touren hingewiesen. Damit das Niveau der einzelnen Wanderungen sofort ersichtlich ist, sind die Nummern der Wandervorschläge mit verschiedenen Farben gekennzeichnet:

Klettersteig an der Rocca Senghi (Tour 15, Val Varaita).

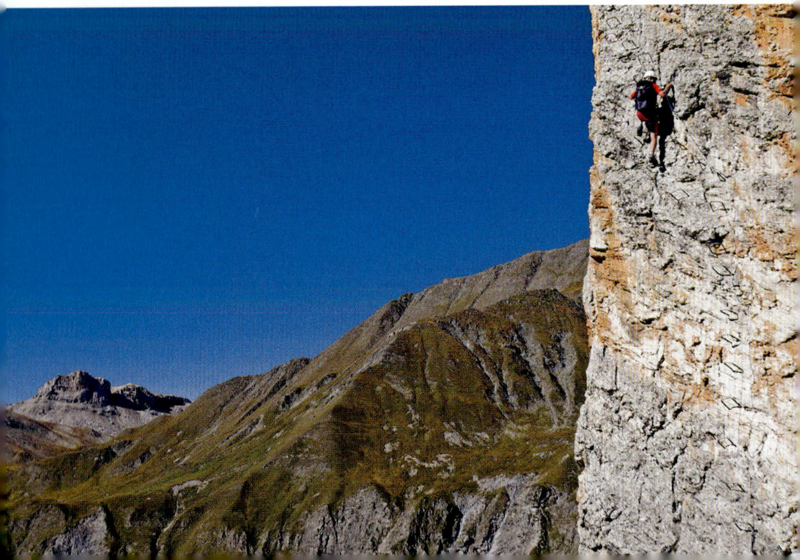

Leicht Einfache Wanderungen auf bestens markierten, meist breiten Wanderwegen, die in der Regel kaum ausgesetzt und nur mäßig steil sind. Sie erfordern keine Bergerfahrung und sind für jeden Konditionstyp geeignet. Diese Routen sind auch bei Schlechtwetter verhältnismäßig gefahrlos begehbar.

Mittel Wanderungen für Fortgeschrittene; sie setzen eine gewisse Trittsicherheit, Schwindelfreiheit und Kondition voraus. Festes Schuhwerk ist absolut unerlässlich. Die Wege sind in der Regel gut markiert, mitunter jedoch schmal und ausgesetzt.

Schwierig Wanderwege und Steige für routinierte Berggänger: trittsicher, schwindelfrei, konditionsstark, orientierungssicher. Die Routen sind in der Regel ausreichend markiert, manche Abschnitte können aber auch unmarkiert und weglos sein. Vielfach sind sie steil und ausgesetzt und erfordern mitunter auch die Zuhilfenahme der Hände (I: leichte Kletterei).

Symbole

- mit Bahn/Bus erreichbar
- Einkehrmöglichkeit
- für Kinder geeignet
- Ort mit Einkehrmöglichkeit
- Einkehrmöglichkeit
- Schutzhaus, Unterstand
- Bushaltestelle
- P eingerichteter Parkplatz
- Gipfel / Pass, Sattel
- Kirche, Kapelle, Bildstock
- Burg, Festung / Brücke
- Aussichtsplatz / Höhle
- Klettersteig
- Abzweig
- Quelle / Wasserfall

Anreise

- Auto: Die schnellste Verbindung von Deutschland per Auto erfolgt über die Schweiz, vom Münchner Raum und Österreich über den Brennerpass durch Südtirol zur Autobahn Milano – Torino.
  Autobahnen: Auf den französischen und italienischen Autobahnen werden Gebühren, je nach Abschnitt in unterschiedlicher Höhe, an sogenannten péages abkassiert. Wer die Autobahnen in der Schweiz benutzt, braucht eine Vignette, wenn er keine kostspielige Buße riskieren will. Sie ist an allen Grenzübergängen erhältlich, kostet 40 SFr und ist jeweils vom 1.12. bis zum 31.1. des übernächsten Jahres gültig.
- Bus und Bahn: Beste Zugverbindungen (trenitalia.com) nach Cuneo, von dort bestehen Busverbindungen (grandabus.it; dossettobus.it; benese.it) in die Alpentäler.
  Weblinks zu Fahrplänen finden sich auch auf gtaweb.de sowie wanderweb.ch.
  Höhepunkt, auch in der Bahngeschichte, ist eine Fahrt mit der Tenda-Bahn von Cuneo nach Ventimiglia oder Nizza.

Top-Touren im südlichen Piemont

Giro del Viso

Rund um den Höchsten der Cottischen Alpen: ein Wanderabenteuer durch wilde Hochtäler und über Pässe, von denen sich die stolze Pyramide des Monviso, des »Königs aus Stein«, am ergreifendsten zeigt (Tour 6, 3 Tage). Varianten ermöglichen auch zur Hauptsaison einsame Wandertage.

Col Longet

Für Seenliebhaber: Ein Picknick an den Laghi Bes, dazu der Blick auf den Monviso – was gibt es Schöneres? (Tour 9, 4.45 Std.). Der Ausgangspunkt, das archaische Dörfchen Chianale, lockt auch mit anderen Touren, z. B. zum Monte Losetta (Tour 10, 2 Tage).

Chersogno und Pelvo d'Elva

Das Matterhorn des Maira-Tals: Im Banne des Chersogno findet diese einmalige Zwei-Tagestour statt, die man sich aber auch als leichte Höhenwanderung an seinem Fuß gestalten kann (Tour 18, 2 Tage).

Tête de la Frema oder Bivacco Barenghi

Ins Herz der Chambeyron-Gruppe: Wasserfälle, einsame Gesteinswüsten, das Bivacco Barenghi am türkis leuchtenden Lago del Vallonasso di Stroppia und die Tête de la Frema mit ihrer einmaligen Schau über den Gipfelreigen bis zur Po-Ebene als Krönung (Tour 21, 6 Std.).

Lago Nero

Vor allem im Herbst ein Zauber: Der Lago Nero, Spiegel des Himmels, ist ein verwunschenes Kleinod zwischen goldenen Lärchen und bietet einen fantastischen Blick auf den Monviso (Tour 25, 4.15 Std.). Gardetta (Tour 23, 6.00 Std.) und die Rocca della Meja (Tour 24, 4.30 Std.) setzen das Staunen fort.

Rund um den Monte Ténibres

Grenzschlängeln zu Seeperlen – mit weltabgeschiedenen Talschlüssen, alten Schmugglerpfaden und mit den Lacs de Vens, die mit zum Schönsten gehören, was der Mercantour-Nationalpark zu bieten hat (Tour 28, 4 Tage).

Sant'Anna di Vinadio

Rückzug in eine wahrhaft göttliche Landschaft: Das Kloster und die seenreiche Wanderrunde am Grenzkamm fördern die innere Einkehr. Besonders schön zur Zeit der herbstlichen Lärchenverfärbung (Tour 31, 3.45 Std.).

Rifugio Emilio Questa

Auf königlichen Pfaden: Wo Italiens König einst jagte, lässt sich heute herrlich wandern.
Der Steinbock, das damalige Objekt der Begierde, hat sich bestens vermehrt und kann einen, am Wegrand dösend, durchaus mal erschrecken (Tour 37, 2 Tage).

Das Tal der Wunder

Zum »Heiligen« Berg: Eine Wahnsinnslandschaft aus Gletscherschliffen breitet sich rund um den Mont Bego aus. Rot oxidierter Fels, der einst als Schreibtafel diente und heute als zweitgrößte Fundstelle von Felsgravuren in den Alpen gilt (Tour 40, 6 Tage).

Rund um die Punta Marguareis

Karstlandschaft vom Feinsten: Viel Abwechslung hält die Landschaft rund um den höchsten Gipfel der Ligurischen Alpen bereit. Zwischen schneeweiß leuchtendem Karstgerippe und faszinierenden Erosionsformen erblüht im Bergfrühling eine ungeheure botanische Vielfalt (Tour 45, 3 Tage). Gekrönt wird der Aufenthalt durch die herzlich geführten Hütten.

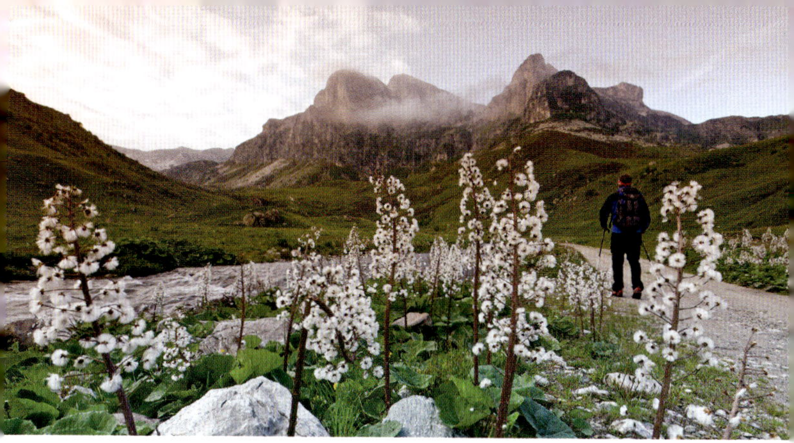

Naturpark Pesio-Tanaro (Ellero-Tal; Touren 45 und 46).

Ausrüstung

Feste Wanderschuhe mit Profilsohle und wetterfeste Kleidung. Sonnenbrille, Sonnencreme und Wanderkarte. Proviant und Getränke, da Einkehrmöglichkeiten unterwegs eher rar sind. Eine kleine Notfall-Apotheke sollte im Rucksack nicht fehlen. Teleskopstöcke erleichtern steile Auf- und Abstiege, eine sogenannte Antishock-Federung hilft dabei, Handgelenke und Arme zu schonen. Bei den hochalpinen Tourenvorschlägen wird auf zusätzlich erforderliche Ausrüstung hingewiesen.

Beste Jahreszeit

Bergfrühling und Herbst stehen für einsame Traumtouren, allerdings auch für eine instabilere Wetterlage. Im Sommer brodelt mitunter die Wetterküche in den Bergtälern, während auf der Po-Ebene der Dunst drückender Hitze lastet. Die feuchte Luft vom Mittelmeer, zusätzlich aufgeheizt von den schnell erwärmten Böden, drückt an die Berge, die morgens noch im goldenen Sonnenlicht erstrahlen, sich aber schnell in Wolken verhüllen, die vor allem nachmittags für heftige Gewitter sorgen. In dieser Zeit ist es ratsam, seine Wanderungen sehr früh zu starten, um auch in den Genuss der Landschaft zu kommen. Wer will schon im Nebel umherirren? Die Hochsaison findet im Juli und August statt. Wer Ruhe sucht, meidet vor allem die Tage um den Ferragosto, den 15. August, wenn ganz Italien frei zu haben scheint.

Literatur

Während die Weinregion und die kulturellen Highlights des Piemont in deutschen Reiseführern hinreichend abgehandelt sind, gibt es zu den Cuneeser Bergtälern nur wenig deutschsprachige Literatur. Ein Trekkingführer über die

Italienisch-deutsch-französisches Lexikon für Wanderer

Italienisch	**Deutsch**	**Französisch**
acqua potabile	Trinkwasser	l'eau potable
altezza, quota	Höhe	altitude
arrampicata	Kletterei	escalade
bivacco	Biwak, Notunterkunft	bivouac
bocchetta	Lücke	brèche
caduta	Steinschlag	chute de pierres
cammino	Weg	chemin
canale	Steilrinne	couloir
cima, vetta, sommita	Gipfel, Spitze	cime, sommet
colle, passo	Pass	col, pas
colletto	Joch	collet
cresta	Kamm	crête
custode	Hüttenwart	gardien
detriti	Geröll, Schutt	éboulis
discesa	Abstieg	descente
falesia	Felswand	falaise
funivia	Seilbahn	funiculaire
ghiacciaio	Gletscher	glacier
gola	Schlucht	gorge
grange, grangia	Alp	grange
nebbia	Nebel	brouillard
neve	Schnee	neige
ometto	Steinmann	cairn
parete	Wand	paroi
pendio	Hang	pente
pericoli	Gefahren	danger
piccozza	Eispickel	piolet
ponte	Brücke	pont
posa di segnali	Markierung	balisage
ramponi	Steigeisen	crampons
rifugio custodito	bewartete Hütte	refuge gardé
salita	Besteigung, Aufstieg	ascension, montée
sella	Sattel	baisse
sentiero	Fußweg, Pfad	sentier
testa	Kopf	tête
torrente, rio	Bach	ruisseau
tornante	Serpentine	lacet
traversata	Querung	traversée
valle, val	Tal	vallée
zaino	Rucksack	sac à dos

Seealpen ist im Rotpunktverlag erschienen: »Seealpen«, von Werner Bätzing und Michael Kleider. Des Weiteren sind von den beiden Autoren im selben Verlag erschienen: »Valle Stura« und »Die Ligurischen Alpen«. Wissenswertes über das Maira-Tal in: »Antipasti und alte Wege« von Ursula Bauer und Jürg Frischknecht, Rotpunkt Verlag.
Viele Informationen und Hintergrundgeschichten zur Region finden sich auch im Bildband »Grande Traversata delle Alpi«, Rother Bergverlag, außerdem in den GTA-Wanderbüchern von Werner Bätzing, Band 1: »Grande Traversata delle Alpi – Der Norden« und Band 2: »Grande Traversata delle Alpi – Der Süden«, Rotpunktverlag. Aktualisierung der Rotpunktbücher unter wanderweb.ch. Unterhaltsam geschrieben ist »Der Weg – Vom Monte Rosa zum Mittelmeer« von Eberhard Neubronner, Berg & Tal Verlag.
In »Hüttentrekking Westalpen«, Rother Bergverlag, bewegen sich 9 der 30 vorgestellten Weitwanderungen im südlichen Piemont. Im Rother Bergverlag ist ein kompakter Wanderführer zur GTA erschienen. Ein Krimi spielt im Varaita-Tal südlich des Monviso: »Der Steingänger« von Davide Longo, btb-Verlag. Ans Herz gelegt werden kann auch »Der verschollene Deutsche« von Nuto Revelli, C.H. Beck Verlag, ein bewegendes Buch über die Rachefeldzüge der Deutschen und Partisanen im Zweiten Weltkrieg im Raum Cuneo. Eine Vertiefung in die Arbeit der Slow-Food-Bewegung gibt deren Gründer Carlo Petrini: »Slow Food – Genießen mit Verstand«, Rotpunktverlag. Um sich für die GTA zu sensibilisieren, lohnt der Bildband »Die Alpen – Das Verschwinden einer Kulturlandschaft« von Werner Bätzing, wbg Theiss Verlag. Ein Gesamtwerk zum Wandel in den Alpen.

Naturschutz

Dass die Alpen als »Playground of Europe« enormen Belastungen ausgesetzt sind und dass jeder einzelne »Bergbenutzer« eine Mitverantwortung trägt, darüber müsste eigentlich nichts mehr gesagt werden. Oder doch? Jeder sollte dafür sorgen, dass der Müllhaufen da oben nicht weiter anwächst. Warum sich nicht zur Gewohnheit machen, außer seinem eigenen Abfall auch zurückgebliebenen Müll anderer wieder hinab ins Tal zu tragen? Besondere Regeln gelten im Parco Naturale delle Alpi Marittime und im französischen Nationalpark Mercantour. Informationstafeln an den Parkgrenzen klären mithilfe von Piktogrammen über die jeweiligen Schutzvorschriften auf. Jeder Besucher wird gebeten:

- den Wanderwegen zu folgen und nicht abzukürzen,
- keine Blumen und Früchte zu pflücken, keine Mineralien zu sammeln,
- Ruhestörungen durch Lärm, Rufe und Musikgeräte zu vermeiden,
- keine Hunde mitzunehmen (selbst an der Leine nicht),
- alle Abfälle wieder mitzunehmen,
- nicht zu zelten (biwakieren zwischen 19 und 9 Uhr ist erlaubt),
- keine Feuer anzuzünden.

National- und Naturparks

Die Seealpen sind auf italienischer Seite durch den Naturpark Seealpen (Parco Naturale delle Alpi Marittime, Piazza Regina Elena 30, I-12010 Valdieri, Tel. +39/0171/976800, info@areeprotettealpimarittime.it, parcoalpimarittime.it), auf französischer Seite durch den Nationalpark Mercantour (Parc national du Mercantour, 23, rue d'Italie, B.P. 1316, F-06006 Nice Cedex 1, Tel. +33/4/93167888, mercantour-parcnational.fr), geschützt.
Ebenfalls wurde ein Teil des Marguareis-Massivs als Naturpark ausgewiesen (parcomarguareis.it). Hinzu kam 2016 der Parco Naturale del Monviso, parcomonviso.eu.

Notrufe

Für die gesamte GTA gilt die Tel.-Nr. 118, die Notfallzentrale des Nationalen Berg- und Höhlenrettungsdienstes.

Orientierung

Die Angaben links/rechts erfolgen im Sinne der eigenen Fortbewegungsrichtung. Die Bezeichnung »am linken/rechten Ufer« oder »auf der linken/rechten Talseite« hingegen bedeutet immer in Fließrichtung des Gewässers bzw. orografisch.

Spezialitäten

Eine Reise durch das Piemont ist immer auch eine kulinarische Reise, denn Essen ist in Italien eine wichtige Angelegenheit. Darum konnten traditionelle Essgewohnheiten und hausgemachte Gerichte besser erhalten werden als in anderen Ländern. So ist es kein Wunder, dass die Pläne des amerikanischen Fast-Food-Giganten McDonald's, Ende der 1980er-Jahre ein erstes

GPS-Tracks und Koordinaten der Ausgangspunkte

Auf **gps.rother.de** stehen zu diesem Wanderführer GPS-Tracks und die Koordinaten der Ausgangspunkte zum kostenlosen Download bereit. Dieser QR-Code führt direkt zum Download.
5. Auflage, Passwort: **435905dur**
Die GPS-Tracks können in die **Rother App** importiert werden. In der App kann man unterwegs stets sehen, wo man gerade ist und wo es langgeht. **Anleitungen dazu: rother.de/gps**
Trotz sorgfältiger Prüfung können wir Fehler und zwischenzeitliche Veränderungen nicht ausschließen. Verlassen Sie sich für die Orientierung niemals einzig und allein auf die GPS-Daten, sondern beurteilen Sie die Verhältnisse vor Ort.

Restaurant in Rom einzurichten, auf große Empörung stießen. Als Reaktion darauf verfassten der Journalist Carlo Petrini und zahlreiche Anhänger in Bra (Piemont) ein Pamphlet zur Philosophie der Gastronomie: Genießen mit Verstand, Kochen mit regionalen, frischen Zutaten, humane Tierhaltung und traditionelle Gerichten. Aus dieser Initiative hat sich seither die Slow-Food-Bewegung (slowfood.it) entwickelt. Man trifft in Piemont, abgesehen von Großstadträumen, Fast-Food-Läden nur selten an, und die Mahlzeiten folgen wie eh und je einem festgelegten Ritual.

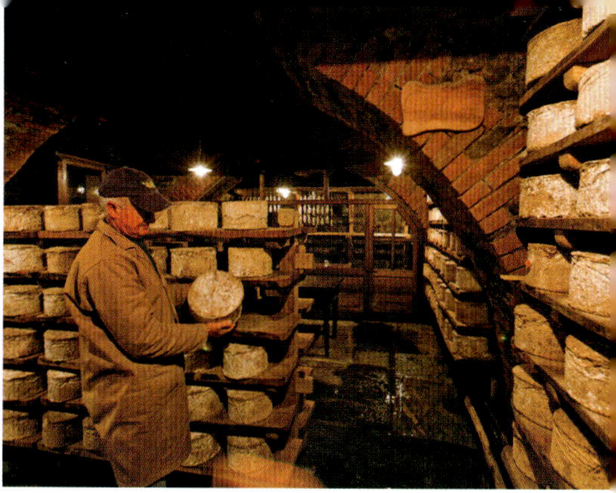

In der Käserei Beppino Occelli (Valcasotto).

Neben den gängigen Gerichten ist es immer wieder spannend, die regionalen Spezialitäten der einzelnen Täler herauszufinden und zu kosten. Reiche Auswahl bietet das Käsesortiment, aus dessen Würze man die vielfältige Alpflora herrlich herausschmeckt. Castelmagno, Raschera, Murazzano, Bra und Tomino di Melle werden ausschließlich in der Provinz Cuneo hergestellt. Dazu kommen noch unzählige weitere piemontesische Käsesorten wie Toma Piemontese, Grana Padano, Gorgonzola, Rabiola, Testun, Bruss, Seirass etc. Den besten Überblick kann man sich in einem der berühmtesten Käsekeller verschaffen. Valcasotto, im gleichnamigen Tal zwischen Mondovi und Garessio (Val Tanaro), ist ein hübsches Dörfchen mit historischer Mühle, Hotel und Restaurant, das bekannt ist für seine gute Küche. Der Käsekeller, seit 1933 im Besitz der Familie Borgna, bietet neben Käse und Butter auch andere lokale Produkte wie Kastanienmehl, Salami, Pilze und Honig an. Eine Führung durch die Käsekeller mit anschließender Degustation sollte man sich nicht entgehen lassen (occelli.it).

Köstliche Käsegerichte haben sich die Cuneeser einfallen lassen: Gnocchi in Castelmagno-Soße oder Polenta mit geschmolzenem Raschera sind nur zwei Beispiele. Ohne es zu merken, kann man da zum Vegetarier werden. Keine Panik, Fleischliebhaber! Ihnen sind sicherlich beim Wandern diese prächtigen, muskulösen, weißen Rindviecher aufgefallen, die sich nur zu gerne in den Weg stellen, wenn man über die satten Wiesenmatten zu einem Pass aufsteigen möchte. Die Piemontesische Rinderrasse ist keineswegs gezüchtet, sondern hat sich durch natürliche Auslese gebildet: aus Herden von Wildrindern, die sich vor rund 30.000 Jahren mit aus Pakistan eingewan-

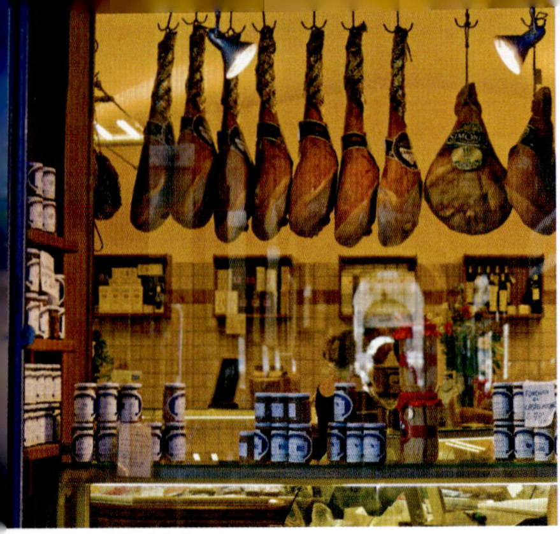

Delikatessenladen in Cuneo.

derten Zebus mischten. Ihre stark entwickelten Schenkelmuskeln liegen häufig in diversen Kreationen auf dem abendlichen Menüteller. Begehrt ist auch das schmackhafte Fleisch des Sambuco-Lamms, das seine Sommer auf den Hochweiden des Val Stura verbringt.
Bekannt unter den Schleckereien sind die Cuneeser Rumkugeln (Cuneesi al rhum), die in abgewandelter Form und unter anderem Ortsnamen in vielen Talschaften nachgemacht werden. Hemingway soll auf seiner Reise nach Nizza extra einen Stop in Cuneo eingelegt haben, um sich in der Konditorei Arione an der Piazza Galimberti mit den köstlichen Pralinen einzudecken. Auch die Marrons glacés sind eine Erfindung der Piemontesen und nicht etwa aus Frankreich, wie der Name vermuten ließe. Die in Sirup konservierten Esskastanien wurden am Turiner Hof kreiert, als das Piemont noch unter der Herrschaft der französisch sprechenden Savoyer stand.
Viele kulinarische Erfindungen haben ihren Ursprung im Piemont, manche sind weltberühmt geworden: Man denke nur an Nutella, an »Mon Chéri« mit der Piemont-Kirsche und an Grissini, die krossen Brotstangen, die 1668 ein Hofarzt für den kränklichen Vittorio Amedeo II., Herzog von Savoyen, erfand. Wandern macht natürlich durstig. Da lohnt es sich, nach einheimischen Hopfensäften zu fragen, etwa nach Menabrea (Biella), Boero (Frassino, Val Varaita) oder Troll (Vernante, Val Vermenagna).

Telefon

Die Vorwahl nach Italien Tel. 0039; von Italien nach Deutschland Tel. 0049; nach Österreich Tel. 0043; in die Schweiz Tel. 0041. Mit dem Mobiltelefon ist das so eine Sache: Besonders tiefe Täler und Schluchten sind prädestiniert für Funklöcher oder nur ganz schwaches Netz.

Unterkünfte/Camping

- Albergo/Locanda: Preisgünstige Gasthöfe und Pensionen mit landestypischer Küche.
- Bed & Breakfast: Zimmer mit Frühstück. Eine Auswahl findet man unter: bbitalia.it.
- Posto tappa: Diese sogenannten Etappenstationen sind einfache Wanderunterkünfte, meist nur mit Massenlager, mitunter auch mit Zimmern. In

Wichtige Telefonnummern und Adressen

Allgemein

Deutschland: ENIT (Italienische Zentrale für Tourismus), Schaumainkai 87, 60596 Frankfurt, frankfurt@enit.it, enit.it.
Österreich: ENIT, Mariahilfstr. 1b/XVI, A-1060 Wien, Tel. +43/1/505163012, enit.it.

Regional

Azienda Turistica Locale del Cuneese (ATL), Via Pascal 7, I-12100 Cuneo, Tel. +39/0171/690217, visitcuneese.it.
Conitours, Via Pascal 7, I-12100 Cuneo, Tel. +39/0171/696206, cuneoalps.com.

Zu den Touren

Po-Tal: Comunità Montana Valli del Monviso, Via S.Croce 4, I-12034 Paesana, Tel. +39/0175/94273, vallidelmonviso.it.
Varaita-Tal: Ufficio Turistico, Piazza Marconi 5, 12020 Frassino, Tel. +39/0175/978321, vallidelmonviso.it.
Maira-Tal: Tourismusbüro I.A.T., Piazza XX Settembre 3, I-12025 Dronero. Das Tourismusbüro in Acceglio (Borgata Villa 1) ist nur Mittwoch bis Sonntag geöffnet, Tel. +39/0171/99424, vallemaira.org.
Stura-Tal: Unione Montana Valle Stura di Demonte, Via Divisione Cuneese 5, I-12014 Demonte, Tel. +39/0171/955555, www.vallestura.cn.it.
Gesso-Tal: Comune di Valdieri, Piazza della Resistenza 2, I-12010 Valdieri, Tel. +39/0171/97109, comune.valdieri.cn.it. Centro visita del Parco in Terme di Valdieri, Tel. +39/0171/97397, parcoalpimarittime.it. Entracque Turismo, Piazza Giustizia e Libertà 2, I-12010 Entracque, Tel. +39/0171/978616, info@turismoentracque.it, turismoentracque.it.
Vermenagna-Tal: Comune di Vernante, Via Umberto I, 87, I-12019 Vernante, Tel. +39/0171/920104, comune.vernante.cn@cert.legalmail.it, www.comune.vernante.cn.it. Verkehrsverein, Via Roma 30, I-12015 Limone Piemonte (CN), Tel. +39/0171/925281, iat@limonepiemonte.it, limonepiemonte.it.
Pesio-Tal: Ufficio Turistico, Piazza Cavour 10, I-12013 Chiusa di Pesio (CN), Tel. +39/0171/734990, valle.pesio@gmail.com.
Tanaro-Tal: Unione Montana Alta Val Tanaro, Villa Gobbi, Via al Santuario 2, I-12075 Garessio, unionemontanaaltavaltanaro.it.

Nützliche Internetadressen

www.regione.piemonte.it: Allgemeine Infos zur Region Piemont auf Italienisch.
tradizioneterreoccitane.com: Infos zu den Tälern von Cuneo (italienisch).
provincia.cuneo.it: Allgemeine Informationen zur Provinz Cuneo.
westalpen.eu: Wandertipps, Reportagen und Tourenführer von Sabine Bade und Wolfram Mikuteit.
italienwandern.de: Detaillierte Tipps des Reisejournalisten Christoph Hennig.
wanderweb.ch: Vorstellung der Rotpunkt-Bücher und viele praktische Reiseinfos.
gtaweb.de: Eine Informationsfülle zur GTA mit vielen wertvollen Links, von Jörg Klingenfuss.
gtapiemonte.it: Website der Regione Piemonte zur GTA, sehr übersichtlich, in fünf Sprachen, nicht immer aktuell.

ganz abgelegenen Orten sind die Mehrbettzimmer auch in Gemeinderäumen oder Schulen untergebracht.

- Agriturismo: Unterkünfte in ländlicher Umgebung, häufig auf einem Bauernhof, Küche aus hofeigenen Produkten: agriturist.it; agriturismo.com, agriturismo.it.

- Rifugio: Rustikale Berghütten, in der Regel nur zu Fuß erreichbar, oft vom italienischen Alpenverein (cai.it; caicuneo.it) bewirtschaftet. Die Hüttendichte um den Monviso und in den Seealpen ist sehr gut, meist auch die Qualität der Bewirtschaftung (herzliche Atmosphäre, oft Frischkost, lokale Produkte, Bergkäse etc.), wenn das Haus nicht gerade überbelegt ist. In der Regel sind die Hütten von Mitte Juni bis Mitte September bewartet, manche auch im Frühjahr für Skiwanderer. Die meisten Hütten bieten den Luxus einer Dusche, manchmal kostenpflichtig. Unterkünfte des CAI verfügen fast immer über einen Winterraum, der stets zugänglich ist.
- Bivacco: Hütten für Selbstversorger, die immer offen stehen. In der Regel befinden sie sich in hochalpinem Gelände. Während der Hauptsaison besteht das Risiko, dass die wenigen Betten belegt sind. Bei einigen Tourismusämtern gibt es ein kostenloses Faltblatt mit einer praktischen Hüttenübersicht.
- Campeggio: Campingplätze befinden sich in der Regel bei größeren Ortschaften. Wildcampen in Naturschutzgebieten ist verboten, doch außerhalb seiner Grenzen hat niemand etwas dagegen.

Verpflegung

Grundsätzlich empfiehlt es sich, bei Bergwanderungen etwas Essbares in seinen Rucksack einzupacken. Im Gebirge kann immer Unvorhergesehenes passieren, sei es, dass man sich wegen eines Gewitters längere Zeit irgendwo unterstellen muss oder sich die Route aus anderen Gründen länger hinzieht als geplant.
Die Hütten im Wandergebiet liegen fast immer mehrere Marschstunden entfernt, Raststationen dazwischen sind oft gar nicht vorhanden. Nur in den größeren Bergdörfern gibt es Einkaufsläden, die oft auch über ein gutes Sortiment heimischer Käse- und Wurstsorten verfügen. Ideal, wenn man einen Markttag erwischt, der einmal in der Woche stattfindet.

Wanderkarten

Die IGC-Wanderkarten Italiens (IGC – Istituto Geografico Centrale) sind gewöhnungsbedürftig. Sie erinnern eher an eine Comic-Zeichnung. Es sind so gut wie alle Wege eingezeichnet, doch oft in sehr ungenauer Wegführung. Wer im Grenzbereich unterwegs ist, behalf sich bisher mit den französischen IGN-Karten »Alpes sans Frontières«, die den gesamten Alpenhauptkamm abdecken und von Italien die Talschlüsse erfassen. Leider werden diese Karten nicht mehr hergestellt. Mit etwas Glück kann man noch Restbestände übers Internet oder in Buchläden ergattern. Man greift nun auf die ebenfalls sehr gute IGN Kartenserie TOP 25 zurück. Die Höhenangaben von IGC- und AsF-Karten sind stets unterschiedlich (in den Höhendiagrammen dieses Buches wurden die Angaben der IGC-Karten verwendet). Das beste Kartenmaterial bietet inzwischen Fraternali editore im Maßstab 1:25.000 (fraternaliedi-

tore.com). In den Seealpen und Ligurischen Alpen ist man auch mit den Wanderkarten der Blu Edizioni, Cartoguida 1:25.000, gut bedient. Für das Maira-Tal existiert neben den Fraternalikarten auch eine sehr gute Karte von L'Escursionista, 1:25.000 (escursionista.it) sowie eine Wanderkarte 1:20.000 von Bruno Rosano.
Kartenvertrieb in Deutschland: michael-kleider.de

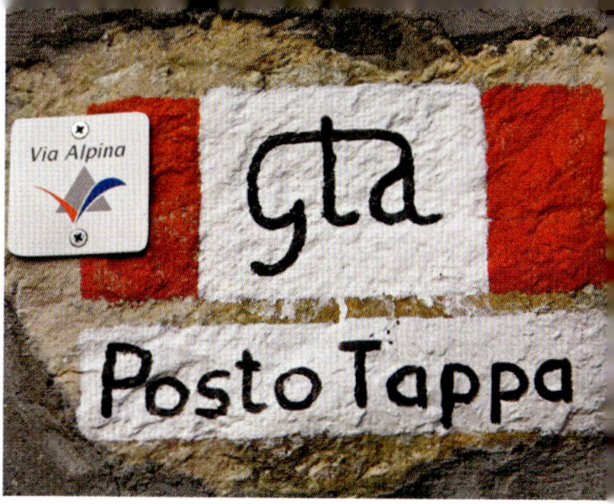

GTA-Markierung.

Weitwanderwege

Die Grande Traversata delle Alpi (gtaweb.de), kurz GTA genannt, durchzieht den gesamten Westalpenbogen vom nördlichsten Punkt des Piemont (Griespass) bis zum Mittelmeer. Sie teilt sich in den Piemontesischen Alpen in eine Ostroute, die den mittleren Teil der Täler erfasst (nur wenig begangen und dadurch zu großen Teilen schon zugewachsen), und eine Westroute, die den alpinen Teil der Talschlüsse erfasst. Der rote Weg der Via Alpina (www.via-alpina.org), der durch den gesamten Alpenbogen zieht, stößt von der französischen Ubaye in die Piemontesischen Alpen und folgt zu großen Teilen der GTA. Und es gibt noch einige weitere Höhenwege, die Via del Sale beispielsweise, die der alten Salzstraße durch das Po-Tal nach Frankreich folgt. Oder den Mairaweg (Tour 16), der, dank der Initiative von Maria Schneider und der Buchpublikation im Rotpunkt Verlag, zunehmend von deutschsprachigen Wanderern begangen wird. Im Jahre 2007 wurde der Giro del Marguareis kreiert, der in einer ansprechenden Hüttenwoche das Marguareis-Massiv (Parco del Marguareis) umrundet. Zur selben Zeit entstand der »Lou Viage«, ein Rundwanderweg (19 Etappen) durch das Stura-Tal. Jüngst kam ein weiterer Talrundwanderweg im Val Varaita hinzu. Wer sich für dieses 12-tägige Trekking interessiert, kann für 3 Euro eine Broschüre mit allen wesentlichen Infos bei Michael Kleider bestellen: info@michael-kleider.de.

Wetter

In den Tourismusbüros hängt häufig die Wettervorhersage für die nächsten Tage aus. Auskunft zur allgemeinen Wetterlage: wetteronline.de.
Die Wettervorhersage in den lokalen Zeitungen kann man vergessen. Die genaueste Wettervorhersage zu den italienischen Alpen (nur auf italienisch) bietet: www.nimbus.it. Weitere nützliche Adressen: ilmeteo.it, 3bmeteo.it, www.regione.piemonte.it/web/meteo, parcoalpimarittime.it.
Für den französischen Teil der Alpen gilt: meteofrance.com.

Provinz Cuneo

Die Provinz Cuneo, auch »La Granda« genannt, ist mit einer Fläche von fast 7000 Quadratkilometern die größte von acht Provinzen der Region Piemont. »Al Piè dei monti«, am Fuße der Berge, der Name könnte nicht besser die Region charakterisieren, um die sich der Westalpenbogen halbkreisförmig drapiert. Bei klarer Sicht zeigt sich das besonders eindrucksvoll von der Provinzhauptstadt Cuneo, die ihren Namen der Form eines Keils (it. Cuneo) verdankt, der sich in der Ebene am Zusammenfluss von Stura und Gesso gebildet hat und auf dessen Hochplateau die Stadt gebaut wurde: eine Aussichtsloge der besonderen Art, wenn sich über der Stadt vom Monviso bis zum Marguareis eine beeindruckende Reihe heller Bergspitzen zum Greifen nahe aufbaut und man versteht, warum sie gerne als die »Dolomiten« von Cuneo bezeichnet werden.

Die Provinz Cuneo ist stark vom französischen Einfluss geprägt, zum einen, weil die Savoyer Dynastie seit dem Hochmittelalter über das Piemont herrsch-

Cuneo, Piazza Galimberti.

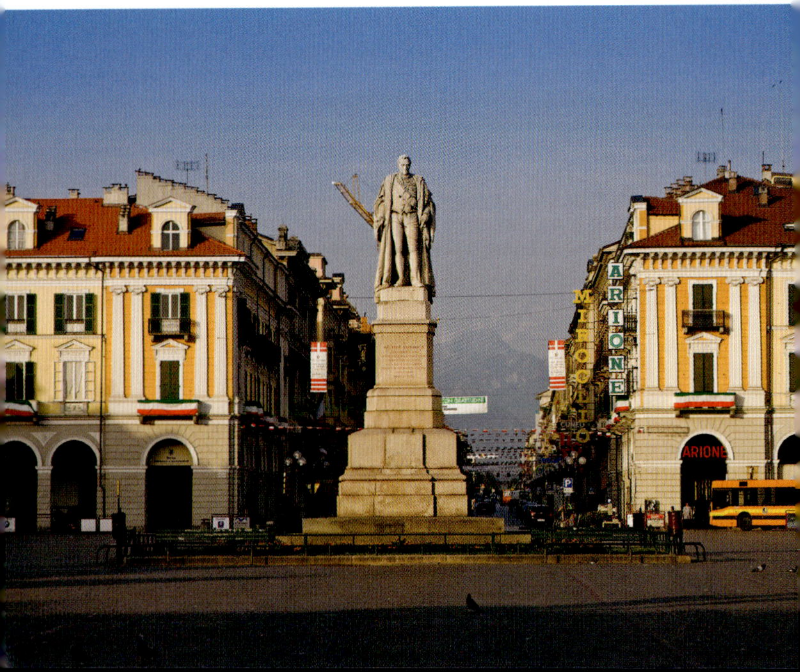

te, zum anderen, weil der Alpenkamm die längste Zeit nicht Grenze, sondern Verbindung gewesen ist; erst seit der Unabhängigkeit Italiens 1861 wurde die Grenze aus militärstrategischen Gründen auf den Alpenhauptkamm gelegt.
Über Jahrhunderte bestanden engere Beziehungen über die Pässe als zur Po-Ebene hin. Das verdeutlicht auch die okzitanische Sprache, die noch in den Talschlüssen gesprochen, jedoch immer mehr vom piemontesischen Dialekt verdrängt wird. Okzitanisch (Lingua d'oc), eine der ältesten romanischen Sprachen, hat sich im frühen Mittelalter im südfranzösischen Raum entwickelt und ist durch die Minnesänger (Troubadoure) in ganz Europa bekannt geworden. Da die Dialekte viele französische Wörter enthalten, kann man sich in den Cuneeser Alpentälern auch ganz gut mit Französisch durchschlagen. Die Provinz Cuneo hat Anteil an den Cottischen Alpen, den Seealpen und den Ligurischen Alpen. Auf beiden Seiten des Grenzkamms sind nach dem ersten Weltkrieg unzählige Festungsanlagen, Kasernen und Bunker gebaut worden. Militärstraßen entstanden, und viele der alten Handelsrouten wurden dabei ausgebaut. Dank dieser Wege sind viele Wanderungen in dem schroffen Gebirge überhaupt erst möglich.

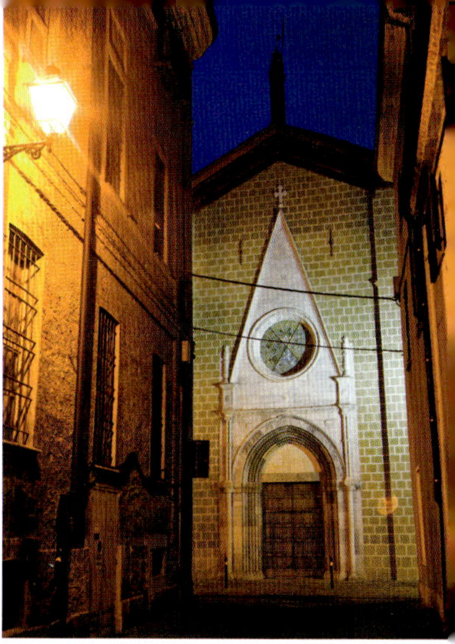

Kirche San Francesco in Cuneo.

Stadtbummel

Die Provinzhauptstadt hat durchaus Flair. Versteckt zwischen breiten, geschäftigen Boulevards, liegt die hübsche kleine Altstadt. Wem noch Kartenmaterial fehlt, der bekommt alles in der Libreria l'Ippogrifo an der Piazza Europa oder am Corso Nizza 1. Die historische Altstadt befindet sich um die Via Roma und Piazza Galimberti, wo jeden Dienstag ein lebhafter Wochenmarkt pulsiert. Empfehlenswerte Adressen im historischen Zentrum sind das Hotel Ligure (Tel. +39/0171/634545, ligurehotel.com) und das Hotel Royal Superga (Tel. +39/0171/693223, hotelroyalsuperga.it), die den Gästen auch einen kostenlosen Fahrradverleih zur Stadtbesichtigung bieten.
Unbedingt einen Besuch wert ist Saluzzo am Eingang ins Po-Tal: mit seinem mittelalterlichen Altstadthügel vor großer Monviso-Kulisse eines der schönsten Städtchen der Provinz.

Cottische Alpen

Die Cottischen Alpen (Alpi Cozie) erstrecken sich vom Susa-Tal bis zum Stura-Tal. Im Norden werden sie von den Grajischen Alpen begrenzt, im Süden von den Seealpen. Ihr Name geht auf Cottius zurück, einen Ligurerfürst aus dem 1. Jh. vor Christus, der sich mit Augustus verbündete und von diesem zum Statthalter mehrerer Alpenstämme ernannt wurde. In seiner Residenz Segusio (Susa) ließ er zu Ehren des römischen Kaisers den Augustusbogen errichten.

Der größte Teil der Cottischen Alpen – d. h. ab dem Po-Tal – liegt in der Provinz **Cuneo**, die der Wanderführer Piemont Süd vorstellt. Der nördlichste Teil der Cottischen Alpen – vom Susa-Tal über das Chisone-Tal bis zum Val Pellice – zählt zur Provinz Torino und wird im Wanderführer Piemont Nord behandelt.

Markenzeichen der Cottischen Alpen ist der **Monviso**. Seine stolze Pyramide ist an klaren Tagen weithin sichtbar. Wer schon einmal vom Kamm der Walliser Alpen nach Süden geschaut hat, kennt den Monviso als markanten Spitz; rückt man ihm über die Po-Ebene näher, bäumt er sich unglaublich wuchtig über dem Piemontesischen Flachland auf. Als isoliert stehender Gigant, nur 30 Kilometer von der Po-Ebene und nur 90 Kilometer vom Meer entfernt, überragt der Monviso alle umliegenden Berge um mehr als 500 Höhenmeter. Das erklärt, weshalb man ihn lange Zeit für den höchsten Gipfel der Alpen gehalten hat und warum er, wörtlich übersetzt, der »sichtbare Berg« heißt. In jedem Fall ist er der höchste Berg der Cottischen Alpen. Die von ihm herabfließenden Wasser nähren die Quelle des Po (»Sorgenti del Po«), der sich vom kleinen Gebirgsbach zum längsten Fluss Italiens mausert, um schließlich in die Adria zu münden. Die Quelle befindet sich am Pian del Re, im Übrigen die einzige Stelle des Po mit Trinkwasserqualität.

Neben dem Valle Po bietet auch das Valle Varaita einen direkten Zugang zum Monviso, außerdem eine Verbindungsstraße über den Colle dell'Agnello (Col d'Agnel) nach Frankreich (Queyras). Jeweils parallel ziehen auch die südlich folgenden Täler von der Ebene zu dem Grenzkamm hin: Valle Maira, Valle Grana und Valle Stura – wobei Letzteres zumindest im Haupttal durch die stark befahrene Verkehrsachse über den Colle della Maddalena (Col de Larche) etwas in Mitleidenschaft gezogen ist.

In den Cottischen Alpen wechselt sich kristallines Gestein mit Kalk und Dolomit ab, was eine große botanische Artenvielfalt hervorbringt. Am Colle Bicocca (Tour 18) beispielsweise sind im Bergfrühling die weiten Hänge mit Schachbrettblumen übersät, das Nachbartal Varaita di Bellino (Tour 14, 15) trumpft mit Orchideen- und Narzissenwiesen auf. Im Sommer können auf der Gardetta (Tour 23, 24) ganze Meere von Edelweiß entdeckt werden.

Monviso, der »König aus Stein«.

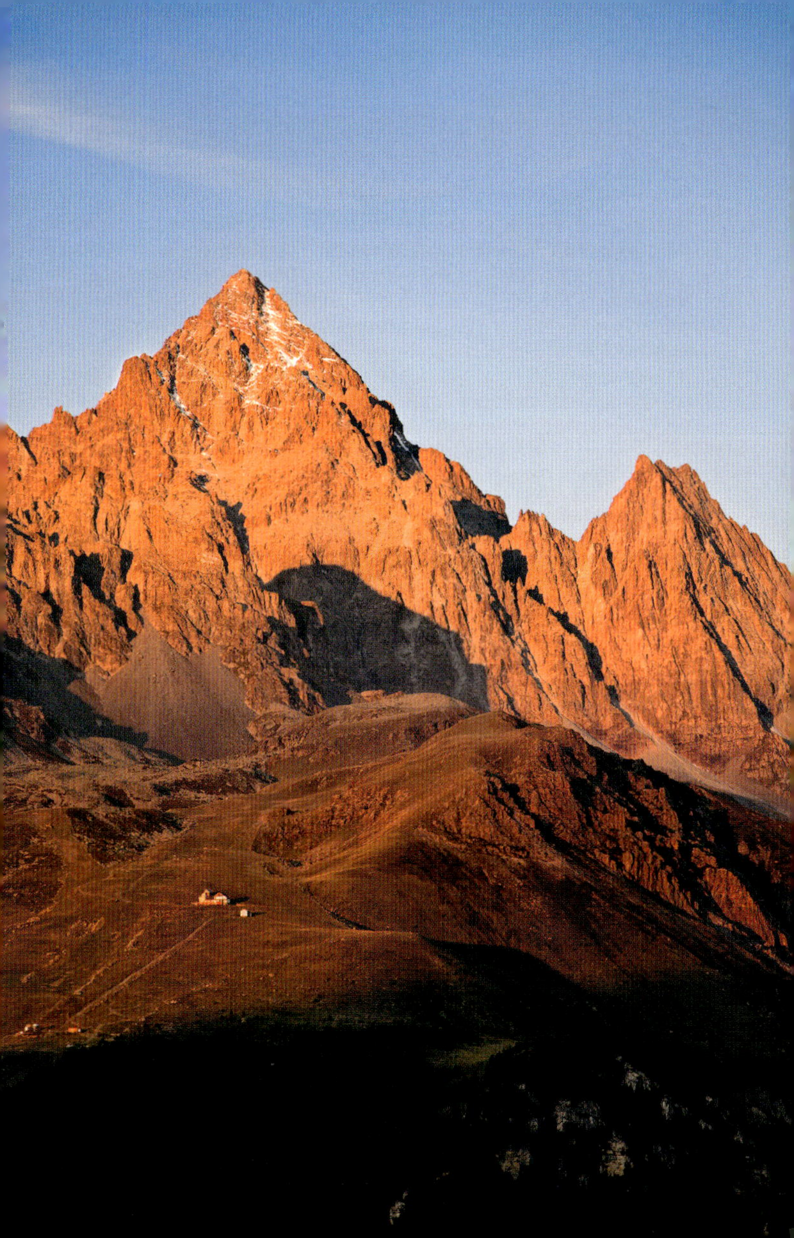

1 Rocce Founs, 2762 m

4.00 Std.

Im Angesicht der Monviso-Nordostwand

An sommerlichen Wochenenden ist Pian del Re, der berühmte Talschluss mit der Po-Quelle, mitunter einer Autoblechwüste gleich und die Routenklassiker zum Rifugio Quintino Sella und zum Colle delle Traversette Wanderautobahn. Für solche Tage gibt es eine Lösung, die nur einen Katzensprung abseits der ausgetretenen Pfade liegt. Wer dem Gratverlauf des Rocce Founs zum Colle d'Armoine folgt, begegnet meist keiner Menschenseele und wandert dazu noch vis-à-vis des Monviso, an dessen 1500 Meter hohen Nordostwand er sich die gesamte Wegstrecke ergötzen kann. Die Wolkenbildung, die hier an heißen Tagen schon früh einsetzt, kann mystische Szenerien zaubern, einem aber auch einen Strich durch die Rechnung machen, falls sich der Nebel allzu hartnäckig festsetzen sollte.

Ausgangspunkt: Pian del Re, 2020 m, das Ende der Straße und 9 km von Crissolo (Busfahrplan: comune.crissolo.cn.it oder grandabus.it), dem letzten Dorf im Po-Tal. Shuttlebus (Servizio Navette) Crissolo – Pian Regina (bzw. Melzè) – Pian del Re, von Ende Juni bis Ende Sept. nur Sa/So, Ende Juli bis Ende Aug. täglich, Reservierung im Touristenbüro von Crissolo obligatorisch, Tel. +39/371/4126266, Fahrplan: parcomonviso.eu.

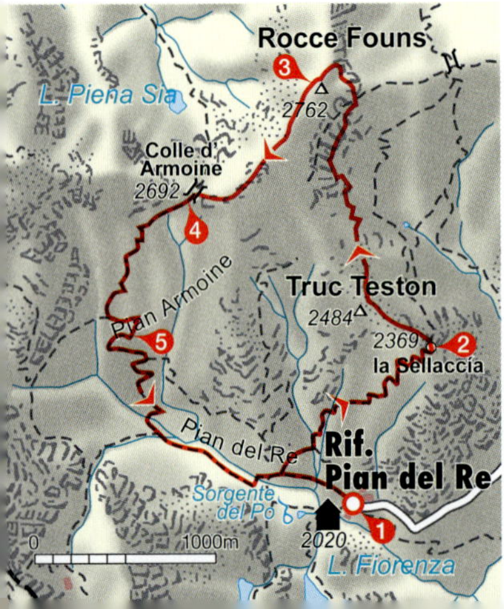

Markierung: Schilder und Steinmännchen.
Höhenunterschied: 740 m.
Anforderungen: Trittsicherheit und Orientierungssinn sind gefragt, da die Route zur Hälfte unmarkierten Pfadspuren folgt. Solange kein Nebel herrscht, ist das aufgrund des übersichtlichen Geländes kein Problem.
Beste Jahreszeit: Mai bis November.
Einkehr und Unterkunft: Unterwegs keine; Rif. Pian del Re, bewirtschaftet Mitte Juni bis Ende Sept., Tel. +39/0175/94967, rifugiopiandelre.it.
Karte: Fraternali 1:25.000, Blatt 10 Valle Po, Monviso; IGC 1:50.000, Blatt 8 Monviso; IGN Alpes sans Frontières 1:25.000, Blatt 8 Monviso. Haut-Queyras.

Vom großen Wiesenparkplatz am **Pian del Re (1)** folgt man zunächst dem breiten Wanderweg die linke Talseite hinauf gegen den Colle delle Traversette. Am ersten Wegkreuz, nach etwa 10 Min., biegt man rechts ab und steigt auf dem Weg V12 zur **Sellaccia (2)**, 2369 m, auf. Anstatt nun weiter zum Colle della Gianna zu wandern, hält man sich links.

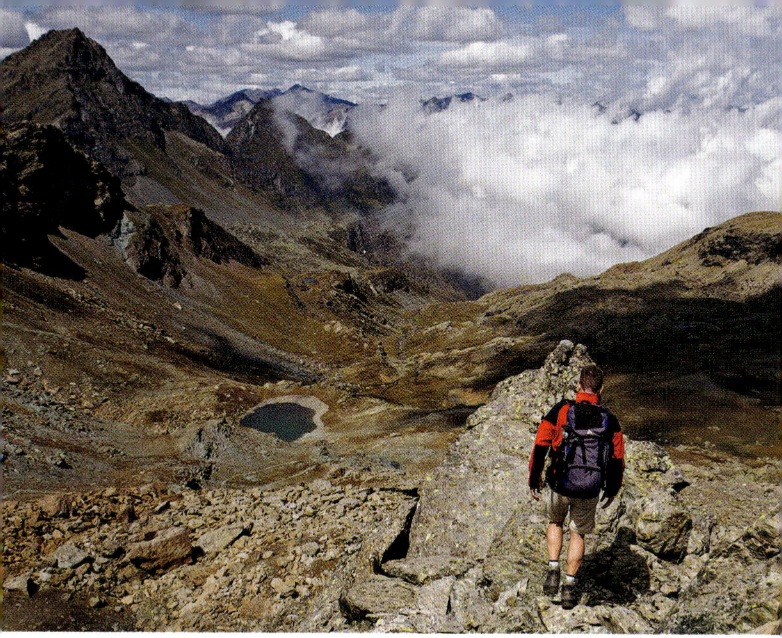

Colle d'Armoine: Talschluss des Val Pellice, Passübergang zum Po-Tal.

Pfadspuren ziehen den Bergrücken des Truc Teston hinauf und weiter in nördliche Richtung zum quer verlaufenden Grat des **Rocce Founs (3)**, 2762 m (2 Std.), den man oberhalb eines großen Steinmanns erreicht. Der Blick kann nun auch ungehindert nach Norden schweifen, über den grandiosen Talschluss des Val Pellice bis weit in die Ferne. Die Route setzt sich nach Südwesten entlang der Provinzgrenze von Cuneo und Turin fort. Wer nichts gegen ein kurzes Stück leichte Kletterei hat, bleibt auf dem Grat, ansonsten kann man den felsigen Teil auch südlich unterhalb umgehen.

Am **Colle d'Armoine (4)**, 2692 m (0.30 Std.), stößt man wieder auf einen bezeichneten Pfad, der nach Süden zur Traversette-Route absteigt. Man erreicht sie am **Pian Armoine (5)**, 2430 m, wo sie kurz vorher nach links zurück zum Ausgangspunkt am **Pian del Re (1)** führt.

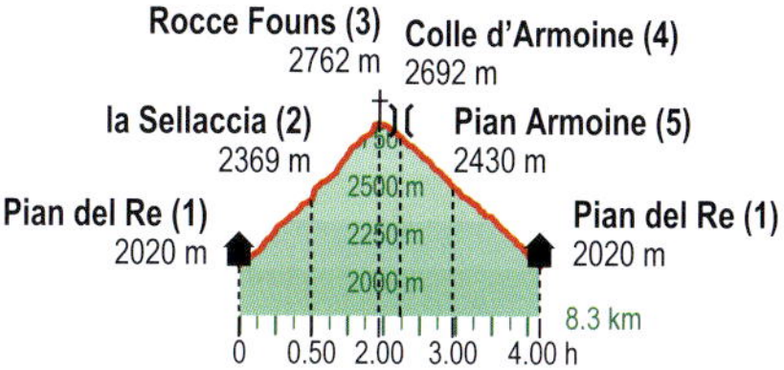

2 Colle Lago Lausetto, 2432 m

2.30 Std.

Seenrunde zwischen Po-Quelle und Monviso

Pian del Re zeigt sich als atemberaubender Talschluss, über dem sich der Monviso in seiner ganzen Wucht aufbäumt. Am Rand des idyllischen Alpkessels sprudelt die Po-Quelle, zu der alle Italiener pilgern, um ihre Hände wenigstens einmal in das heilige Wasser zu tauchen. »Qui nasce il Po« (Hier wird der Po geboren) ist in einen Felsblock gemeißelt, und dort beginnt auch der Aufstieg zu einer Reihe von Seen, die sich harmonisch in die Falten und Mulden am Fuß der gewaltigen Monviso-Nordostwand betten und die als »Riserva Naturale Speziale« geschützt sind.

Ausgangspunkt: Pian del Re, 2020 m, siehe Tour 1.
Markierung: Rot-weiß, Hinweisschilder.
Höhenunterschied: 410 m.
Anforderungen: Gut markierte Bergpfade durch alpines, teilweise auch steiles Gelände, das etwas Trittsicherheit voraussetzt.
Beste Jahreszeit: Juni bis Oktober, der Bergfrühling im Juli setzt farbige Akzente, im Aug. bildet Wollgras einen hübschen Ufersaum, im Herbst verzaubern die goldenen, klaren Farben.
Einkehr und Unterkunft: Rif. Pian del Re, bewirtschaftet Mitte Juni bis Ende Sept., Tel. +39/0175/94967 oder +39/349/3932559, rifugiopiandelre.it; Rifugio Giacoletti, bewirtschaftet Mitte Juni bis Mitte Sept., 55 Betten, Tel. +39/0175/940104 oder +39/347/9637442, giacoletti.it.
Variante: Vom Wegkreuz oberhalb des Lago Lausetto lässt sich in 1.15 Std. zum Rifugio Giacoletti, 2741 m (aussichtsreiche Lage!), aufsteigen.
Karte: Fraternali 1:25.000, Blatt 10 Valle Po, Monviso; IGC 1:50.000, Blatt 8 Monviso; IGN Alpes sans Frontières 1:25.000, Blatt 8 Monviso. Haut-Queyras.

Von **Pian del Re (1)** folgen wir dem Weg V13 am **Lago Fiorenza (2)** vorbei zum Lago Chiaretto (in Tour 3 beschrieben), der mit dem rot-weiß markierten GTA identisch ist.

Nördlich oberhalb des Sees biegen wir von der Hauptroute auf einen Pfad rechts ab und steigen eine steile Grasflanke nordwestlich empor. Bald wird es flacher, und durch kupiertes Grasgelände schlängelt sich der Weg über einen namenlosen **Pass (3)**, 2432 m, und durch eine Senke zu einer Wegkreuzung. In der Mulde zu Füßen glitzert der **Lago Lausetto (4)**, 2324 m. Links in der Höhe bleibend könnte man zum Rifugio Giacoletti aufsteigen, doch der Pfad zum See hinunter reizt, das idyllische Biotop zu durchstreifen, an das sich der größere **Lago Superiore (5)**, 2313 m, anschließt.

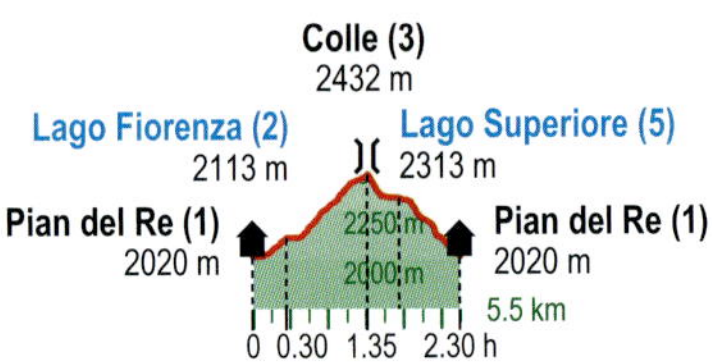

Wir folgen nun seinem Ostufer, dann leitet uns der Pfad nordöstlich um ein felsiges Eck herum und an den Ablauf, der sich als gischtender Wasserfall präsentiert. Ein Drahtseil erleichtert die Querung unter dem feuchten Sprühnebel.

Nachdem er die anschließende Steilstufe bewältigt hat, traversiert der Pfad den Westhang von Pian del Re und trifft nördlich auf den vom Colle delle Traversette her kommenden Weg, der nach rechts zurück nach **Pian del Re (1)** führt.

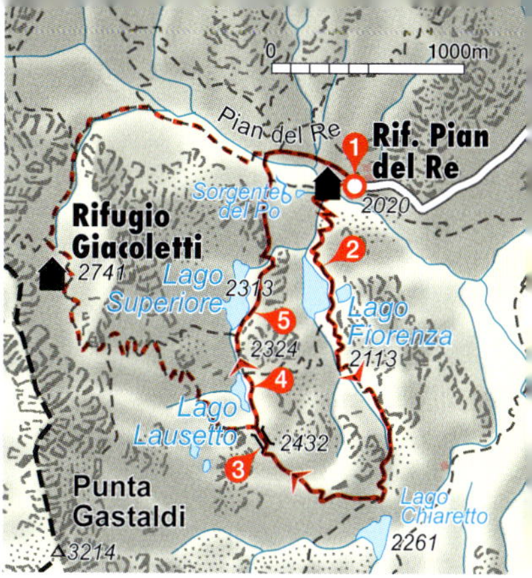

Lago Lausetto – Seenlandschaft über Pian del Re.

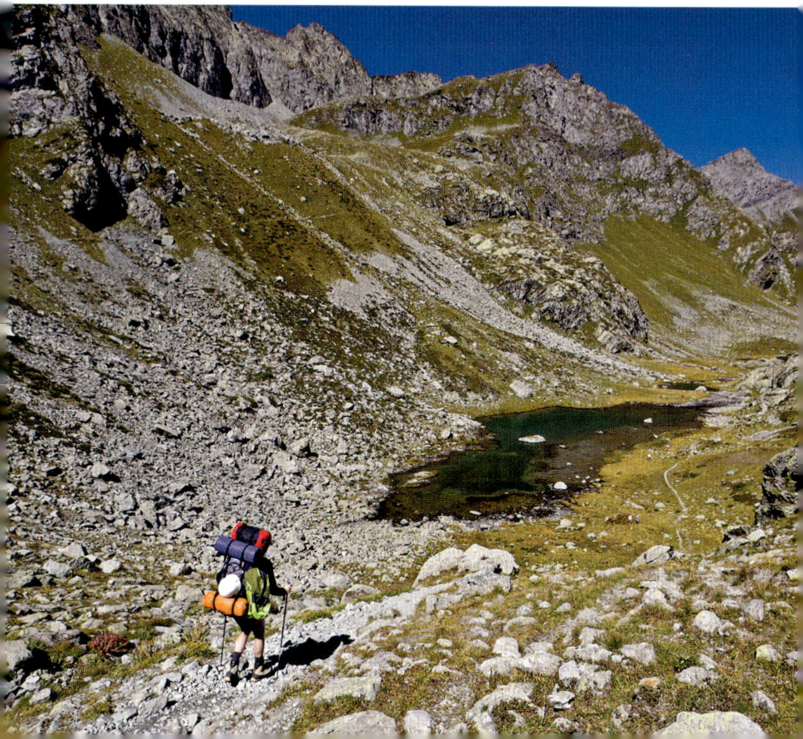

3 Rifugio Quintino Sella, 2640 m, und Rifugio Alpetto, 2268 m

7.30 Std.

Seen, historische Hütten und der Bann des Monviso

Das Rifugio Quintino Sella ist der Stützpunkt zur Besteigung des Monviso. Auch wenn dieser als leicht erklimmbar gilt, bleibt er den Alpinisten vorbehalten. Doch die Lage der Hütte ist einmalig und ermöglicht dem Wanderer eine Seenrunde der Superlative. Von Wollgras umsäumten Seeaugen auf lieblichen Alpterrassen bis zu türkisleuchtenden Gletschermilchtümpeln und stahlblauen Wasserspiegeln in wilden Steinkaren. Dabei passiert man noch eine weitere Unterkunft. Das Rifugio Alpetto gilt als die erste Alpenvereinshütte der italienischen Alpen. Eine neue, modernere Hütte steht mittlerweile neben dem 1866 erbauten »Oldtimer«, der als alpines Museum eingerichtet ist. So lässt sich die Wegstrecke auch ganz gemütlich gestalten. Der Monviso bleibt auf der gesamten Route allgegenwärtig!

Ausgangspunkt: Pian del Re, 2020 m, das Ende der Straße und 9 km von Crissolo (Busverbindung), dem letzten Dorf im Po-Tal. Siehe Tour 1.
Markierung: Rot-weiß, rot, Hinweisschilder, Steinmännchen.
Höhenunterschied: 1200 m.
Anforderungen: 2-Tage-Tour auf gut markierten Bergpfaden durch steiniges, teilweise steiles Gelände, das Trittsicherheit voraussetzt.
Beste Jahreszeit: Juni bis Oktober, am schönsten zu Nordwindlagen oder im Herbst.
Einkehr und Unterkunft: Rifugio Quintino Sella, bewirtschaftet Ende Juni bis Ende Sept., 83 Betten, Tel. +39/0175/94943, rifugiosella.it; Rifugio Alpetto, bewirtschaftet Juni bis Ende Sept., 32 Betten, Tel. +39/0175/576113, rifugioalpetto.it.
Karte: Fraternali 1:25.000, Blatt 10 Valle Po, Monviso.

Nur wenige Meter westlich des **Rifugio Pian del Re (1)** sprudelt die Quelle des Po und dort beginnt auch der Aufstieg V13. Ein paar steile Kehren steigen südlich an einem Bachlauf zum **Lago Fiorenza (2)**, 2113 m, an. Wir folgen dessen östlichem Ufer, steigen weiter gegen Süden empor und erreichen einen Sattel. Eine exponierte Passage führt um ein felsiges Eck, und die türkisfarbene Gletschermilch des **Lago Chiaretto**, 2261 m, liegt uns

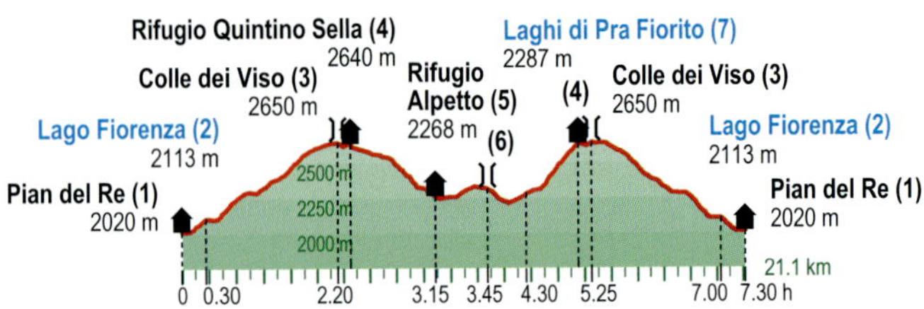

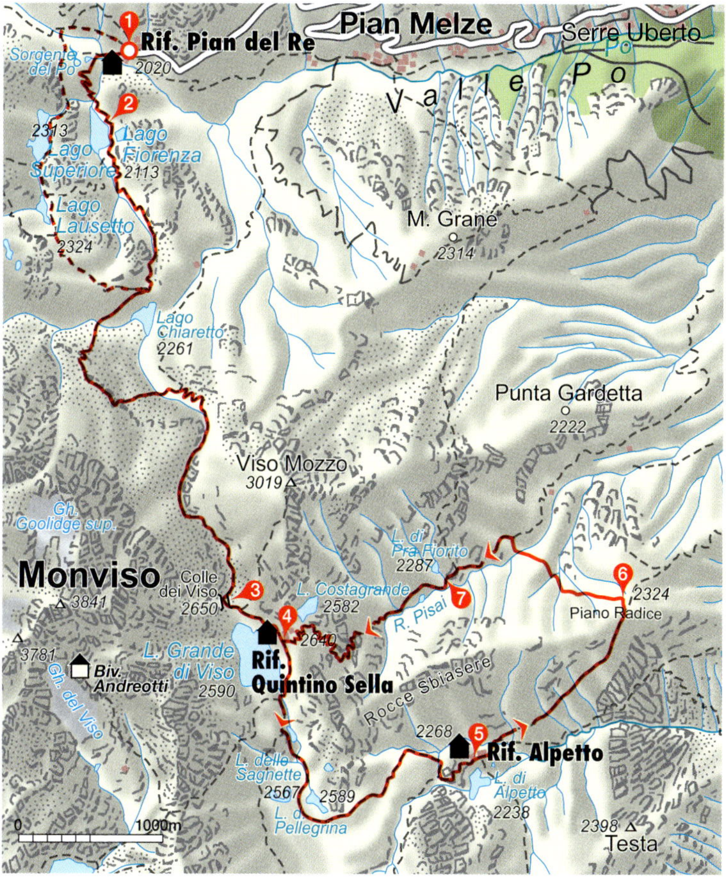

schließlich zu Füßen. Wir umrunden das Steinkar westlich, dabei an Höhe gewinnend, und erreichen den Fuß eines Moränenwalls. Zunächst parallel zum Wall, dann steigt der Weg in einer Querung nach rechts auf das Moränenfeld und schlängelt sich durch Blockwerk in den **Colle dei Viso (3)**, 2650 m. Unter uns liegt der Lago Grande di Viso in einer Gesteinswüste, und in einer Querung nach links wandern wir über dem See leicht abwärts in wenigen Minuten zum **Rifugio Quintino Sella (4)**, 2640 m. Die Hütte, 1905 er-

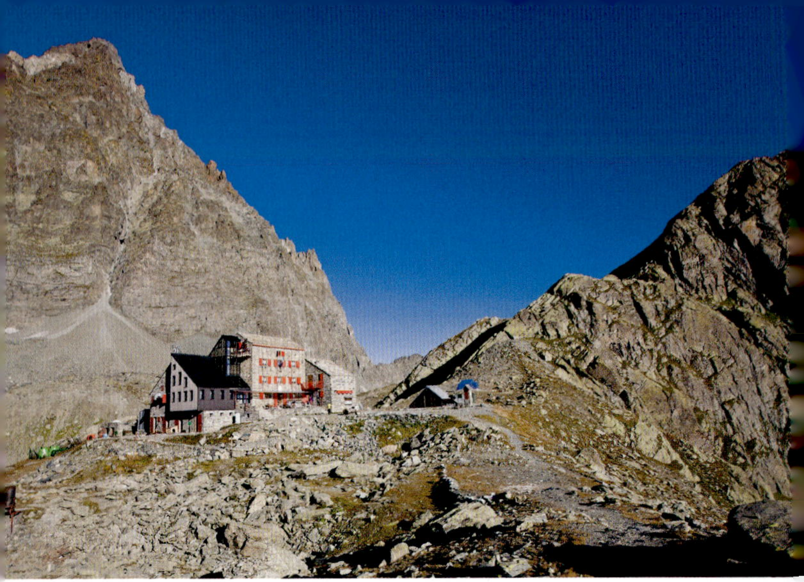

Rifugio Quintino Sella, Stützpunkt am Fuß des Monviso.

baut, ist mehrmals erweitert und modernisiert worden und trägt den Namen des Geologen und Politikers Quintino Sella, der am 12. August 1863 auf dem Gipfel des Monviso die Idee zur Gründung des italienischen Alpenvereins CAI gab.

Von der Hütte steigen wir erst kurz zum Südufer des Sees ab, lassen den Abzweig zum Passo delle Sagnette rechts liegen und stoßen wenige Meter weiter südlich an einem Tümpel auf eine Wegkreuzung. Wir nehmen den linken Weg, der zwischen den Seen Lago delle Sagnette und Lago della Pellegrina verläuft und sich dann nach Osten um den Bergrücken Balze di Cesare ins Hochtal des Rio dell'Alpetto schlängelt. Auf einer der oberen Alpstufen liegt der Lago di Alpetto, an dem das **Rifugio Alpetto (5)**, 2268 m, steht.

Etwas unterhalb des Stützpunktes biegen wir am Alpetto-Bach vom Hüttenweg links ab, um unter dem Rocce Sbiasere nordöstlich zum **Piano Radice (6)** und in das nördliche Nachbartal zu queren. Am Rio Pisai stoßen wir auf den von Crissolo kommenden Aufstiegsweg, der uns bergwärts über die idyllische Seenterrasse der **Laghi di Pra Fiorito (7)**, 2287 m, zurück zum **Rifugio Quintino Sella (4)** bringt. Anstatt auf derselben Route nach **Pian del Re (1)** abzusteigen, empfiehlt sich vom Lago Chiaretto die Variante über den Lago Lausetto (Tour 2).

2.00 Std.

Viso Mozzo, 3019 m

4

Der kleine Bruder des Monviso

Das Besteigungsfieber im Rifugio Quintino Sella steckt an. Doch der Monviso ist Bergsteigerterrain, nichts für Wanderer, auch wenn die fragwürdige Ausrüstung (Turnschuhe, weder Steigeisen noch Seil) mancher Gipfelaspiranten so erscheinen mag. Gipfelglück lässt sich hier allerdings auch einholen, und zwar ohne dass man dafür in aller Herrgottsfrühe aufbrechen müsste. Der Viso Mozzo kann von trittsicheren Wanderern verhältnismäßig leicht erobert werden und bietet einen »Bélvèdere par excellence«. Der dem Monviso vorgelagerte Spitz zeigt nach Westen einen behäbigen Hang, der zur Po-Ebene hin senkrecht abbricht und mit einer enormen Schau berauscht. Im Südosten kann man das Meer erahnen, im Süden türmen sich die Seealpen auf, im Norden lassen sich bei klarer Sicht Gran Paradiso, Mont Blanc, Matterhorn, Monte Rosa und das Bernina-Massiv ausmachen. Und im Rücken ragt hautnah die Ostwand des Monviso in den Himmel.

Ausgangspunkt: Rifugio Quintino Sella, 2640 m. Zustieg von Pian del Re 2.30 Std. (siehe Tour 3).
Markierung: Rot-weiß, Hinweisschilder.
Höhenunterschied: 410 m.
Anforderungen: Blockwerk und steiles Gelände setzen Trittsicherheit voraus.
Beste Jahreszeit: Juli bis Oktober.
Einkehr und Unterkunft: Rifugio Quintino Sella, bewirtschaftet Ende Juni bis Ende Sept., 83 Betten, Tel. +39/0175/94943, rifugiosella.it.
Karte: Fraternali 1:25.000, Blatt 10 Valle Po, Monviso oder Blatt 17 Alta Val Varaita.

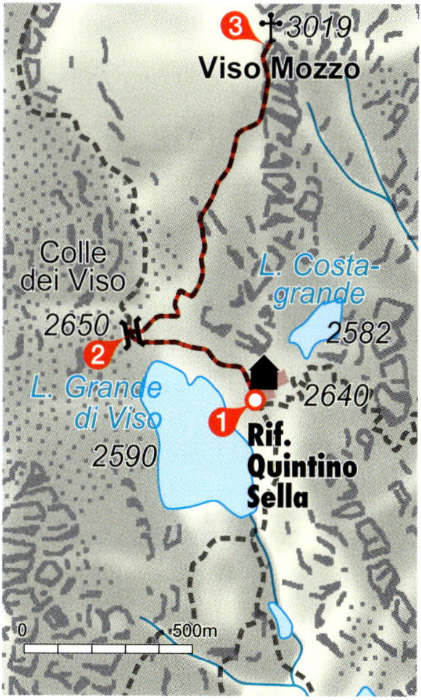

Vom **Rifugio Quintino Sella (1)** auf dem von Pian del Re kommenden Hüttenweg zurück in den **Colle dei Viso (2)**, 2650 m. Am Pass zweigt rechts der Pfad ab, der rot-weiß markiert auf den Gipfel des Viso Mozzo führt. Die Route steigt zunächst östlich an und quert dann den mit Blockwerk übersäten Steilhang nach Norden zum großen Gipfelkreuz des **Viso Mozzo (3)**,

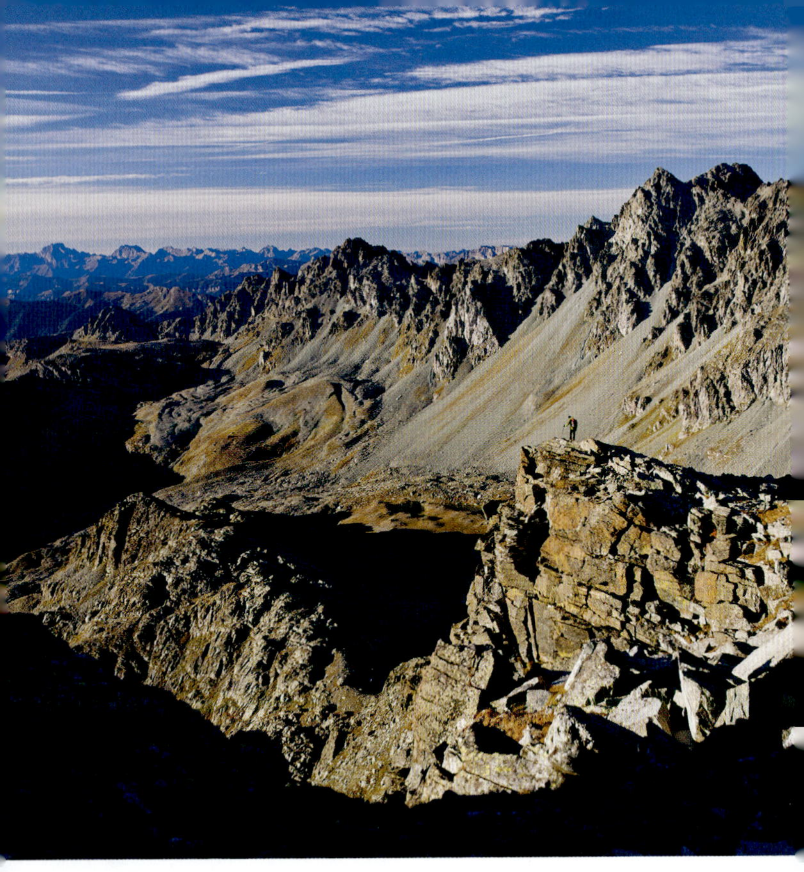

Aufstieg zum Viso Mozzo, dem kleinen Bruder des Monviso.

3019 m. Die Azione Cattolica, eine religiöse Gruppe aus Saluzzo, zelebriert hier übrigens Jahr für Jahr im August eine Bergmesse zu Ehren des heiligen Pier Giorgio Frassati (1901–1925), der nicht nur ein sozial höchst engagierter Mensch war, sondern auch ein hervorragender Alpinist und leidenschaftlicher Bergfreund. Der Abstieg erfolgt auf derselben Route.

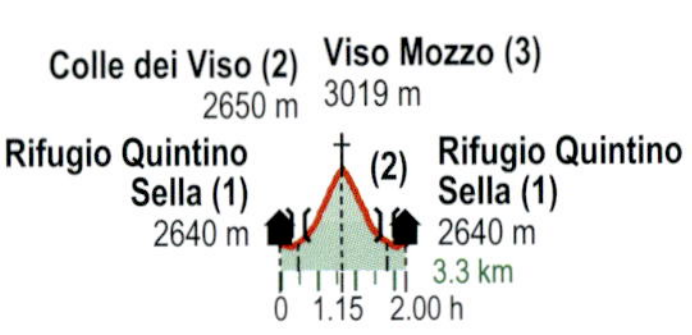

Monviso, 3841 m

Der Normalweg auf den »König aus Stein«

»Re di Pietra«, der König aus Stein, wie der Monviso auch genannt wird, ist für die Piemontesen viel mehr als ein Berg. Er ist Symbol und Mythos, und es gehört zum Prestige, wenigstens einmal im Leben auf seinem Gipfel zu stehen. Doch der Weg ist lang und unberechenbar, denn der Monviso ist für seine Wetterumstürze bekannt. Es muss mit aller Deutlichkeit gesagt werden: Die Besteigung dieses Berges sprengt im Grunde den Rahmen eines Wanderbuches, doch seine königliche Ausstrahlung und die dominierende Präsenz sichern ihm dennoch den Platz. Besser, man macht sich durch eine kompetente Beschreibung ein eigenes Bild von der Situation auf dem Normalweg, als dass man ahnungslos loszieht, wie viele das tun – und dabei häufig nicht nur sich selbst in Gefahr bringen. Nur erfahrene, gut ausgerüstete Alpinisten oder Konditionsstarke am Seil eines Bergführers sollten mit dem Monviso auf Felsfühlung gehen.

Der Monviso ist ein Blickfang ohnegleichen, nur gibt es leider sehr, sehr viele Tage, an denen er sich gleichsam im Nichts auflöst. Oft zeigen sich die ersten Wolken schon ab 10 Uhr vormittags, und sie wachsen mal mehr, mal weniger rasch zu wahren Monstern aus, die sich nachmittags gern in krachenden Gewittern entladen. Mitunter lockern aber Nordwindlagen diese Situation auf und bescheren ungemein klare Tage, die allerdings auch frostige Temperaturen mit sich bringen. Wie dem auch sei, die Wetterlage muss gut beobachtet werden, und es gehört natürlich auch ein bisschen Glück dazu, den Monviso unter optimalen Bedingungen genießen zu dürfen. Die Praxis sieht so aus, dass sich Alpinisten eher in der frühen Jahreszeit, also etwa im Juli, dem Berg widmen – in einer Zeit, in der sich der Monviso noch nicht ganz vom Winter erholt hat, was aufgrund von Vereisungen und Schneefeldern den Einsatz von Steigeisen notwendig macht. Ambitionierte Bergwanderer hingegen wollen den Berg eher im Spätsommer erobern, in der Hoffnung, dann auf zusätzliches Ausrüstungsmaterial verzichten zu können. Bivaccos, Notunterkünfte mit bequemen Matratzen und warmen Decken, stehen für diejenigen bereit, die den Rückweg zum Rifugio nicht mehr schaffen. Im Hochsommer, speziell an sonnigen Wochenenden, ist mit Hochbetrieb am Berg zu rechnen. Dabei kann es vor allem an heiklen Stellen mitunter zu Staus kommen, auch wird Steinschlag häufiger ausgelöst. Die Route führt durch bröseliges Gestein, was die Besteigung mühsam und schier endlos erscheinen lässt. Doch die ergreifenden Tief- und Ausblicke lassen die Anstrengung in den Hintergrund treten. Wer endlich auf dem Gipfel steht, kommt aus dem Staunen nicht mehr raus. An klaren Tagen reicht der Blick vom Monte Rosa und dem Matterhorn über die Seealpen bis zum Mittelmeer.

Ausgangspunkt: Rifugio Quintino Sella, 2640 m. Zustieg von Pian del Re 2.30 Std. (siehe Tour 3).
Markierung: Gelb, Steinmännchen.
Höhenunterschied: 1350 m.
Anforderungen: Alpintechnisch leichter (PD), jedoch zäher Aufstieg mit einer Klettersteigpassage zum Passo delle Sagnette. Im Gipfelbereich Kletterei (überwiegend II, Schlüsselstelle III). Route mit gelben Farbtupfern bestens markiert. Ausgesetzte Schneefelder machen je nach Verhältnissen Steigeisen notwendig. Helm und Seil (30 m) unbedingt ratsam.
Beste Jahreszeit: Juli bis September.
Einkehr und Unterkunft: Unterwegs keine Einkehrmöglichkeit; Rifugio Quintino Sella, bewirtschaftet Ende Juni bis Ende Sept., 83 Betten, Tel. +39/0175/94943, rifugiosella.it; Bivacco Andreotti, Notunterkunft ohne Ofen (Matratzen und Decken für 6 Pers.).
Hinweis: Aufgrund der Länge der Tour mit dem Zustieg von Pian del Re wird die Tour als 2- oder 3-Tage-Tour durchgeführt.
Karte: Fraternali 1:25.000, Blatt 10 Valle Po, Monviso oder Blatt 17 Alta Val Varaita.

Vom **Rifugio Quintino Sella (1)** empfiehlt sich in jedem Fall ein sehr früher Aufbruch. Man steigt kurz zum See ab und nimmt rechts den Pfad, der südwestlich steil und im oberen Teil als Klettersteig angelegt in den **Passo delle Sagnette (2)**, 2991 m (1 Std.), zieht. Vom Pass gegen die Forciolline-Seen absteigen, bald aber rechts haltend über Blockwerk nördlich in den Grund des Kares queren. Durch dieses gegen die wuchtige Südwand und auf den mit einem großen Steinmann markierten Moränenwall des Visogletschers.

Tiefblick vom Gipfel des Monviso.

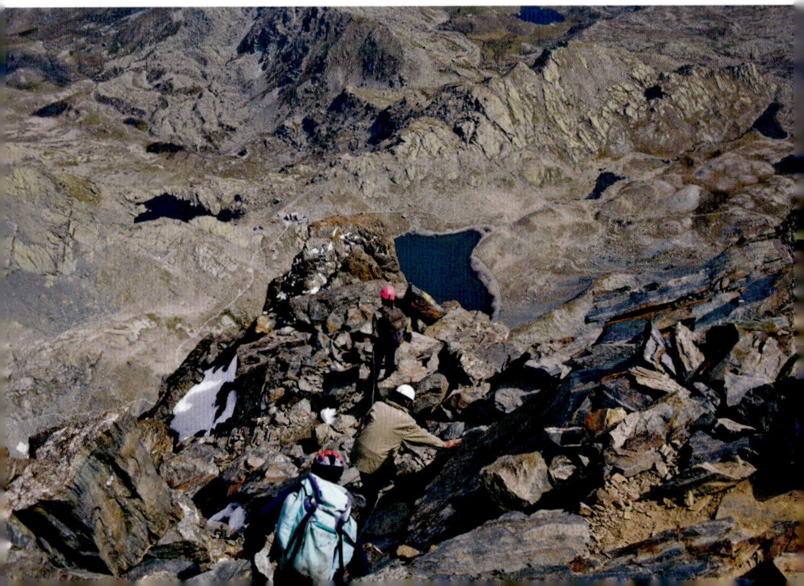

Über die gänzlich mit Blockwerk bedeckte Gletscherterrasse rechts haltend an den Fuß der Felsen. Dort zunächst am Rand, dann scharf rechts in leichter Kletterei hinauf zum **Bivacco Andreotti (3)**, 3225 m (1.30 Std.). Kurz oberhalb muss man das kleine Gletscherfeld des Ghiacciaio Sella aufsteigen.
Im Hochsommer liegt im oberen Teil oft kein Schnee mehr, und man muss sich mühsam durch den losen Schutthang quälen, bis das Felsband erreicht ist, dem nach links gefolgt wird. Die gelben Markierungen leiten durch ein System von Rinnen, Kaminen und Felsstufen. Achtung: Nach der Schlüsselstelle »i Fornelli«, einer Felsstufe mit senkrechten Kaminen, sieht man rechts eines überhängenden Felskopfes eine gelbe Markierung am Grat, der man nicht folgen darf. Der richtige Weg führt gelb markiert nach links. So gelangt man bald an den Fuß der Felsnadel »Testa dell'Aquila«. Dort quert man nach rechts ein steiles Couloir zum Grat, um schließlich durch eine Rinne den Gipfel des **Monviso (4)**, 3841 m (2.30 Std.), zu erreichen.
Zurück geht es auf derselben Route.

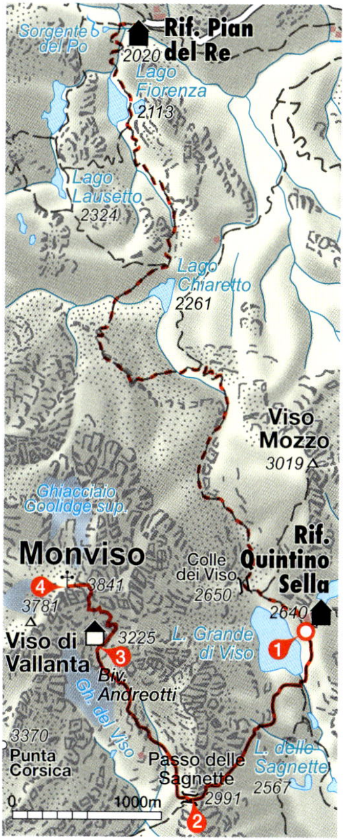

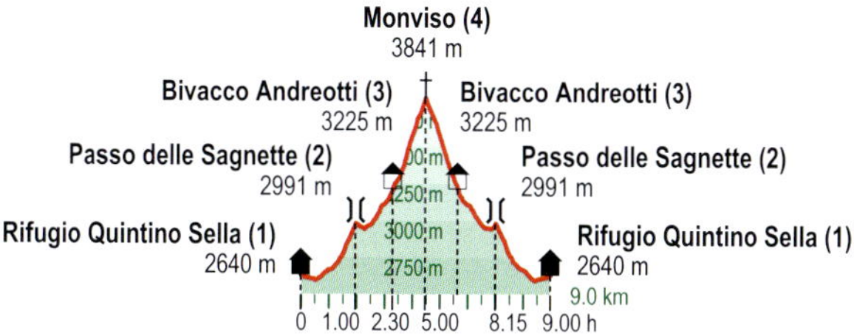

TOP 6

Giro del Viso

3 Tage

Rund um ein Bergsymbol

Der Monviso zieht magisch an. Doch nicht jedem ist es gegönnt, auf seinem Haupt zu stehen. Stellt sich noch die Frage, ob eine Umrundung des Mythosberges nicht der mühsamen Quälerei durch brüchiges Gestein auf den Gipfel vorzuziehen ist – wo doch seine formschöne Pyramide die eigentliche Augenweide darstellt. Und die lässt sich logischerweise nur aus einer gewissen Distanz genießen. Der »Giro del Viso«, eine 3-tägige Umrundung über die angrenzenden Pässe, eröffnet Bergwanderern eine Schau, die derjenigen von ganz oben in nichts nachsteht. Die faszinierende Gestalt des Monviso lässt sich so aus den verschiedensten Blickwinkeln bewundern, mal von französischer Seite – dem trockenen Queyras, wo fast immer die Sonne lacht –, mal von italienischer Seite, dem vor allem im Hochsommer sehr wetterfühligen Part. Auf der Runde passiert man am Colle delle Traversette auch ein historisches Highlight, den »Buco di Viso«, den ersten Straßentunnel der Alpen, den der Markgraf von Saluzzo zwischen 1479 und 1483 bauen ließ, um den Handelstransport auf der »Via del Sale«, der Salzstraße, zu erleichtern. Und es wird gar gemutmaßt, dass Hannibal mit seinen Elefanten über den Col de Traversette gezogen sein soll.

Ausgangs-/Endpunkt: Pian del Re, 2020 m, im Po-Tal. Alternative Startpunkte in Castello, 1608 m, im Varaita-Tal oder im französischen Queyras, dem Tal der Guil von l'Echalp oder dem Parkplatz am Roche Écroulée, 1780 m.

Anreise: Bis Crissolo, letztes Dorf im Po-Tal, fährt der Bus. Dann weiter mit der Navette, Reservierung im Touristenbüro von Crissolo, vallidelmonviso.it/project-view/pian-del-re-servizio-navette.

Markierung: Rot-weiß, gelb, Hinweisschilder, Steinmännchen.

Höhenunterschied: 2340 m.

Anforderungen: Alpine 3-Tage-Tour über steile Pässe, die Trittsicherheit und Kondition voraussetzen. Eine große Erleichterung sind Teleskopstöcke. Im Sommer hohe Gewitterneigung vor allem auf italienischer Seite – hier ist ein früher Aufbruch ratsam und wetterfeste Kleidung wichtig. In den Rucksack packen sollte man eine Stirnlampe für den Tunnel am Colle delle Traversette. Und nicht vergessen: Im Passbereich können auch im Hochsommer noch Schneefelder liegen.

Beste Jahreszeit: Juli bis Oktober.

Einkehr und Unterkunft: Albergo-Rifugio Pian del Re, 2020 m, bewirtschaftet Mitte Juni bis Ende Sept., Tel. +39/0175/94967; Rifugio Quintino Sella, 2640 m, bewirtschaftet Ende Juni bis Ende Sept., 83 Betten, Tel. +39/0175/94943, rifugiosella.it; Rifugio Vallanta, 2450 m, bewirtschaftet Mitte Juni bis Ende Sept., 75 Betten, Tel. +39/0175/956025, rifugiovallanta.it; Refuge du Viso, 2460 m, bewirtschaftet Mitte Juni bis Mitte/Ende Sept., 65 Betten, Tel. +33/4 92 46 81 81; Rifugio Giacoletti, 2741 m, bewirtschaftet Mitte Juni bis Mitte Sept., 55 Betten, Tel. +39/0175/940104 oder +39/347/9637442, giacoletti.it.

Variante: Etappe 3 kann auch in zwei gemütlichere Tage aufgeteilt werden, wenn man im Refuge du Mont Viso übernachtet.

Karte: Fraternali 1:25.000, Blatt 17 Alta Val Varaita oder IGN Alpes sans Frontières 1:25.000, Blatt 8 Monviso. Haut-Queyras.

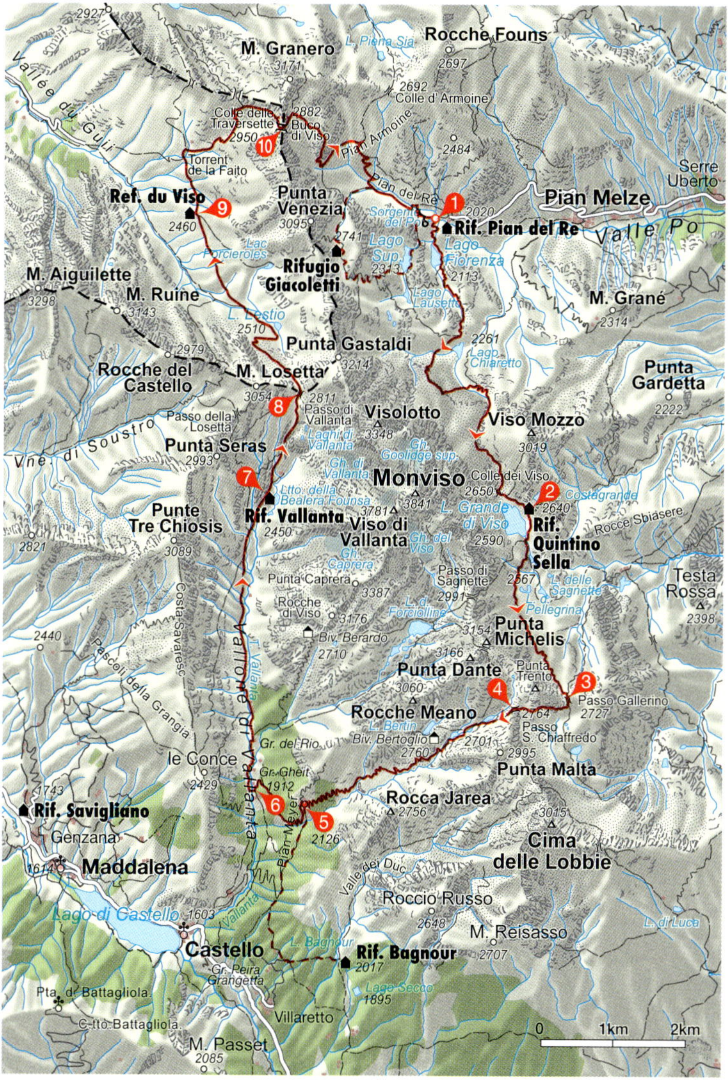

M. Granero
3171
Rocche Founs
2697
2692
Colle d' Armoine
Colle delle Traversette
2950
2882
Buco di Viso
Pian Armoine
2484
Vallée du Guil
Torrent de la Faito
Pian del Re
Serre Uberto
Pian Melze
Valle Po
Ref. du Viso
2460
Punta Venezia
3095
Sorgenti del Po
2020
Rif. Pian del Re
2741
Lago Sup.
2313
Lago Fiorenza
2113
Lac Porcieroles
Rifugio Giacoletti
M. Aiguilette
3298
M. Ruine
3143
Lago Lausetto
M. Grané
2314
L. Lestio
2510
Punta Gastaldi
3214
2261
Lago Chiaretto
2979
Rocche del Castello
M. Losetta
3054
2811
Passo di Vallanta
Punta Gardetta
2222
Passo della Losetta
Visolotto
3348
Laghi di Vallanta
Viso Mozzo
3019
Vne di Soustro
Punta Seras
2993
Gh. Coolidge sup.
Gh. di Vallanta
Monviso
3841
Colle dei Viso
2650
Costagrande
2640
Ltto. della Bealera Founsa
Rif. Vallanta
2450
Punte Tre Chiosis
3089
2821
3781
Viso di Vallanta
L. Grande di Viso
2590
Rif. Quintino Sella
Rocce Sbiasere
Gh. del Viso
Gh. Caprera
Punta Caprera
3387
Passo di Sagnette
2991
2567
L. delle Sagnette
Testa Rossa
2398
Costa Savaresc
Rocche di Viso
3176
L. d. Forciolline
Pellegrina
2440
Biv. Berardo
2710
3154
Punta Michelis
Pascoli della Grangia
T. Vallanta
3166
Punta Dante
Punta Trento
3060
Rocche Meano
L. Bertin
2764
Passo Gallerino
2727
Passo S. Chiaffredo
Vallone di Vallanta
Gr. del Rio
Biv. Bertoglio
2760
2701
2995
le Conce
Punta Malta
Gr. Gheit
1912
2429
1743
Rif. Savigliano
Rocca Jarea
2756
3015
Genzana
2126
Pian Meyer
Cima delle Lobbie
1614
Maddalena
Valle dei Duc
Roccio Russo
2648
Lago di Castello
1603
Vallanta
M. Reisasso
L. di Luca
Castello
L. Bagnour
Rif. Bagnour
2017
2707
Gr. Peira
Grangetta
Lago Secco
1895
Pta. d. Battagliola
C.tto Battagliola
Villaretto
M. Passet
2085
0
1km
2km

1. Tag: Pian del Re, 2020 m – Rif. Quintino Sella, 2640 m

2.30 Std., 650 m im Aufstieg, 30 m im Abstieg.

Der Aufstieg von **Pian del Re (1)** zum **Rifugio Quintino Sella (2)** erfolgt wie in Tour 3 beschrieben.

2. Tag: Rif. Quintino Sella, 2640 m – Rif. Vallanta, 2450 m

6 Std., 730 m im Aufstieg, 920 m im Abstieg.

Vom **Rifugio Quintino Sella (2)** wird zunächst zum großen See **Lago Grande di Viso**, 2590 m, abgestiegen. Wir ignorieren den Abzweig rechts zum Passo delle Sagnette und wenig später den Abzweig links zum Rifugio Alpetto und durchschreiten das raue Hochtal an mehreren Lacken vorbei in südliche, dann südöstliche Richtung zum **Passo Gallerino (3)**, 2727 m (1 Std.). Der steinige Pfad zieht um die Punta Trento herum nach Westen in den **Passo San Chiaffredo (4)**, 2764 m (0.30 Std.), wo sich ein nächstes reizvolles Hochtal öffnet. In angenehmem Gefälle geht es durch die wilde Gesteinslandschaft, die Passwanderer durch das Aufstellen unzähliger Steinmännchen noch bizarrer gestaltet haben. Die kleinen Seen laden zu einem sehr (!) erfrischenden Bad ein, die Ufer geben hübsche Picknickplätze ab. Auf dem Hügel über dem dritten See, dem Lago Bertin, fällt eine rote Biwakschachtel ins Auge. Das Bivacco Bertoglio ist zwar eng, jedoch mit Matratzen und Decken bestückt und eine Selbstversorgerherberge in großartiger Lage. In mitunter recht steilen Kehren folgt der Wanderweg dem Bach im Valle delle Giargiatte und liefert feine Ausblicke in die Gebirgswelt des oberen Varaita-Tals. Dann verstellen immer mehr uralte, knorrige Nadelbäume den Blick. Der Bosco dell'Alevé, der auf einer Fläche von 825 Hektar die Ostseite des Varaita-Tals bedeckt, gilt als der größter Zirbelkiefer- bzw. Arvenwald der Alpen.

Am Wegkreuz **Pian Meyer (5)**, 2126 m (1.45 Std.), kann nach links in einer Stunde das Rifugio Bagnour erreicht werden, ein landschaftlich und kulinarisch lohnender Abstecher (siehe Tour 12/13). Wir halten uns rechts und steigen durch den Wald in den Talgrund des Vallone di Vallanta, den wir an der **Grange Gheit (6)**, 1912 m (0.45 Std.), erreichen. Stets in Bachnähe steigen

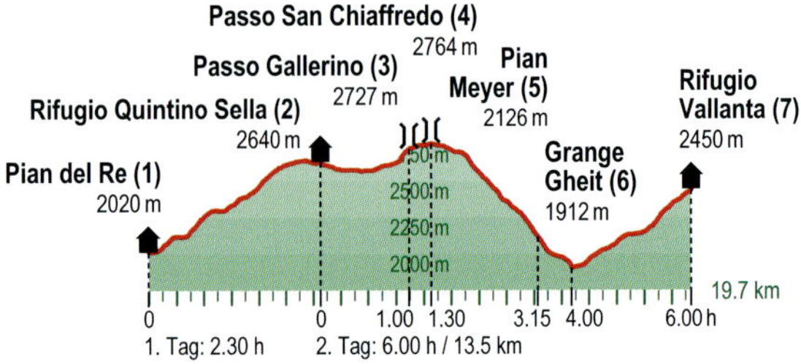

wir nordwärts das Hochtal hinauf, bis wir nach einer Steilstufe plötzlich vor dem **Rifugio Vallanta (7)**, 2450 m (2 Std.), stehen, die sich bereits einen Preis als originellste Hütte eingehandelt hat. Ein ungewöhnlicher Bau, dessen Dreiecksform den Bergen der Umgebung abgeschaut wurde: So bildet die Seitenansicht die Umrisse des Monte Caprera, einer Felsspitze rechts des Monviso, nach. Auch die Innenarchitektur ist genial durchdacht. Die Vorratskammern in der Kühle des Kellers halten Obst und Gemüse lange frisch, und die Schlafräume unterm Dach profitieren von der hochsteigenden Wärme der Gaststube. Eine Turbine am aufgestauten See sorgt für den nötigen Strom. Es gibt sogar warme Duschen, in den Bädern Fußwannen und dank Brotbackmaschinen täglich frisches Brot.

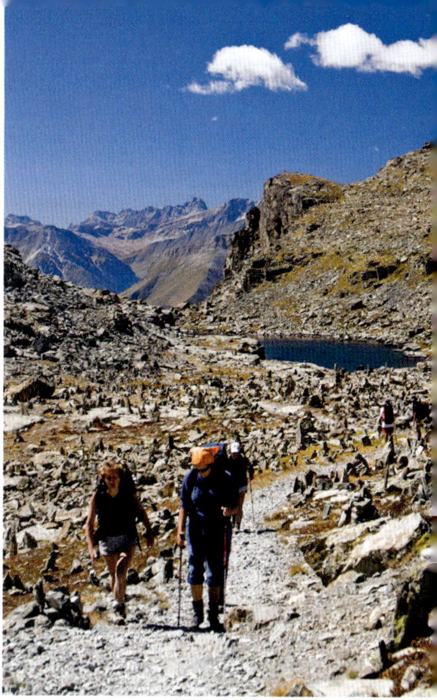

Am Passo San Chiaffredo.

3. Tag: Rif. Vallanta, 2450 m – Pian del Re, 2020 m

5.45 Std., 960 m im Aufstieg, 1390 m im Abstieg.

Vom **Rifugio Vallanta (7)** geht es nordwärts, den Abzweig links zum Passo della Losetta ignorierend, steil in den **Passo di Vallanta (8)**, 2811 m (1 Std.). Im Abstieg ist Vorsicht geboten. Auf der steilen, schattigen Nordseite liegen meist den ganzen Sommer über noch Schneefelder. Vom Pass quert die Route nordwestlich und zickzackt durch den Schutthang unter dem Nordwestgrat der Pointe Joanne (auch Monte Losetta genannt) zum **Lac Lestio**, 2510 m. Nordwestlich etwas unterhalb gabelt sich der Weg, der rechte Ast zieht fast eben zum **Refuge du Viso (9)**, 2460 m (0.45 Std.). Von der Hütte schlendern wir gemütlich über die Alpterrasse zum Wegkreuz am Torrent de la Faito, wo wir die Richtung bergwärts einschlagen. Nach wenigen Metern zweigt links die Route zum Col Selliere ab. Wir halten uns rechts, Richtung Osten, und steigen dann nördlich an den Fuß der Aiguille Traversette. Unter ihren Südabbrüchen quert die Route durch Blockfelder zum Tunneleingang mit Informationstafel. Wer keine Taschenlampe dabei hat, steigt rechts des

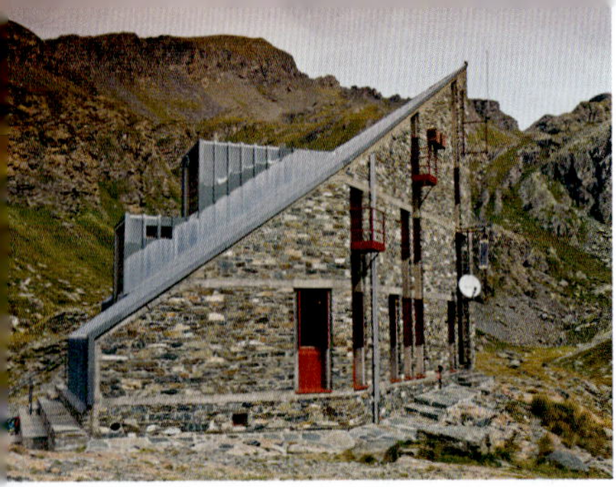

Rifugio Vallanta.

Tunnels direkt zum **Colle delle Traversette (10)**, 2950 m (2 Std.), auf. Spannender ist es jedoch, durch das halb zugeschüttete Tunnelloch zu kriechen, das sich zu einer zwei Meter hohen und 75 Meter langen Röhre weitet und einen, zurück in Italien, am **Buco di Viso**, 2882 m, wieder ausspuckt.
Wir bewegen uns hier auf der »Via del Sale«, einer uralten Handelsroute. Unter der Initiative von Ludovico II. di Saluzzo wurde Ende des 15. Jahrhunderts der Grenzgrat durchbohrt, um den Transport von Lebensmitteln (darunter das damals wichtigste Produkt: Salz aus der Provence) zwischen der Dauphiné und seiner Grafschaft zu erleichtern. Man hatte nach Alternativen gesucht, denn die reguläre Salzstraße über den Tendapass konnte nicht genutzt werden – sie stand unter der Kontrolle des Gegners. Doch bereits 100 Jahre später wurde die Markgrafschaft Saluzzo 1588 von Savoyen-Piemont erobert und damit dieser jungen Salzroute ein Ende gesetzt. Später nutzte man den Tunnel für militärische Zwecke, bis er über mehrere Jahrhunderte in Vergessenheit geriet und verfiel. Dank der Restaurationsarbeiten durch den französische Alpenclub ist der Durchgang heute Wanderern zugänglich. Vom nur wenig höher gelegenen Pass bietet sich übrigens ein ergreifender Blick auf die Nordabstürze des Monviso.
In steilen Kehren senkt sich der Weg im Bogen von Osten nach Süden in den Alpkessel von Pian Mait. Weiter unterhalb gabelt sich der Weg. Hier können wir uns entweder für den direkten Abstieg links nach **Pian del Re (1)** (2 Std.) entscheiden oder rechts für den landschaftlich reizvolleren Umweg (1.30 Std. zusätzlich) über das Rifugio Giacoletti, 2741 m, und den Lago Superiore (siehe Tour 2).

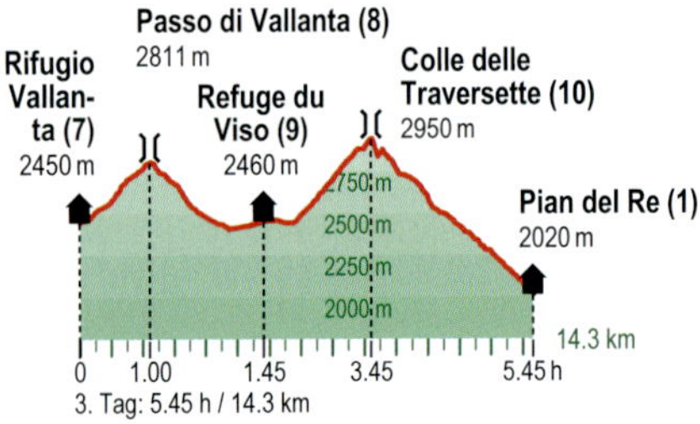

1.30 Std.

Balma Boves, 652 m

7

Zu einem historischen Felsendorf

Seit Jahrtausenden ist der Monte Bracco, der das Po-Tal von der Ebene trennt, besiedelt. Die westseitigen Felsen zwischen den Ortsteilen Rocchetta und Robella boten natürlichen Schutz und ließen ein besonders sehenswertes Felsendorf entstehen. Unter den Felsüberhängen, sogenannten Barme oder Balme, errichteten die Bauern anfangs primitive Ansiedlungen, die sich im Lauf der Zeit zu regelrechten Farmhäusern entwickelten. Man hielt Vieh, baute Roggen an und nutzte die Kastanienwälder. Neben jedem Wohnhaus befand sich ein »Secco«, ein Gebäude zum Dörren und Konservieren der Ernte. Noch bis in die 1950er-Jahre wurde das Felsendorf Balma Boves bewohnt. Seit 2002 ist das Dorf zu einem Ökomuseum restauriert und vermittelt einen interessanten Einblick in das bäuerliche Leben von damals. Auf einer alten Mulattiera steigen wir durch Wald auf und können vom Felsendorf sogar einen Blick auf den Monviso genießen.

Ausgangspunkt: Parkplatz, 527 m, kurz nach Überquerung des Fiume Po. Zufahrt von der Hauptstraße zwischen Sanfront (Busverbindung) und Paesana Richtung Rocchetta.
Markierung: Rot-weiß, Hinweisschilder.
Höhenunterschied: 160 m.
Anforderungen: Leichte Wanderung durch Wald und Kulturlandschaft.
Unterkunft: Bed & Breakfast Il Mulino in Sanfront, Via Giannotti No. 22, Tel. +39/329/3177217 oder +39/0175/948321, www.beb-ilmulino.it. Gebäude aus dem 15. Jh. mit alter Mühle.
Karte: Fraternali 1:25.000, Blatt 10 Valle Po, Monviso.

Vom **Parkplatz (1)** folgen wir der Teerstraße etwa 400 Meter, bis in der Linkskehre am Waldrand der »Sentiero del Bosco« rechts abzweigt. Nach einer kurzen Steigung knickt der Waldpfad nach Südosten. Erst absteigend, dann wieder aufsteigend gehen wir im Bogen nach Osten, stoßen an der **Casa Forano**, 657 m, auf eine Schautafel und auf die von Rocchetta kommende Naturstraße. Wir biegen bei dem Gehöft rechts in die Mulattiera, die uns in leichtem Auf und Ab zum Felsendorf **Balma Boves (2)**, 652 m, führt. Auf demselben Weg wandern

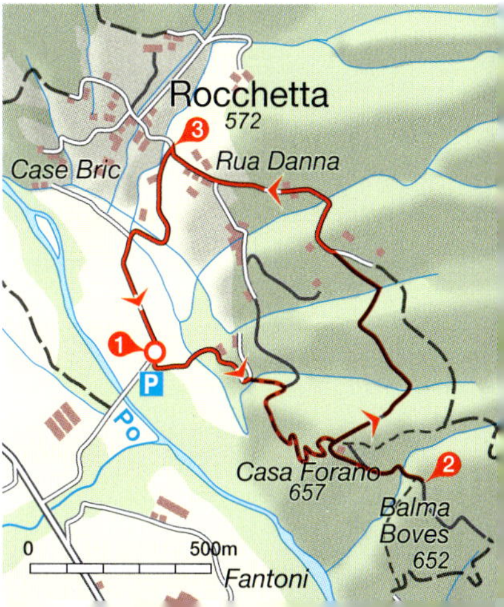

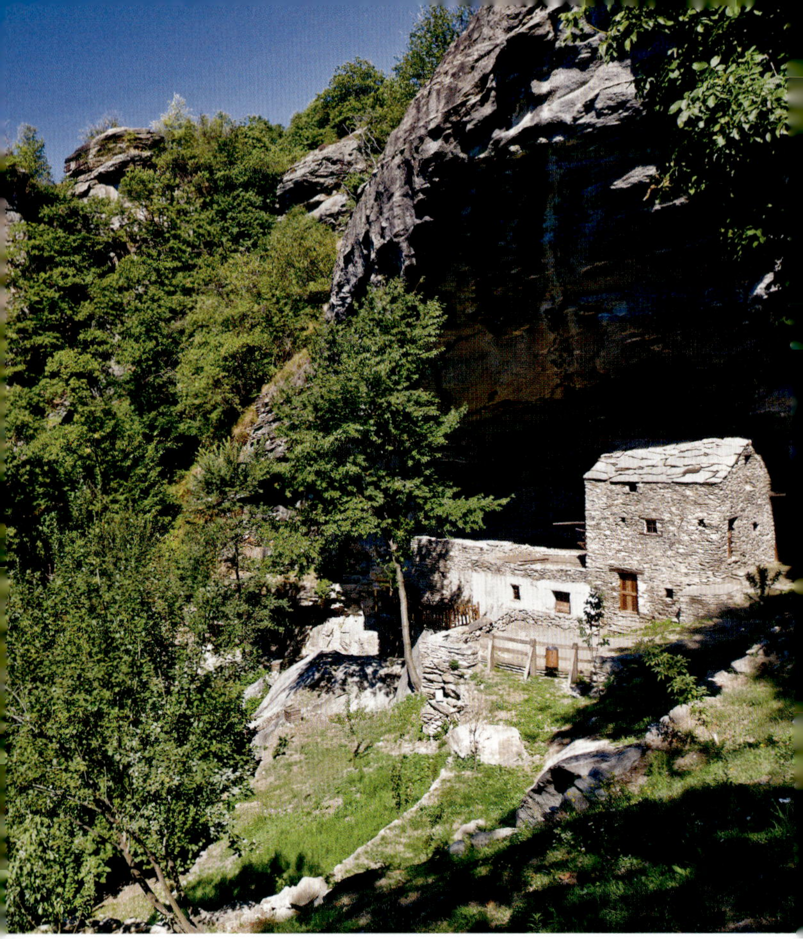

Balma Boves, Felsendorf bei Rocchetta.

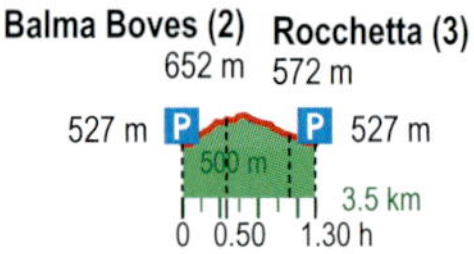

wir zurück zur Casa Forano und können dann der Naturstraße aussichtsreich nach **Rocchetta (3)**, 572 m, folgen. Vom Dorf ist es nur noch ein kurzes Stück auf der abwärtsführenden Hauptstraße zurück zum **Parkplatz (1)**.

5.00 Std.

Garitta Nuova, 2385 m

8

Panoramarunde über dem vorderen Val Varaita

Dichte Wälder bedecken zu einem großen Teil die Flanken des unteren Varaita-Tals. Doch über der Baumgrenze lassen sich einmalige Panoramarunden drehen. Prächtige Alpwiesen überziehen den behäbigen Bergrücken, der in der Garitta Nuova kulminiert, und schenken eine Weitsicht, die vom Monviso bis zu den Seealpen reicht.

Ausgangspunkt: Rua, 1536 m, Wanderparkplatz 2 km oberhalb Becetto. Zufahrt von Sampeyre (Busverbindung), dem Hauptort des Varaita-Tals.
Markierung: Hinweisschilder.
Höhenunterschied: 890 m.
Anforderungen: Gute Bergpfade, die teilweise etwas Trittsicherheit verlangen. Der Rückweg vom Colle del Prete erfolgt ganz bequem auf einer Fahrpiste.
Beste Jahreszeit: Juni bis Oktober.
Einkehr und Unterkunft: Unterwegs keine Einkehrmöglichkeit; Bar in Becetto; Albergo Del Becetto, Tel. +39/0175/977120; Campeggio Cianabie Becetto, Tel. +39/379/1246453, cianabie.com. Tipp: »Ciambun« Azienda Agrituristica, Guiseppe Garnero, Loc. Ciambun 1, I-12020 Rore-Sampeyre, Tel. +39/0175/977312 bzw. +39/340/6084253, agriturismociambun.com. Hübsche Zimmer, köstliche Küche, Reitmöglichkeit.
Variante: Das Dorf Rore im Talgrund östlich von Sampeyre lädt zum Bummeln ein. Als familienfreundlicher Spaziergang bietet sich der Sentiero Naturalistico an, der hinter dem Hotel Amici startet und über den Burghügel in eine wildromantische Waldschlucht zum Wasserfall Tumpi del Pisso führt. Kobolde verstecken sich im Gebüsch und Schautafeln erklären die Legenden. Hin und zurück 0.45 Std.
Karte: Fraternali editore 1:25.000, Blatt 12 Bassa Val Varaita, Bassa Val Maira oder Blatt 10 Valle Po, Monviso.

Unterwegs auf dem Kamm der Garitta Nuova.

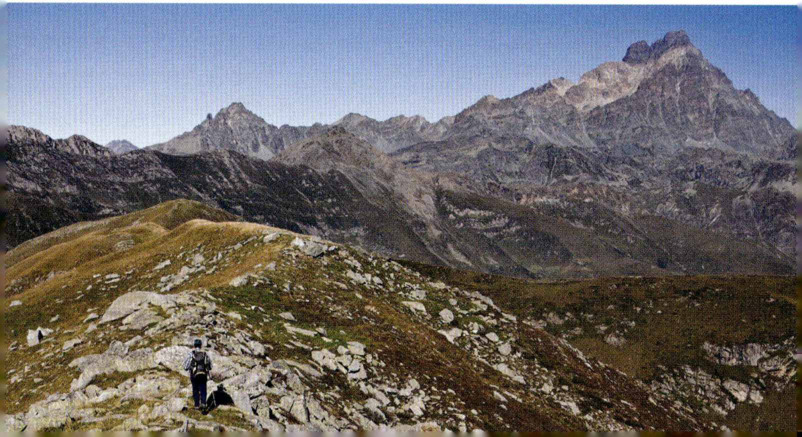

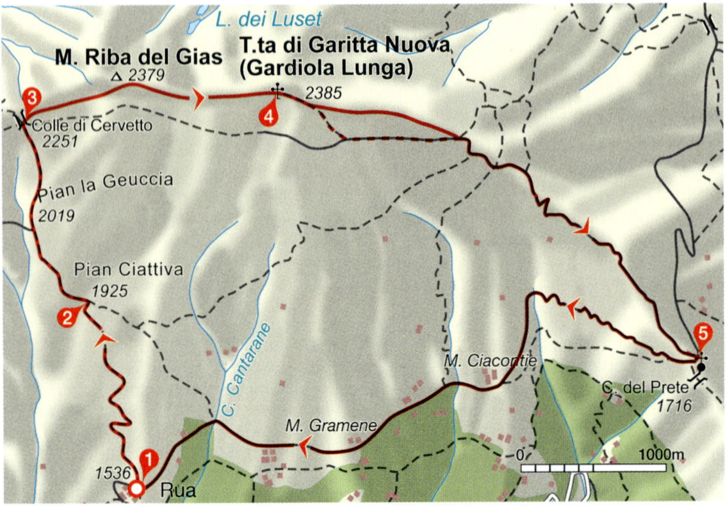

Vom Wanderparkplatz **Rua (1)**, 1536 m, folgen wir dem Hinweisschild Richtung Colle di Cervetto nordwärts. Steil zieht der Weg den Bergrücken der Costa Lerot hinauf. Wir durchwandern die Hochebenen der **Pian Ciattiva (2)**, 1925 m, und Pian la Geuccia, 2019 m, und erreichen schließlich den Kamm am **Colle di Cervetto (3)**, 2251 m (2 Std.). Fortan ist der markante Spitz des Monviso unser Wegbegleiter – allerdings im Rücken, denn wir folgen dem Grat nun in östlicher Richtung, wo der Blick sich in der Po-Ebene verliert. Rechter Hand reihen sich die Kämme vom Maira-Tal bis zu den Seealpen, linker Hand vom Po-Tal bis zu den Walliser Alpen, die im Dunst meist nicht wahrnehmbar sind. Vom mächtigen Gipfelkreuz der **Garitta Nuova (4)**, 2385 m (0.30 Std.), kann zunächst weglos über das kupierte Wiesengelände oder über einen breiten Alpweg, auf den man sonst nach kurzer Zeit trifft, südöstlich in den **Colle del Prete (5)**, 1716 m (1 Std.), abgestiegen werden.

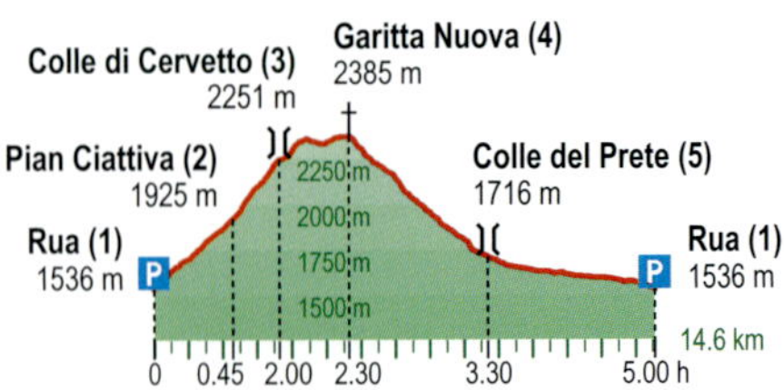

Am Pass trifft man auf eine Fahrpiste, die nach rechts aussichtsreich die Hänge quert und uns in gemächlichem Abstieg zurück zum Wanderparkplatz **Rua (1)** führt.

4.45 Std.

Col Longet, 2675 m

9 TOP

Grandioses Seenplateau zwischen Ubaye und Varaita

Gleich vier Seen passiert man am Übergang vom Val Varaita ins Ubaye-Tal auf kurzer Distanz. Und wer die Grenze überschreitet, kann mit dem Lac de Longet noch einen fünften Wasserspiegel bewundern, eingebettet zwischen wiegenden Wollgrasbüscheln. Freilich, der Aufstieg ist steil, die hochalpinen Seeschönheiten muss man sich erst erarbeiten. Aber einmal oben, lässt es sich im flachen, vom Gletscher geformten Gelände lustwandeln, picknicken, baden, Staudämme bauen … Im Osten schaut der Monviso zu, im Norden türmt sich als markanter Rundgipfel die Rocca Niera bzw. die Tête Toillies auf, der man auch näherrücken darf. Ein Pfad windet sich vom Lago Longet den Bergrücken nördlich hinauf und gibt die schönsten Seeblicke preis.

Ausgangspunkt: Chianale, 1797 m, das letzte Dorf im Val Varaita. Parkplatz nördlich des Dorfes jenseits der Brücke von der Passstraße über den Varaita-Bach. Busverbindung, Fahrplan: grandabus.it.
Markierung: Rot-weiß, Hinweisschilder.
Höhenunterschied: 900 m.
Anforderungen: Steinige Bergpfade, die Trittsicherheit verlangen.
Beste Jahreszeit: Juni bis Oktober.
Einkehr und Unterkunft: Unterwegs keine; Chianale: Posto tappa Laghi Blu, Tel. +39/0175/950189; Agriturismo Chemin Royal, Tel. +39/346/7389018; Agriturismo Pra Murel, Tel. +39/0175/950127, chianale.it.
Variante: Anstatt denselben Rückweg zu wählen, bieten sich zwei Varianten an, die allerdings beide anspruchsvoller und alpiner sind. Die eine führt über den Colle del Lupo, die kürzere vom Lago Bleu zum Lago Nero hinauf und über einen namenlosen Pass hinunter zur GTA-Route, auf der man links zurück zum Ausgangspunkt kommt. Eine interessante 2-Tage-Runde lässt sich über das französische Queyras machen: Vom Lac de Longet ist über den Col de la Noire in 2.30 Std. das Refuge de la Blanche erreicht (Tel. +33/4/83438380, refugedelablanche.com); am nächsten Tag kehrt man dann über den Col Blanchet zurück nach Chianale.
Karte: Fraternali editore 1:25.000, Blatt 17 Alta Val Varaita oder IGN Alpes sans Frontières 1:25.000, Blatt 8 Monviso. Haut-Queyras.

Vom Parkplatz in **Chianale (1)** folgen wir der Fahrstraße westlich bergwärts, bis diese einen Bach erreicht. Hier zweigt links der Bergweg ab, der zunächst Lärchenwald durchquert, dann in Serpentinen einen steilen Hang hinaufführt.

Nach rechts umgeht er schließlich eine Felswand, passiert ein verfalle-

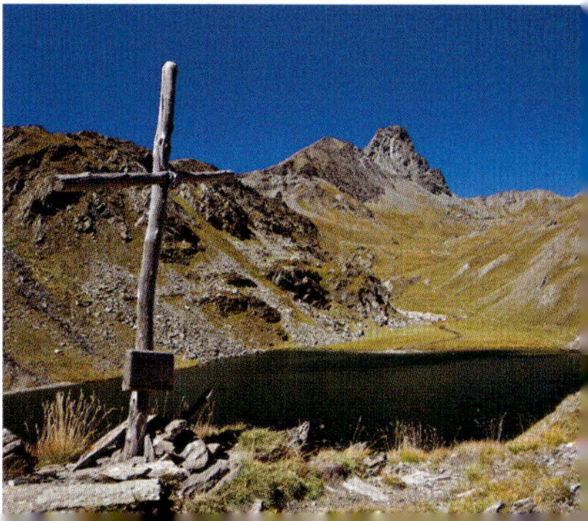

Lago Bleu – im Aufstieg zum Col Longet.

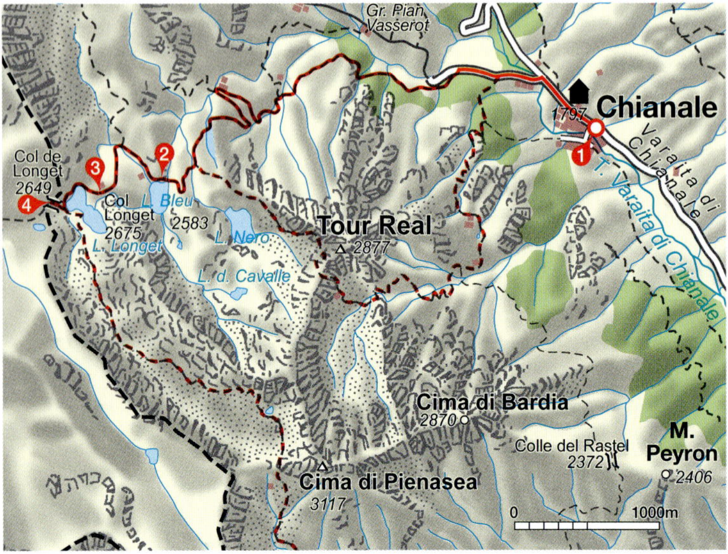

nes Haus und kommt den Kaskaden der Antolina ganz nah. Die Route windet sich über mehrere Wiesenterrassen zwischen Felsstufen hindurch und erreicht nach einer Bergkuppe, ca. 2600 m, den **Lago Bleu (2)**, 2583 m, mit seinem tiefblauen Wasserspiegel.

Der See wird an seinem Ablauf passiert, dann folgen wir dem Hochtal in nordwestlicher Richtung, bis sich der Weg gabelt. Wir halten uns an die linke Route, queren den Bach und steigen steil im Bogen nach Süden in den **Col Longet (3)**, 2675 m, den unzählige Steinmännchen markieren. Vom Pass ergibt sich ein prächtiger Blick auf die Seenlandschaft der Laghi Bes. In kurzem Abstieg leitet der Weg zu den Seen hinunter und den Ufern entlang westlich zum französischen **Col de Longet (4)**, 2649 m. Nur wenig unterhalb liegt der Lac Longet, bereits im Ubaye-Tal, in einem weitläufigen Moorgelände.

Der Rückweg nach **Chianale (1)** erfolgt auf der bekannten Route.

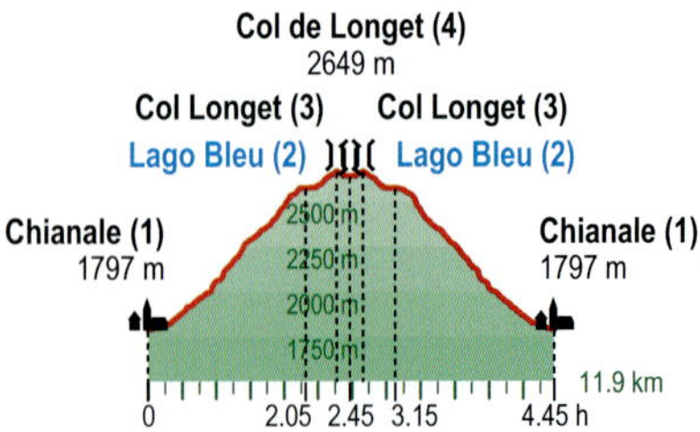

Chianale.

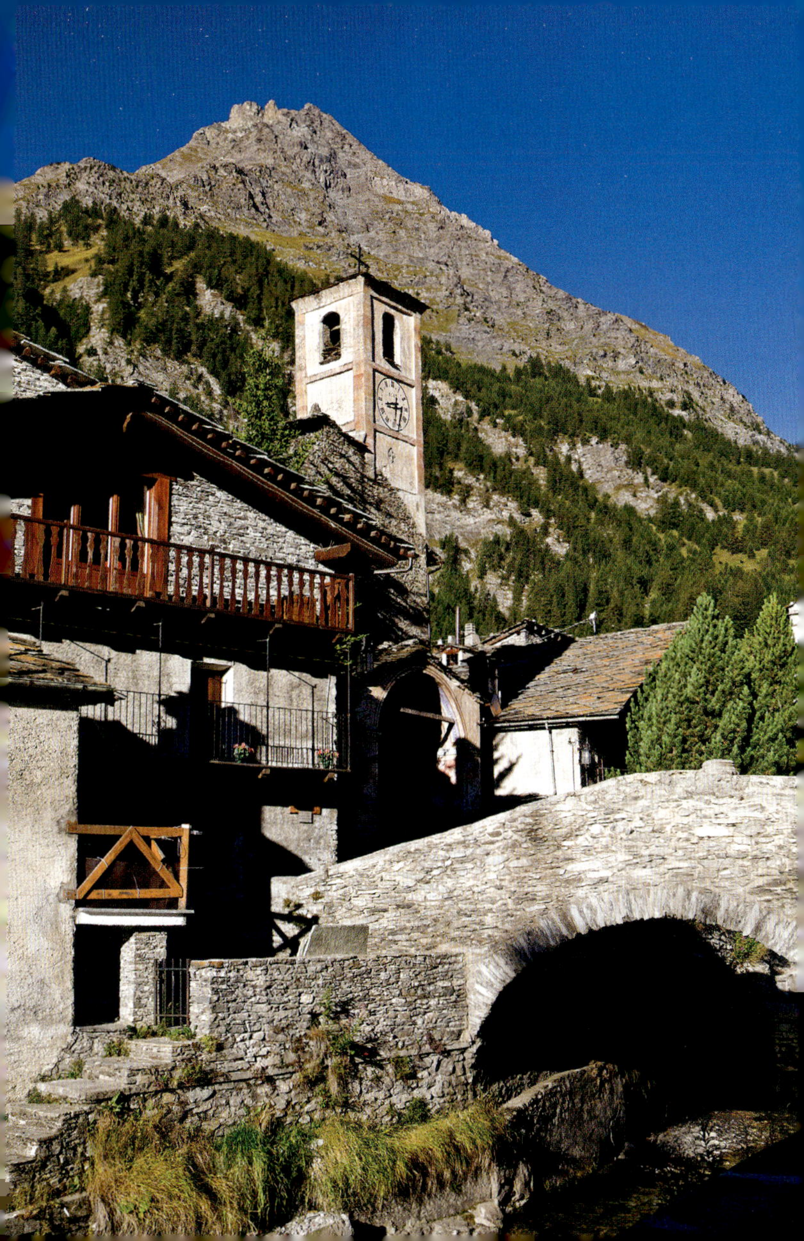

10 Monte Losetta, 3054 m

2 Tage

Logenplatz an der Monviso Nordwestflanke

Mit dem Monte Losetta – französisch: Pointe Joanne –, dem Grenzgipfel zwischen dem italienischen Soustra-Tal (Varaita) und dem französischen Guil-Tal (Queyras), erobert man nicht nur einen Dreitausender, sondern man lernt dabei auch noch zwei reizvolle, wilde Täler kennen. Das Vallone di Soustra ist einsam und voller üppiger Weidegründe, auf denen provenzalische Hirten mit ihrem Vieh den Sommer verbringen. Im Vallone di Vallanta kann im Hochsommer durchaus reger Wanderbetrieb herrschen, denn nicht nur der berühmte Giro del Viso, sondern auch die GTA führen hindurch. Highlight der Tour ist das Panorama, das der Monte Losetta bietet. Schon am Passo della Losetta steht man hautnah vor der Monviso-Nordwestflanke mit dem markanten Felssockel des Viso di Vallanta. Vom Gipfel schweift der Blick dann nördlich über das Queyras zu den Aiguilles d'Arves und südlich über die Gipfelkämme des Maira-Tals bis zu den Seealpen. Und sehr wahrscheinlich wird man beim Abstieg zum Rifugio Vallanta auf Steinböcke stoßen.

Ausgangspunkt: Rifugio Savigliano, 1743 m. Zufahrt am nördlichen Ortseingang von Pontechianale (Busverbindung) im Talschluss des Val Varaita an der Passstraße über den Col Agnel ins französische Queyras.
Markierung: Rot-weiß, Hinweisschilder.
Höhenunterschied: 1730 m.
Anforderungen: 2-Tage-Tour verläuft auf gut markierten Bergpfaden. Der Passübergang ist steil und verlangt Trittsicherheit.
Beste Jahreszeit: Juli bis September.
Unterkunft: Rifugio Savigliano, Marco und Gully, Tel. +39/377/0923453, rifugiosavigliano.it; Rifugio Vallanta, Livio Patrile, bewirtschaftet Mitte Juni bis Ende Sept., Tel. +39/0175/956025.
Karte: Fraternali editore 1:25.000, Blatt 17 Alta Val Varaita.

1. Tag: Rifugio Savigliano, 1743 m – Rifugio Vallanta, 2450 m

6.30 Std., 1520 m im Aufstieg, 810 m im Abstieg.

Vom **Rifugio Savigliano (1)** folgen wir bergwärts der Straße bis zu ihrem Ende. Dort beginnt der markierte **Sentiero Lanzetti (2)**, ein Naturlehrpfad, der hoch über dem Varaita-Tal prächtige, aussichtsreiche Alpweiden quert und weiter nordwestlich am Eingang des Vallone di Soustra sein Ende findet. Oberhalb der Straßenkehre an der **Grange del Rio (3)**, 2006 m (2.30 Std.), trifft er jenseits des Baches auf den Wanderweg, der uns nach rechts durch das Soustra-Tal leitet. Eine ganze Weile geht es recht beschaulich dahin, bis sich der weite Talgrund hinter der Sorgente Cavour abrupt verengt und der Pfad in steiler Wegführung den abschüssigen Hang taleinwärts traversiert. Der Talschluss zeigt sich dann wieder breiter – als idyllischer Alpkessel mit vollgesogenen Moorwiesen und leuchtender Alpenflora.

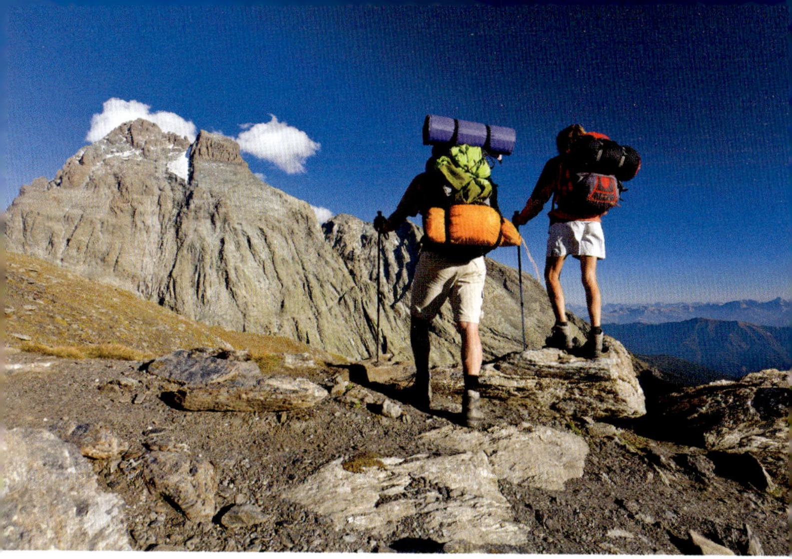

Monviso voraus: auf dem Passo della Losetta.

In vielen Serpentinen meistern wir die Schuttflanke östlich zum **Passo della Losetta (4)**, 2872 m (2.30 Std.), an dem sich auch die Reste einer Kriegsfestung befinden. Zur Gipfelbesteigung folgen wir einfach dem Kamm nördlich auf den **Monte Losetta (5)**, 3054 m (0.30 Std.). Vom Pass südlich gegen das Vallone di Vallanta sind vor allem die ersten Kehren steil. Nach etwa 10 Minuten lassen wir den Abzweig zum Passo di Vallanta links liegen. Die Route schlängelt sich unter der Punta Seras zur Alpterrasse Gias del Boeuf, wo von der Hauptroute links ein direkter Weg zum **Rifugio Vallanta (6)**, 2450 m (1 Std.), hinabführt.

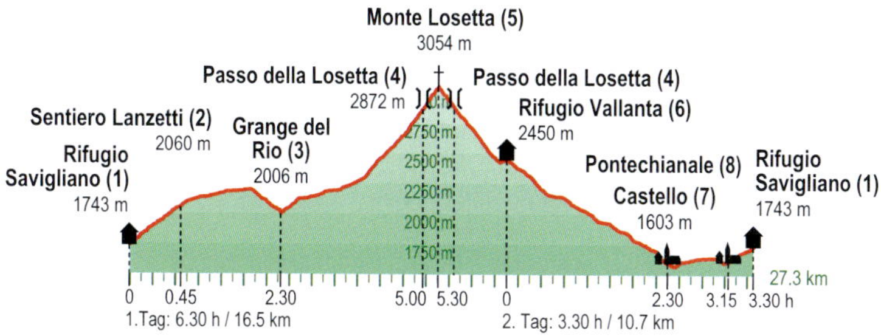

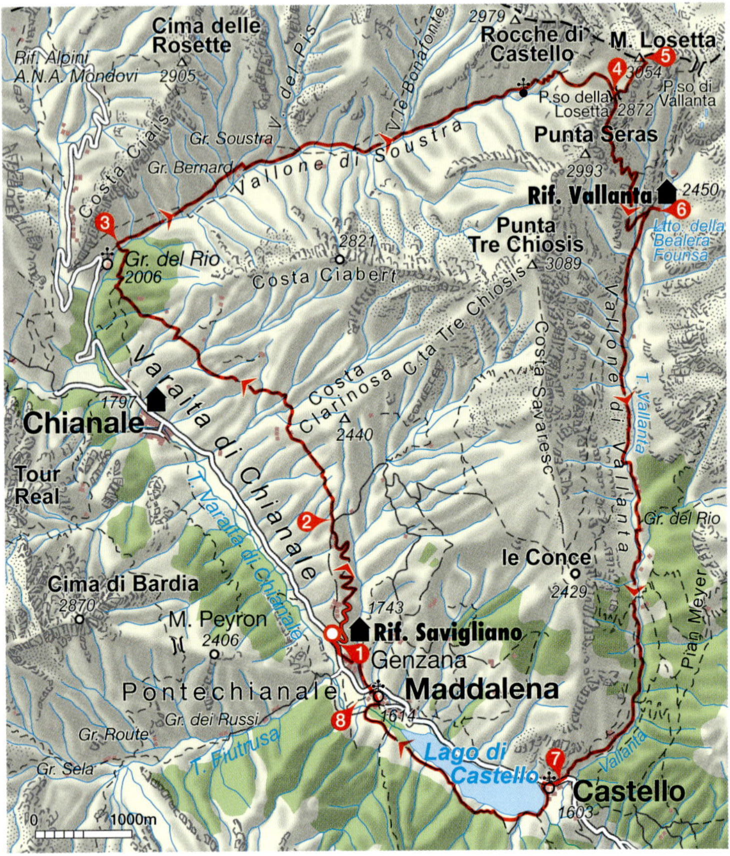

2. Tag: Rifugio Vallanta, 2450 m – Rifugio Savigliano, 1743 m

3.30 Std., 210 m im Aufstieg, 920 m im Abstieg.

Vom **Rifugio Vallanta (6)** talauswärts, halten wir uns stets in Bachnähe. Südlich der Grange del Rio biegt der Giro del Viso nach links ab. Wir bleiben am rechten Ufer der Vallanta und steigen nach **Castello (7)**, 1603 m (2.30 Std.), ab. Zurück im Haupttal umrunden wir das Südostende des gestauten Lago di Castello. Hinter der Staumauer der Fahrpiste am Südwestufer entlang nach **Pontechianale (8)**, 1614 m, und zurück zum **Rifugio Savigliano (1)**.

6.00 Std.

Laghi delle Forciolline, 2807 m

11

Außergewöhnliche Felsarena in den Armen des Monviso

Schon die Erstbesteiger des Monviso zogen durch das raue Hochtal, in dem sich ein einzigartiges Seenplateau verbirgt. Nur verfügte die weite Panoramaterrasse damals noch nicht über ein so komfortables Biwak, das sich seit 2005 in eine gletschergeschliffene Mondlandschaft zwischen türkisblaue Seeaugen bettet. Die Pioniere mussten mit natürlichen Felsgrotten vorliebnehmen, die sie in den gigantischen Blockfeldern etwas oberhalb fanden. Wer in Richtung Passo delle Sagnette steigt, der trifft noch auf einen dieser historischen Biwakplätze: die Caverna Michel Croz – in Erinnerung an den großen Bergführer aus Chamonix, der am 30.8.1861 mit den Engländern William Mathews und Frederick William Jacomb zusammen den Monviso erstbestiegen hat.

Ausgangspunkt: Castello (Busverbindung), 1603 m, Dorf am Stausee im oberen Varaita-Tal.
Markierung: Rot-weiß, gelb, Steinmännchen.
Höhenunterschied: 1260 m.
Anforderungen: Alpine Route mit Steilanstieg. Der Abstieg durch ein exponiertes Couloir erfordert beste Trittsicherheit.
Beste Jahreszeit: Juli bis Oktober.
Unterkunft: Bivacco Berardo, 2710 m, Selbstversorgerhütte, 9 Plätze; Bivacco Forciolline, 2823 m, Selbstversorgerhütte, 12 Plätze; beide stets offen.
Variante: Sehr ansprechend ist auch die Verbindung vom Rifugio Quintino Sella über den Passo delle Sagnette, von dem sich ein Traumblick auf die Forciolline Seen bietet. Auch dies ist eine alpine Route mit Klettersteigeinlage zum Passo delle Sagnette. Rif. Quintino Sella – Bivacco Forciolline 3 Std.
Karte: Fraternali editore 1:25.000, Blatt 17 Alta Val Varaita.

An der Kirche von **Castello (1)** folgen wir zunächst einer schmalen Gasse bergwärts und dann den Wegweisern in Richtung Rifugio Vallanta. Am Hang entlang geht es in nordöstlicher Richtung ins Vallone di Vallanta.
Wir wandern auf der rot-weiß-rot markierten GTA-Route so lange taleinwärts, bis wir am Wegrand nahe der **Grange del Rio (2)**, 1988 m, auf einen großen Stein treffen, auf dem in gelben Lettern

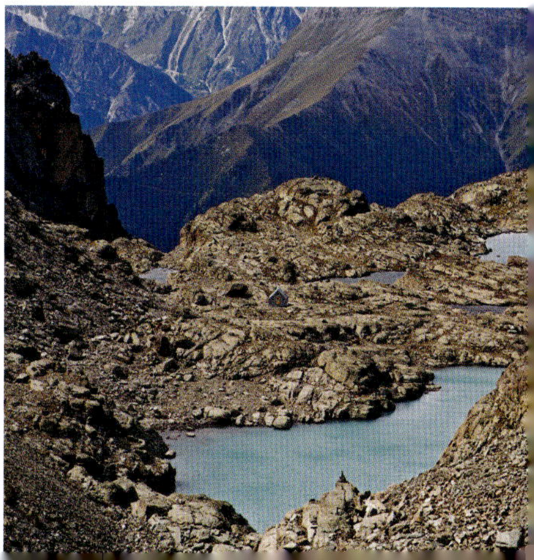

Laghi delle Forciolline.

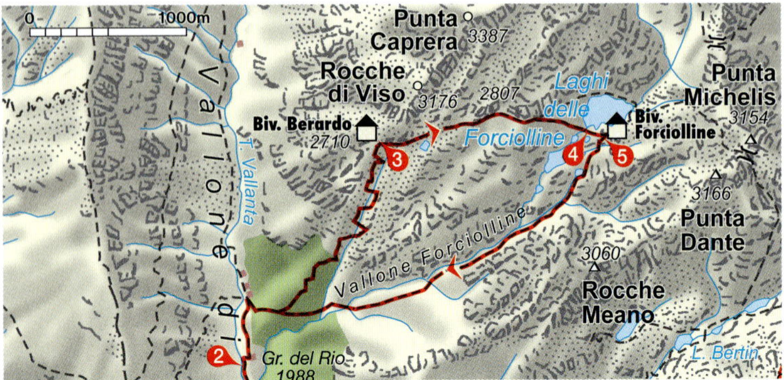

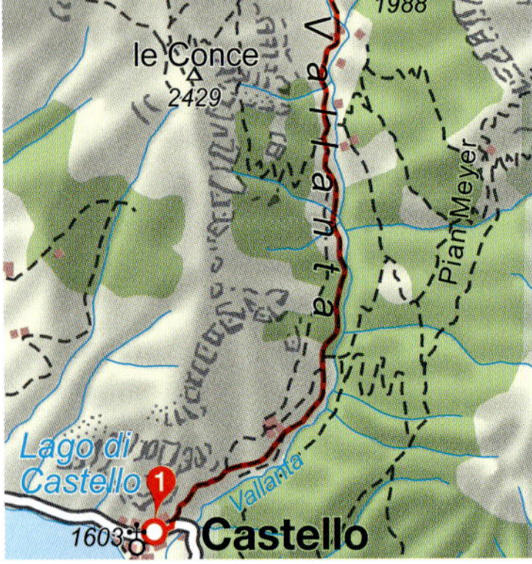

»Sentiero Enzio Nicoli« steht. Hier zweigt nach rechts der alpine Steig zum Bivacco Berardo ab, der auf der linken Talseite in steilen Serpentinen zum **Bivacco Berardo (3)**, 2710 m (3 Std.), hinaufklettert.

Von der unbewirtschafteten Schutzhütte queren wir dann ostwärts durch steiniges Gelände zum Seenplateau der **Laghi delle Forciolline (4)**, 2807 m (0.30 Std.), wo über den Klippen des größten Sees das **Bivacco Forciolline (5)** thront.

Für den Abstieg halten wir uns in Richtung Südwesten, um durch das raue, steile Couloir des Vallone Forciolline zurück in den Talgrund des Vallone di Vallanta zu gelangen. Der letzte Part zurück nach **Castello (1)** ist dann wieder kniefreundlicher.

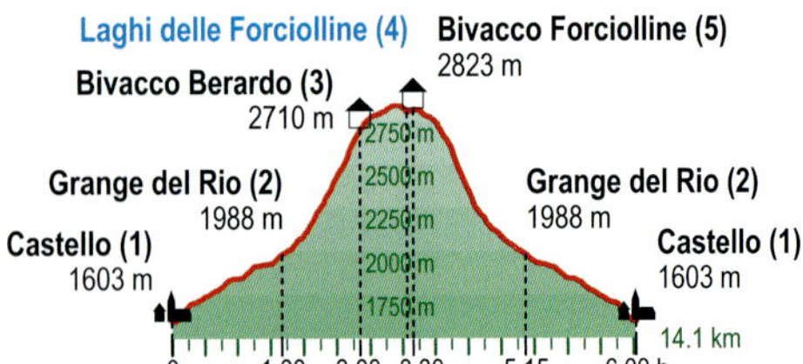

3.30 Std.

Rifugio Bagnour, 2017 m

12

Durch den größten Arvenwald der Alpen zum idyllischen Moorsee

Wir durchstreifen den Bosco dell'Alevé, einen großartigen Arvenwald, der auf einer Fläche von 825 Hektar die Ostseite des Varaita-Tals bedeckt und als größter Zirbelkiefernwald der Alpen gilt.
Dank des abschüssigen Geländes und als Lawinenbarriere für die Talschaft, blieb der Wald vor Rodungen geschützt und knorrige, jahrhundertealte Bäume konnten sich erhalten. Völlig abgeschieden auf einer idyllischen Lichtung mit Moorbiotop lädt das Rifugio Bagnour zum Relaxen ein. Das ehemalige Forsthaus ist seit 2004 zu einer urgemütlichen Herberge umgebaut, in der es sich auch ganz köstlich speisen lässt. Kindern bereitet es große Freude, an dem kleinen Lago Bagnour zu spielen. Der im Dialekt als »Gießkanne« benannte See verzweigt sich in zahlreiche Rinnsäle, die den unteren See Lago Secco versorgen. Unter Biologen bekannt ist der Lago Bagnour wegen einer nur hier vorkommenden Garnelenart. Das endemische Schalentier »Branchipus blanchardi« hat in dem Moortümpel sein Zuhause.

Ausgangspunkt: Castello (Busverbindung), 1603 m, Parkplatz im Ort oder kurz vor dem Ort an der Brücke über den Vallanta Bach.
Markierung: Rot-weiß, Hinweisschilder, Steinmännchen.
Höhenunterschied: 660 m.
Anforderungen: Familienfreundliche Waldwanderung, ein paar Steilpassagen.
Beste Jahreszeit: Juni bis Oktober.
Einkehr und Unterkunft: Rifugio Bagnour, bewirtschaftet Mitte Juni bis Ende Sept., außerhalb der Zeit an Wochenenden, Tel. +39/320/4260190 oder +39/0175/977135.
Karte: Fraternali editore 1:25.000, Blatt 17 Alta Val Varaita oder IGN Alpes sans Frontières 1:25.000, Blatt 8 Monviso. Haut-Queyras.

Vom Parkplatz südlich der Vallanta-Brücke in **Castello (1)** folgen wir dem gut ausgeschilderten Weg, der links von der Straße bergwärts strebt. Der ausgeprägte Saumpfad zieht durch herrlichen Wald in östliche Richtung. An einem auf einer Lichtung gelegenen Steinhaus gabelt sich der Weg. Wir haben die Wahl, entweder geradeaus direkt zum Rifugio Bagnour aufzusteigen oder rechts den landschaftlich reizvolleren Umweg über den Lago Secco zu nehmen. Letzterer quert südöstlich im Auf und Ab

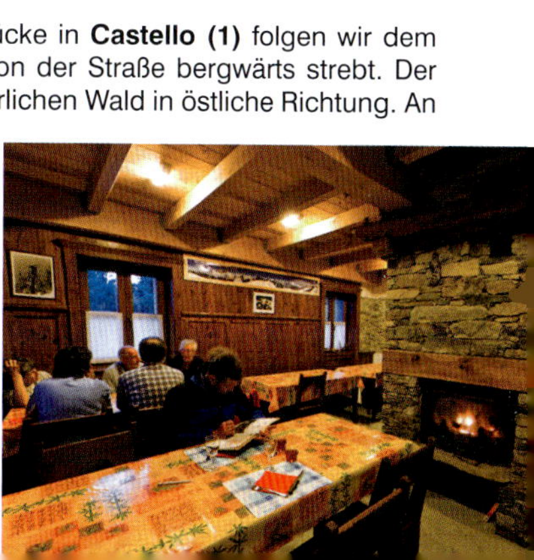

Das Rifugio Bagnour von innen.

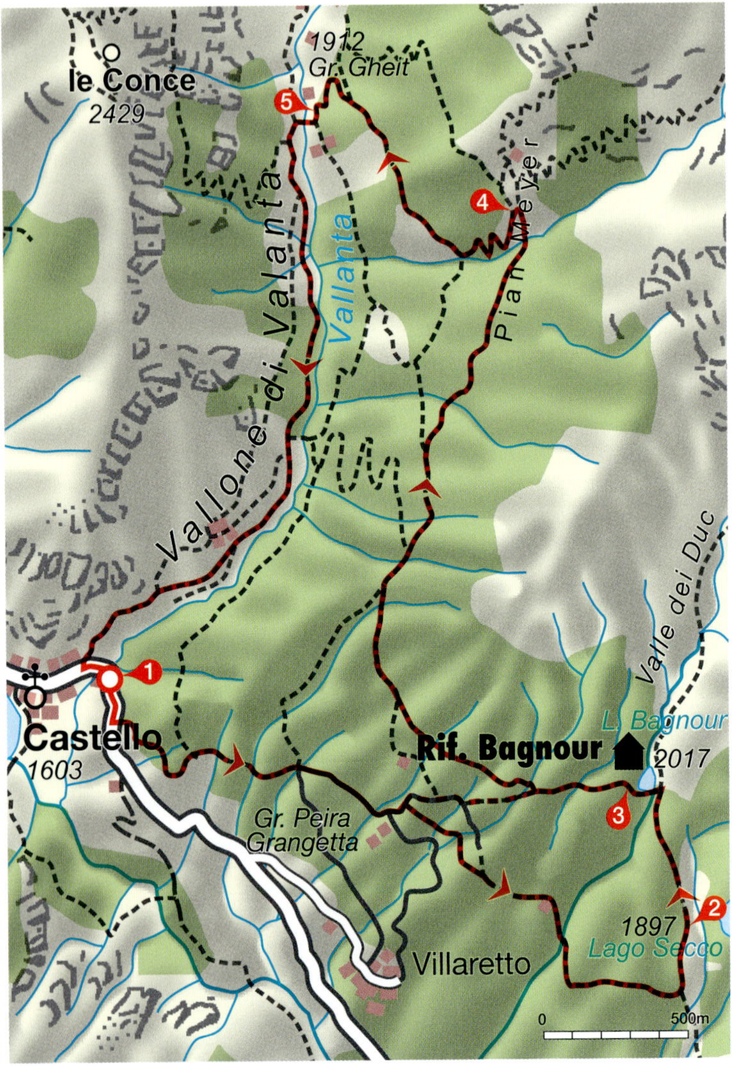
le Conce
2429
1912
Gr. Gheit
Vallone di Valanta
Vallanta
Pian Meyer
Castello
1603
Valle dei Duc
L. Bagnour
Rif. Bagnour
2017
Gr. Peira
Grangetta
Villaretto
1897
Lago Secco
0
500m
1
2
3
4
5

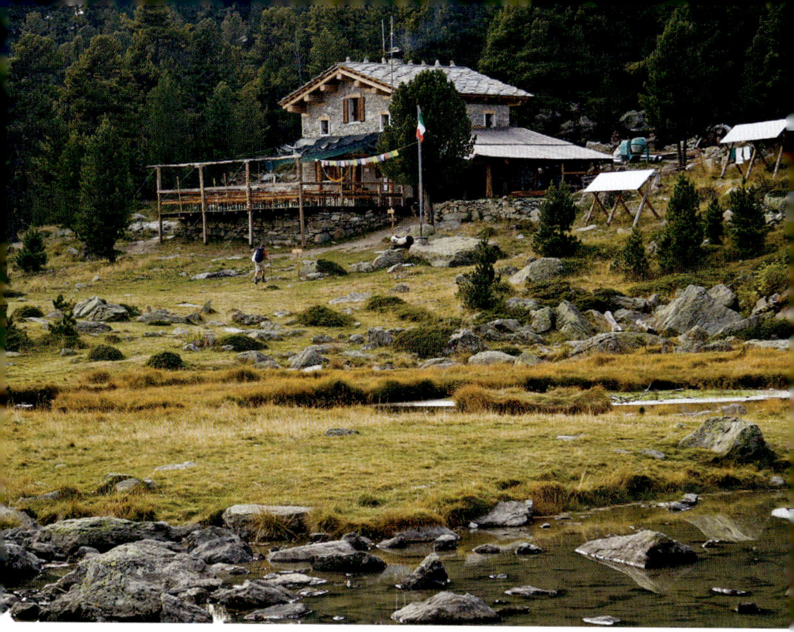

Rifugio Bagnour.

mehrere Waldinseln, die mitunter schöne Ausblicke ins Tal bieten, und knickt dann nach etwa 20 Minuten scharf nach links zum **Lago Secco (2)**, 1897 m, ab.

20 Minuten weiter nördlich stoßen wir dann auf den **Lago Bagnour**, 2017 m, mit dem gleichnamigen **Rifugio Bagnour (3)**. Anstatt denselben Rückweg zu nehmen, bietet sich eine Querung ins Vallone die Vallanta an. Zunächst wählen wir von der Hütte den Weg abwärts Richtung Westen. An der ersten Weggabelung halten wir uns rechts gegen Norden. Der Pfad bleibt eine ganze Weile auf der Höhe, bis er an der Lichtung **Pian Meyer (4)**, 2126 m, auf die bekannte Mehrtagesroute des »Giro del Viso« trifft. Wir steigen links zur **Grange Gheit (5)**, 1912 m, in den Talgrund des Vallone di Vallanta ab. Nach dem Bauernhof wechseln wir über eine Brücke auf die andere Talseite und gehen talauswärts zurück zum Ausgangspunkt in **Castello (1)**.

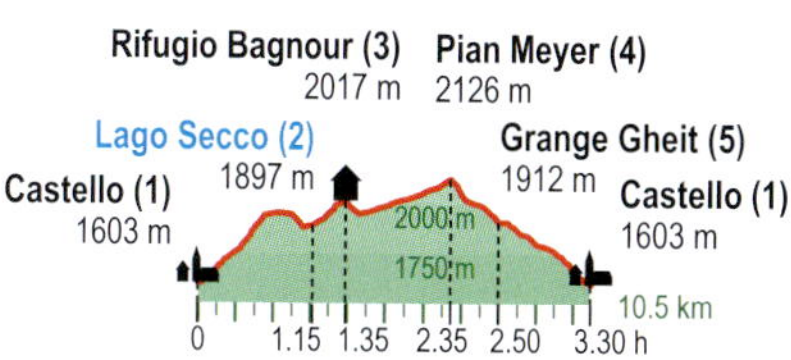

13 Punta Malta, 2995 m

6.00 Std.

Vom Arvenwald hinauf in ein wildes Steinreich

Abseits ausgetretener Pfade lernen wir das wildromantische Vallone dei Duc kennen. Der Arvenwald wird von herrlicher Alpflora abgelöst. Alpenrosen, Preiselbeeren, Heidelbeeren, gelbe und rote Flechten bringen das wilde Steinreich zum Leuchten. Von den Hochplateaus, auf denen Saumtiere und Merenspferde ihren Sommer verbringen, bieten sich fantastische Ausblicke auf die Gipfelkämme. Der Übergang zum Passo San Chiaffredo und der Abstecher auf die Punta Malta setzen aufgrund von steilen Schutthalden durchaus anspruchsvolle Akzente, gewähren jedoch einen Prachtblick – vor allem auf den Monviso.

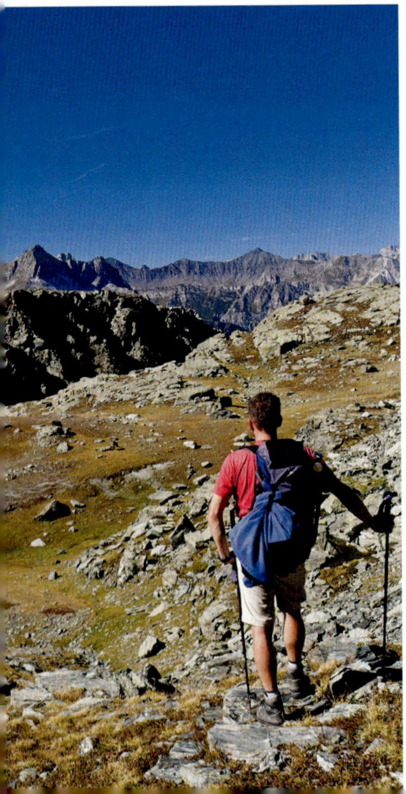

Ausgangspunkt: Rifugio Bagnour, 2017 m. Zustieg siehe Tour 12.
Markierung: Rot-weiß, Hinweisschilder, Steinmännchen.
Höhenunterschied: 1040 m.
Anforderungen: Hochalpines Gelände, das vor allem im Passbereich beste Trittsicherheit verlangt.
Beste Jahreszeit: Juli bis Oktober.
Einkehr und Unterkunft: Unterwegs keine; Rifugio Bagnour, bewirtschaftet Mitte Juni bis Ende Sept., Tel. +39/320/4260190 oder +39/0175/977135.
Karte: Fraternali editore 1:25.000, Blatt 17 Alta Val Varaita oder IGN Alpes sans Frontières 1:25.000, Blatt 8 Monviso. Haut-Queyras.

Am **Lago Bagnour** etwas unterhalb des **Rifugio Bagnour (1)** treffen wir am Südostufer auf die rot-weiße Markierung, die uns nach links durch einen waldigen Graben nordostwärts in das Vallone dei Duc leitet. Mit jedem Höhenmeter weitet sich das Tal, wird der knorrige Arvenwald lichter, übernehmen Steine die Regie. Nach einem Blockfeldplateau geht es linker Hand steil

Punta Malta.

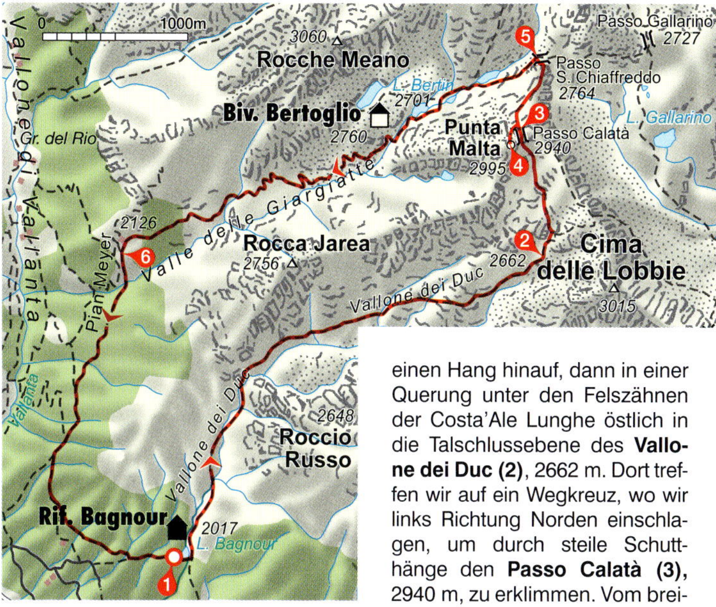

einen Hang hinauf, dann in einer Querung unter den Felszähnen der Costa'Ale Lunghe östlich in die Talschlussebene des **Vallone dei Duc (2)**, 2662 m. Dort treffen wir auf ein Wegkreuz, wo wir links Richtung Norden einschlagen, um durch steile Schutthänge den **Passo Calatà (3)**, 2940 m, zu erklimmen. Vom breiten Passrücken lässt sich links in 15 Minuten der Gipfel der **Punta Malta (4)**, 2995 m, erreichen. Der Abstieg zum **Passo San Chiaffredo (5)**, 2764 m, erfolgt nördlich durch eine steile Schuttflanke. Man trifft hier auf das im Hochsommer recht belebte Wanderterrain des »Giro del Viso« (Tour 6). Wir folgen der Route nach Westen durch das Valle delle Giargiatte bis zum Wegkreuz von **Pian Meyer (6)**, 2126 m, wo wir die gut frequentierte Route wieder verlassen und nach links in den herrlichen Arvenwald zurückkehren, um in einer Querung nach Süden das **Rifugio Bagnour (1)** zu erreichen.

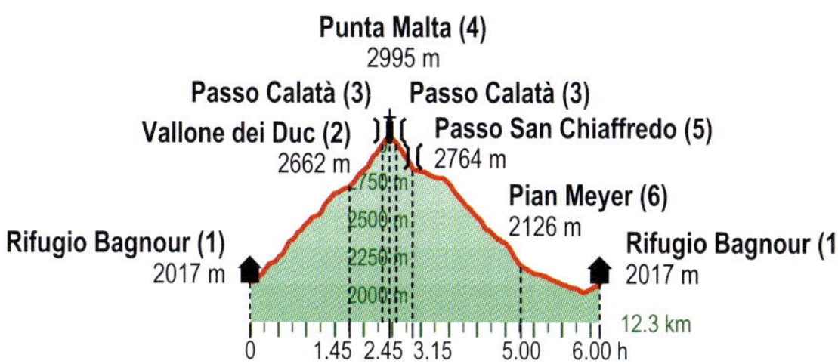

14 Der Sonnenuhrenweg

1.30 Std.

Kulturspaziergang im Tal der Varaita di Bellino

Besonders ursprüngliche Dörfer und Weiler konnten sich im Bellino-Tal erhalten, dem Seitenarm des Varaita-Tals, das sich bei Casteldelfino verzweigt. Die stattlichen Bauernhäuser zeugen vom einstigen Reichtum des ausgedehnten Alpgebiets, das dem »Bund von Briançon«, einem der Schweizer Eidgenossenschaft sehr ähnlichen Zusammenschluss angehörte. Zehn Talschaften zwischen dem Varaita-Tal und Briançon hatten sich im 12. Jh. in einer Art Bauernrepublik zusammengetan, dem Grundherrn die Rechte abgekauft und eine Selbstverwaltung aufgebaut. Doch der Frieden von Utrecht, bei dem die Grenzen neu festgelegt wurden, setzte 1713 der Autonomie ein Ende. Der »Bund von Briançon« zerfiel in Frankreich und Savoyen-Piemont.
Prächtige Sonnenuhren verstecken sich an zahlreichen Häusern im Tal. Wie bei einer Schatzsuche lassen sie sich auf dieser gemütlichen Wald- und Wiesenwanderung aufstöbern.

Ausgangspunkt: Großer Parkplatz mit Schautafel zu den Sonnenuhren vor dem Rifugio Melezè, 1806 m. Zufahrt von Casteldelfino im Varaita-Tal. Busverbindung bis Sant'Anna im Talschluss, 10 Min. zu Fuß entfernt, Fahrplan: savgroup.it.
Markierung: Teilweise rot-weiß, Hinweisschilder.
Höhenunterschied: 260 m.
Anforderungen: Familienfreundlicher Spaziergang auf alten Kulturwegen.
Beste Jahreszeit: Mai bis Oktober, am schönsten zur Frühlingsblüte im Mai/Juni sowie zur Herbstfärbung.
Einkehr und Unterkunft: Rifugio Melezè, Mitte Juni bis Mitte Sept., ganzjährig auf Reservierung, Tel. +39/335/1357322 oder +39/328/1444923, meleze.it; Agriturismo Lou Saret in Chiazale, 1705 m, ganzjährig, 10 Betten, HP 60 €, leckere Küche, Ottavio Brun, Tel. +39/347/9753899, agriturismolousaret.it.
Variante: Die Sonnenuhrensuche kann fortgesetzt werden, indem man am Gehöft la Reina vorbei in das archaische Dörfchen Chiazale absteigt (0.15 Std.). Auch in Celle, nur einen Katzensprung weiter, finden sich hübsche Sonnenuhren.
Hinweis: Im Rifugio Melezè liegen kostenlose Faltblätter zum Sonnenuhrenweg aus.
Karte: Fraternali editore 1:25.000, Blatt 17 Alta Val Varaita.

Vom Parkplatz am **Rifugio Melezè (1)** nehmen wir den Fahrweg nordostwärts, vorbei an der Häusergruppe von Melezè am Fuß des Berghangs, wo sich gleich eine erste Sonnenuhr finden lässt. Am folgenden Wegkreuz biegen wir links ein, halten uns dann aber gleich rechts vom breiten Weg weg, um einen Pfad (rot-weiß markiert) bergwärts zu steigen. Serpentinen führen uns durch lichten Lärchenwald an eine Weg-

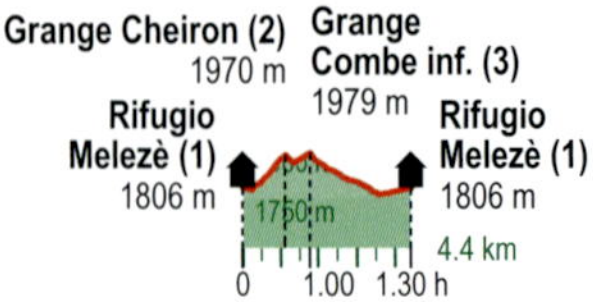

gabelung. Wir halten uns links in Richtung Colle Reisassetto und erreichen weiter westlich die aussichtsreiche Häusergruppe der **Grange Cheiron (2)**, 1970 m.

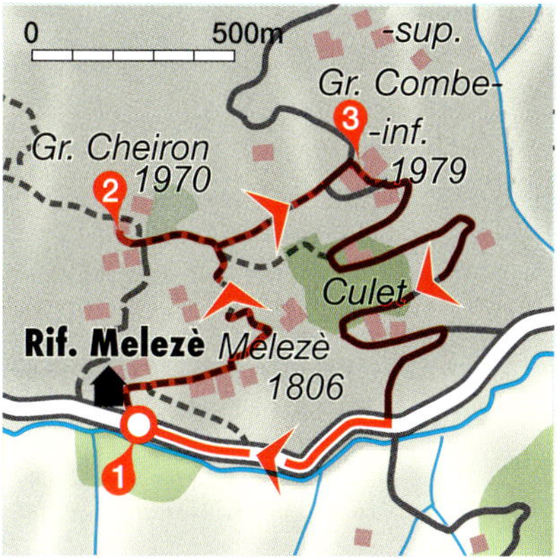

Wo versteckt sich nur die Sonnenuhr? Haben wir sie gefunden, wandern wir wieder zur letzten Wegesgabelung zurück und setzen unsere Route östlich fort, erst in leichtem Anstieg, dann hinunter auf einen Feldweg, der uns links zur **Grange Combe inferiore (3)**, 1979 m, bringt. Dort lassen sich gleich zwei Sonnenuhren entdecken. Wir wandern durch den Torbogen und den Pfad über die Wiese, die sich im Frühling voller Narzissen zeigt, hinunter zum Feldweg. An einem gigantischen Felssturz treffen wir auf die Straße, der wir zurück zum **Rifugio Melezè (1)** folgen.

Celle mit Monviso.

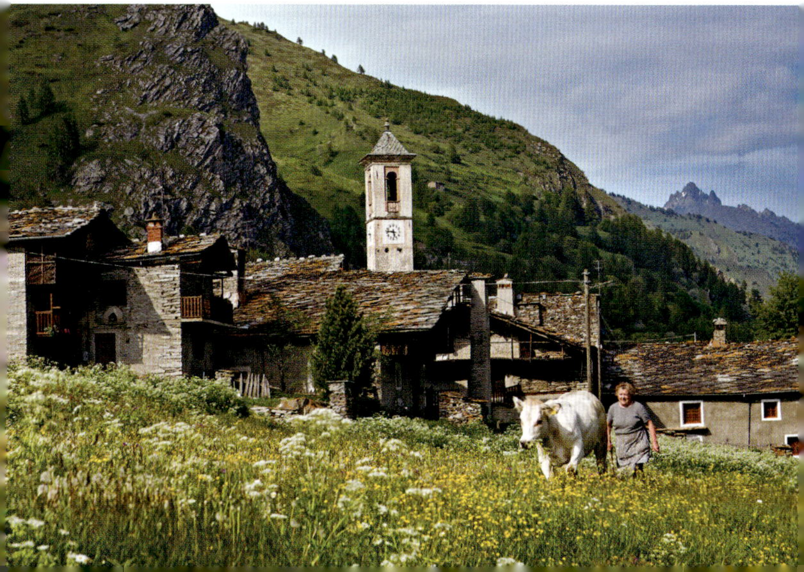

15 Rocca Senghi, 2450 m

4.00 Std.

Ein Felsbrocken, wie von Zauberhand gehalten

Der Talschluss der Varaita di Bellino ist wildromantisch. Hinter der hübschen Kapelle von Sant'Anna öffnet sich ein von hohen Bergen umschlossener Talkessel, der so richtig Lust aufs Wandern macht. Eine besondere Magie geht von der Rocca Senghi aus, die alle Blicke auf sich zieht. Um den gewaltigen Felsbrocken, der wie von Geisterhand gehalten am nördlichen Steilhang klebt, ranken sich jede Menge Legenden. Gott selbst soll ihn im Clinch mit dem Teufel an diese Stelle geschleudert haben. Das Naturphänomen weckt den Wunsch hinaufzusteigen. Dabei kommen sowohl Wanderer wie auch Ferratisten auf ihre Kosten – beide im Schweiße ihres Angesichts, denn die Wanderroute ist steil, und der Klettersteig an der Südostkante des Felskolosses bietet aufregend viel Luft unter den Sohlen (s. S. 8). An der Nahtstelle der Rocca Senghi knapp unterhalb des Gipfels lässt sich zudem noch in alten Kriegsstollen stöbern. Wer eine Taschenlampe dabei hat, kann in der »Galleria« mit Eisentritten und Stahlseil gesichert durch den Berg steigen.

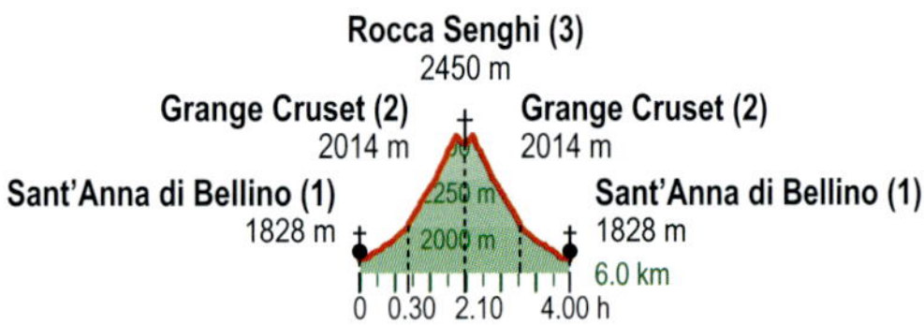

Ausgangspunkt: Sant'Anna di Bellino, 1828 m, letzter Weiler im Valle Varaita di Bellino, 10 km von Casteldelfino, wo in das Seitental abgebogen wird. Parkplatz am Fluss kurz nach der Kirche. Busverbindung, Fahrplan: savgroup.it.
Markierung: Rot-weiß, Hinweisschilder.
Höhenunterschied: 720 m.
Anforderungen: Schweißtreibender Steilaufstieg, die letzte Passage zum Gipfel ist drahtseilgesichert und es muss eine Leiter erklommen werden. Taschenlampe mitnehmen, wenn man die Variante durch den Tunnel des Kriegsstollens nehmen möchte. Varianten Klettersteig: Schwierigkeitsgrad »schwarz», Klettersteig-Ausrüstung erforderlich!
Beste Jahreszeit: Mai bis November, zur Frühlingsblüte oder Herbstfärbung.
Unterkunft: Rifugio Melezè, bewirtschaftet Mitte Juni bis Mitte Sept. sowie ganzjährig auf Reservierung, Tel. +39/0175/956410 oder +39/328/1444923, meleze.it.
Varianten: Klettersteig mit zwei Routen: die schwierige, sehr luftige Direttissima am Südostgrat (1 Std. zum Einstieg, 1 Std. Klettersteig) und die kürzere, mittelschwere Via del Fuga, der Fluchtweg, in den vom Wanderpfad 10 Min. weiter oben eingestiegen werden kann.
Buchtipp: Klettersteige Westalpen, Iris Kürschner, Rother Bergverlag.
Karte: Fraternali editore 1:25.000, Blatt 17 Alta Val Varaita.

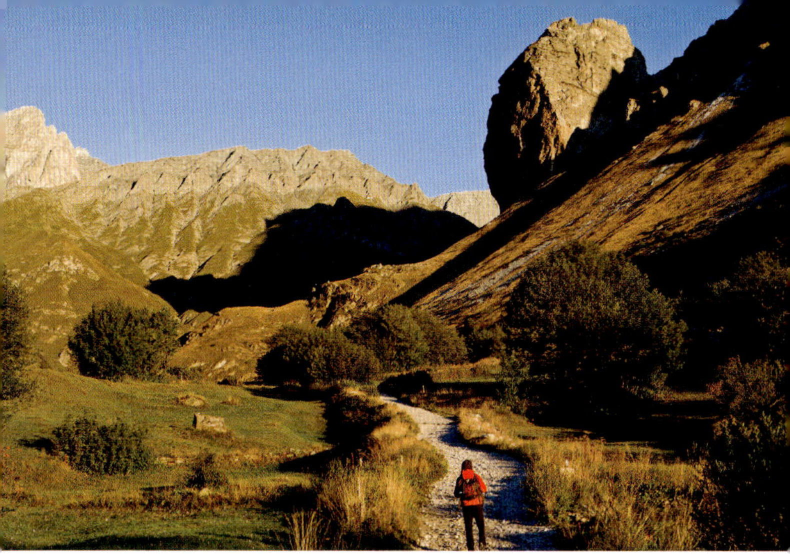

Rocca Senghi – wie von Geisterhand gehalten.

Von den Häusern von **Sant'Anna di Bellino (1)** geht es über drei Brücken westlich gegen den Talschluss. Am ersten Wegkreuz biegen wir dann rechts ein und erreichen bald die archaische Häusergruppe der **Grange Cruset (2)**, 2014 m. Der Wegweiser »Via Ferrata« weist dort nach rechts. Steile Serpentinen winden sich den Hang hinauf, am Einstieg des Klettersteigs vorbei und zum Fort an der Nahtstelle zwischen Rocca Senghi und Bergflanke.

Den dunklen Schlund des unterirdischen Parts eines Kriegsstollens (kann auch begangen werden!) umgehen wir drahtseilgesichert rechts und erklimmen den Gipfel der **Rocca Senghi (3)**, 2450 m. Die Aussicht in den Talschluss der Varaita di Bellino ist hinreißend.

Auf demselben Weg zurück zum Ausgangspunkt.

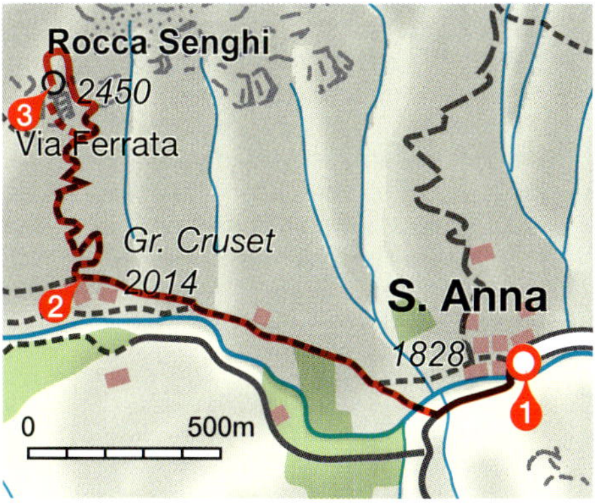

16 Der Mairaweg

11 Tage

Auf alten Kulturwegen rund um das Maira-Tal

Der Mairaweg hat sich zu einem Klassiker der Südalpen gemausert. Percorsi Occitani heißen die Wanderwege, aus denen sich der Mairaweg zusammensetzt. Sie führen ein in einen alten okzitanischen Kulturraum, in ein vom Tourismus noch kaum berührtes Tal voller ursprünglicher Dörfer, faszinierender Kulturschätze (wie beispielsweise der berühmte Freskenzyklus von Hans Clemer in der Kirche von Elva) und landschaftlicher Höhepunkte. Auf alten Saumpfaden, sogenannten Mulattiere, lässt sich das Maira-Tal in zwei Wochen umwandern. Zahlreiche Quer- und Verbindungswege machen aber auch kürzere Runden möglich.

Anfang der 1990er-Jahre wurde der Mairaweg ins Leben gerufen, das heißt, die alten Verbindungswege zwischen den Dörfern wieder hergerichtet, um mit einer neuen Einkommensquelle der Landflucht in die Städte entgegenzuwirken. Die Entvölkerung der Cottischen Alpentäler hat besonders stark das Maira-Tal betroffen. In manchen Dörfern reduzierte sich die Einwohnerzahl auf wenige Alte, die es kaum noch schafften, das Land zu kultivieren. Die Wege wuchsen zu, Verwaldung trat ein. Mit dem Erfolg des Mairaweges, der vor allem deutschsprachige Genusswanderer anzieht, ist wieder Leben in die Dörfer zurückgekehrt. In jedem Etappenort gibt es mittlerweile eine Unterkunft, ein Restaurant und hie und da auch einen Laden. Eine große Rolle kommt dabei auch dem Centro Culturale Borgata zu. Andrea und Maria Schneider, er aus Österreich, sie aus Deutschland, hatten sich 1980 endgültig im Maira-Tal niedergelassen und mit einer Sprachschule nicht nur ansässigen Lehrern Arbeit verschafft, sondern auch das Interesse am Tal wieder etwas angekurbelt. Aus der Sprachschule hat sich mittlerweile eine Begegnungsstätte entwickelt. 1988 haben die Schneiders den verlassenen Weiler San Martino inferiore aufgekauft und mehrere Bauernhäuser in charmante Gästehäuser umfunktioniert. Mittlerweile sind beide verstorben. Im November 2005 wurde Andrea Schneider in San Martino eine Gedenktafel geweiht, die an seinen großen Einsatz für die touristische Entwicklung des Mairatals erinnert. Anfang der 1990er-Jahre wurde der Mairaweg mithilfe einer Reihe von Freiwilligen markiert und ausgeputzt. Posto-tappa-Betreiber konnten gefunden werden, die sich schließlich zum Verein Associazione Percorsi Occitani zusammenschlossen und mit viel Eigeninitiative dem Weg Potenzial gaben.

Ausgangspunkt: Ciciu del Villar, 674 m. Busverbindung Cuneo–Dronero–Acceglio (Fahrplan: benese.it) – s. Text!
Endpunkt: Macra, 875 m, an der Buslinie Acceglio – Dronero – Cuneo.

Markierung: Gelb, Hinweisschilder.
Höhenunterschied: 7030 m im Aufstieg, 6830 m im Abstieg.
Anforderungen: Im unteren und mittleren Talabschnitt verläuft die Route weit-

gehend über alte Kulturwege (blau/leicht), im Talschluss über Bergpfade, die schon in alpineres Gelände vordringen und Trittsicherheit voraussetzen (rot/mittel). Dank des Sherpa-Busses, der auch den Gepäcktransport übernimmt, kann man die Tour jederzeit abkürzen oder abbrechen. Aufgrund der täglichen Steigungen ist eine gewisse Kondition erforderlich.

Beste Jahreszeit: Wer den hinteren, alpinen Teil auslässt, kann die Route schon ab Ostern begehen (siehe Variante).

Einkehr und Unterkunft: Die Etappen enden jeweils in einem Posto tappa (Etappenunterkunft). Mitunter stehen auch Hotels oder Agriturismo zur Auswahl. Am Vorabend reserviert man jeweils die nächste Unterkunft und das Abendessen. Im Fall von holprigen Sprachkenntnissen erledigen die Herbergseltern ebenso gern die Reservierung wie die Bestellung des Sherpa-Busses. Alle Unterkünfte sowie die Etappenübersicht unter: percorsioccitani.it.

Gepäcktransport: Eine tolle Sache ist die Einrichtung des Sherpa-Busses von Gianni Pilotto, der gegen ein geringes Entgelt das Gepäck (10 € pro Gepäckstück und Tag) zur nächsten Unterkunft transportiert oder auch als Taxi geordert werden kann. Tel. +39/348/8231477 oder +39/0171/99024 (Tankstelle Acceglio).

Varianten: Sollte auf den höher gelegenen Abschnitten im Talschluss noch Schnee liegen, kann auf zwei Talquerungen ausgewichen werden. Diese Varianten sind gelb-blau markiert.

Etappe 4: San Martino inferiore – Bassura (1.15 Std.) – Arata 5 Std., 700 Hm. Der Mairaweg verkürzt sich auf 6 Tage.

Etappe 6: Ussolo – Prazzo (0.45 Std.) – Colletto di Canosio (2.45 Std.) – San Giovanni (3 Std.) – Canosio (3.45 Std.) – Arata 5 Std., 1000 Hm. Der Mairaweg verkürzt sich dann auf 8 Tage.

Hinweis: Nur in Cuneo, Dronero und Acceglio gibt es einen Bankomat.

Tipp: Wer nicht immer mit denselben Mitwanderern unterwegs sein möchte, erwandert den Mairaweg in Gegenrichtung.

Literatur: Antipasti und alte Wege, Valle Maira – Wandern im anderen Piemont, Ursula Bauer/Jürg Frischknecht, Rotpunktverlag. Hervorragendes Wanderlesebuch mit ausführlicher Wegbeschreibung und viel Hintergrundwissen.

Karte: Wanderkarte von L'Escursionista, Valle Maira oder Fraternali editore, Blatt 17 Alta Val Varaita, beide 1:25 000 oder Wanderkarte von Bruno Rosano, 1:20.000.

1. Tag: Ciciu del Villar, 674 m – Sant'Anna di Roccabruna, 1252 m

5 Std., 840 m im Aufstieg, 270 m im Abstieg.

Der offizielle Start des Mairaweges beginnt mit einer geologischen Sehenswürdigkeit: den Steinmännern im **Parco Naturale dei Ciciu del Villar (1)**. Allerdings gibt es keine Busverbindung, und man muss sich von Dronero mit dem Taxi hinfahren lassen. Die durch Erosion ausgewa-

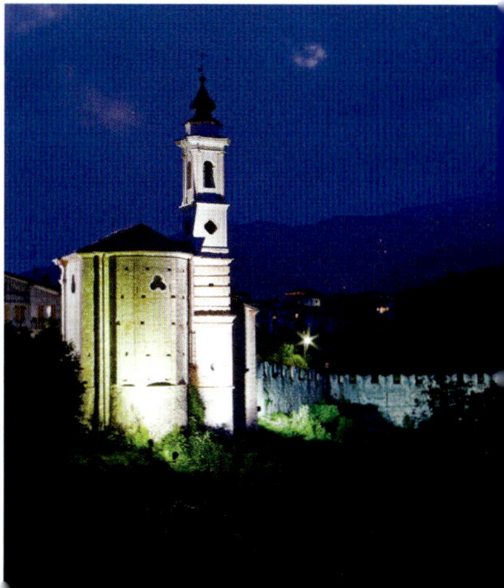

Die Kirche von Dronero.

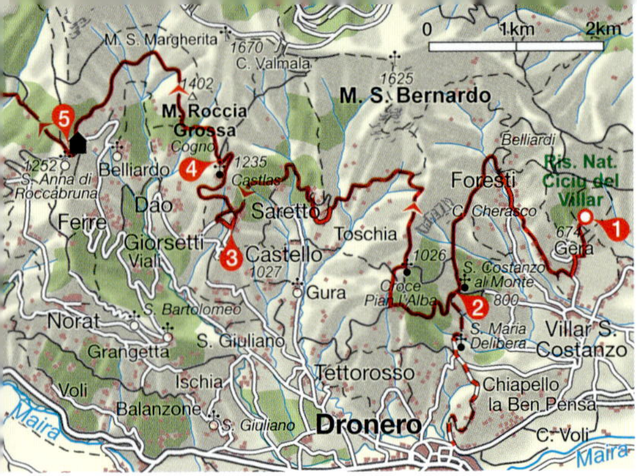

schenen Gebilde verstecken sich im Wald nördlich von Villar San Costanzo. Ciciu lässt sich mit »Männchen« übersetzen. Die tonerdigen Säulen, auf denen massige Gneisplatten thronen, erinnern tatsächlich an kleine Männer mit Hut, aber auch an überdimensionale Pilze oder Phalli. Weil römische Legionäre den heiligen Costanzo jagten, erzählt die Legende, hatte er sie zu Stein verwandelt. Auf zwei Rundwegen kann man sich das eindrückliche Naturphänomen zu Gemüte führen.

Auf den Beginn des Mairaweges stoßen wir, wenn wir von der Locanda I Ciciu ein Stück (ca. 300 m) der Straße Richtung Villar folgen, dann rechts in die Via Fornace abbiegen. Zunächst durch Obstplantagen, dann in den Wald und hinauf zum Kloster **San Costanzo al Monte (2)**, 800 m. Die Wallfahrtskirche mit ihrer barocken Fassade liegt verwildert und verwunschen da; sie wird seit Jahren restauriert. Unterhalb des Klosters müssen wir in den Forstweg rechts einbiegen. Die Orientierung bereitet jetzt keine Probleme mehr, die gelbe Markierung ist gut ersichtlich und leitet in westliche Richtung zum Dörfchen **Castello (3)**, 1027 m. Nach dem Ortsausgang biegen wir von der Fahrstraße scharf rechts auf die Schotterpiste, die nördlich zum Aussichtspunkt **Castlas (4)**, 1235 m, aufsteigt, einer markanten Felsnadel mit Madonna und Kreuz. Am folgenden Wegkreuz halten wir uns links und queren flach unter den Hängen des Monte Roccerè ins westlich gelegene **Sant'Anna di Roccabruna (5)**.

Variante: Dronero, 622 m – Sant'Anna di Roccabruna, 1252 m (5 Std.)

Wer direkt von **Dronero** loswandern möchte, nimmt aus der Altstadt die Via Torino nach Norden zur Brücke hinunter, überquert die Umfahrungsstraße und folgt der Via Comba Pennini in weiten Kehren nordöstlich bergwärts. Man passiert die Häuser von **Ben Pensa**, 712 m, dann das Gut **Chiapello**. Am Ende der Kastanienallee wird von der Straße abgebogen. Geradeaus dem Waldweg nach zum **Kloster Santa Maria**, 712 m, und die ansteigende Straße weiter zum **Kloster San Costanzo al Monte**.

Einkehr und Unterkunft: Dronero: Hotel Cavallo Bianco, Tel. +39/0171/916590, ilcavallobianco.com, interessantes Interieur, vollgestopft mit Antiquitäten; B&B Al Pasché, Tel. +39/0171/917572, www.alpasche.it. Villar San Costanzo: Guest House Casa Bart, Via Giovanni Cancan 23, Tel. +39/334/7613452, casabart.com. Sant'Anna di Roccabruna: Albergo Roccere, Tel.

+39/0171/918962; Albergo La Pineta, Tel. +39/0171/918472, lapinetaalbergo.it.
Tipp: Es lohnt ein Besuch der Ausgrabungsstätte Roccere, eine der wichtigsten Fundstätten bronzezeitlicher Felsbildkunst. Ein Highlight ist der Felsaltar Masso Altare, der allerdings nur in Begleitung besucht werden darf. Infos: Verein Amici del Roccere, Tel. +39/347/2358797, coppelleroccere.com.

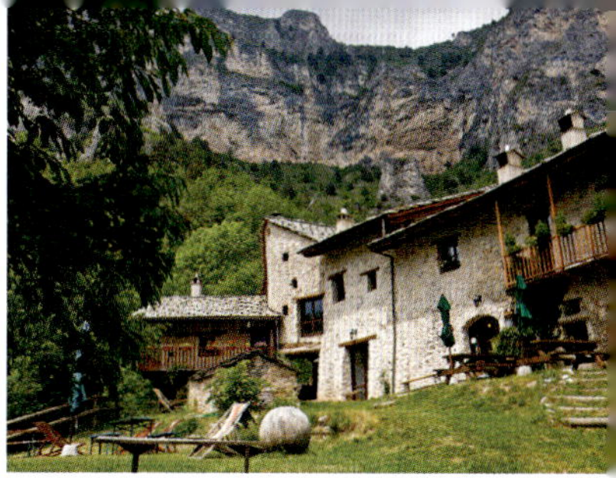

Etappenziel des 2. Tages: Locanda del Silenzio.

2. Tag: Sant'Anna di Roccabruna, 1252 m – Camoglieres, 992 m

7 Std., 520 m im Aufstieg, 780 m im Abstieg.

Von der Kapelle **Sant'Anna** folgen wir dem Teersträßchen in nordwestliche Richtung, bis der Percorso Occitano links abzweigt. Er führt durch Wald und Wiesen vorbei an der Kapelle San Chiaffredo und dem Weiler Mostiola nach **Molineri di Pagliero (6)**, 977 m (2 Std.). Auf einem Feldweg hinunter zur Straße und diese westlich hinauf nach **Pagliero (7)**, 1015 m (0.45 Std.). Nun nördlich in das Seitental Val Chesta ausholend über den Weiler Scombe nach **Fracchie (8)**, 1115 m, wo der Straße nordwestlich ins Val Droneretto gefolgt wird. An der Spitzkehre biegen wir rechts ab, queren eine Brücke und steigen durch Wald südlich steil auf. Vom Wiesenbalkon oberhalb der **Grange Rubbio (9)**, 1292 m, bietet sich ein herrlicher Blick über das Mairatal. Hinunter zur Häusergruppe und aussichtsreich unter den Südabstürzen des Monte Rubbio hindurch. Achtung, eine Kletterstelle, die aber mit Kette gesichert ist! Dann über den Grat der **Punta Rocca Rossa**, 1207 m, nordwestlich in den waldigen Talgrund der Comba del Pral. Nach der Bachüberquerung steigt der Weg südwestlich zur **Kapelle San Bernardo (10)**, 1014 m. Kurz danach taucht der hübsche Weiler **Camoglieres (11)** auf. Die Locanda del Silenzio,

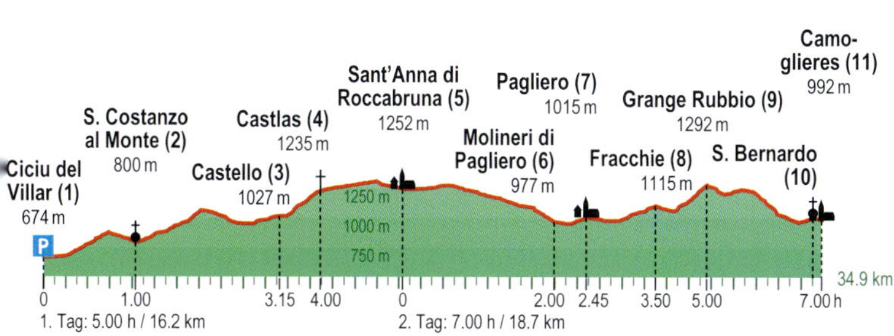

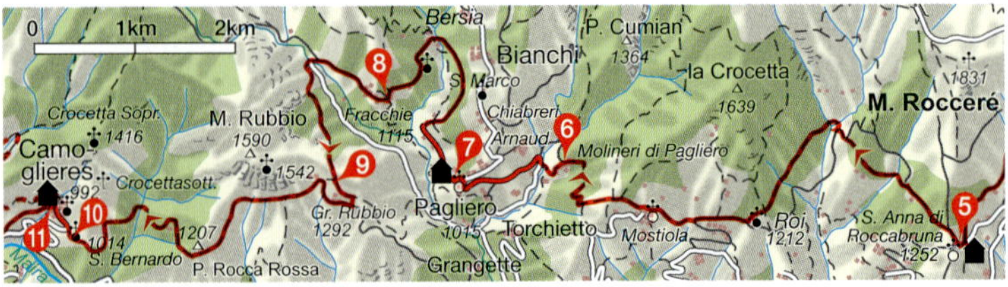

ein umgebautes Bauernhaus am unteren Ortsrand, verführt nicht nur wegen der guten Küche zum längeren Dableiben. Die weltabgeschiedene Lage ist ideal zum Entspannen. Im großen Garten laden Liegestühle zum Dösen ein. Oder man leiht sich in der Locanda Klettersteigausrüstung aus, denn durch die Steilwand hinterm Haus zieht sich eine abwechslungsreiche Ferrata. Parallel zum Klettersteig führt auch ein Wanderweg durch einen duftenden Kräutergarten auf den Aussichtsgipfel der Crocetta Soprana.

Hinweis: Die Route kann bei Übernachtung in Pagliero auch in zwei Etappen aufgeteilt werden.

Einkehr, Unterkunft: Pagliero: Posto tappa im Pfarrhaus, Tel. +39/0171/900140. Camoglieres: Locanda del Silenzio, Tel. +39/333/8179936, locandadelsilenzio.com.

3. Tag: Camoglieres, 992 m – San Martino inferiore, 1378 m

6 Std., 770 m im Aufstieg, 390 m im Abstieg.

Von **Camoglieres (11)** wandern wir auf einer wildromantischen Mulatteria, vorbei an der Kapelle San Pietro (sehenswerte Fresken), hinunter ins westlich gelegene **Macra Parrocchia (12)**, 875 m, dem erhöht liegenden, charmanteren Ortsteil von **Macra**. Von der Kirche steigen wir ins Tal des Rio Bedale ab und folgen dem Bach zur verlassenen Häusergruppe **Langra (13)**, 972 m. Die gelben Markierungen leiten nordwestlich in ein Seitental, dann westlich steil auf eine **Gratschulter (14)**, ca. 1370 m, des Rocce Pertus. Nun über sonnige Hänge leicht abwärts in die hübschen Weiler **Centenero**, 1222 m, und **Cau-**

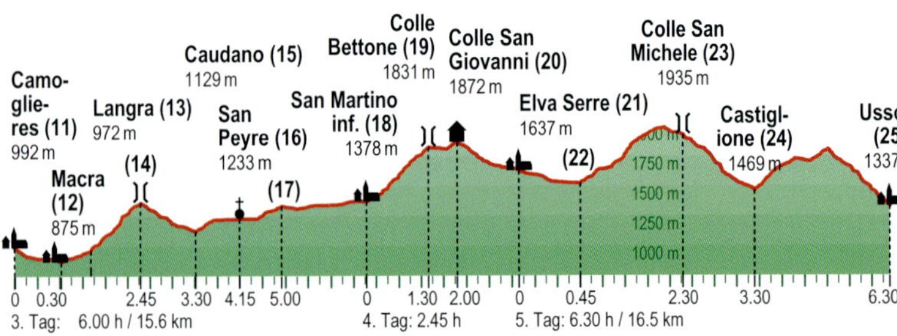

38

dano (15), 1129 m. Das »Ospedale di Caudano«, ein ehem. Pestkrankenhaus aus dem 15. Jh., fällt durch seine herrschaftliche Fassade sofort ins Auge. Von der Straße geht es rechts ab durch die Südhänge nach **San Peyre (16)**, 1233 m. Abgesehen von einigen Sonntagen ist die isoliert stehende Kirche mit ihren höchst sehenswerten Fresken aus dem 15. Jh. meist verschlossen. Ein prächtiger Blick fällt auf die zahlreichen Weiler; der Standpunkt der Kirche wurde so gewählt, dass die Wegstrecke zum Messgang für alle Bewohner ähnlich lang ist. In großem Bogen wird ins Seitental ausgeholt, über **Cucchiales inferiore (17)** und Ciamino schließlich San Martino superiore erreicht, das spektakulär auf einem Felssporn über dem Mairatal balanciert. In der Häusergruppe **San Martino inferiore (18)** etwas unterhalb befindet sich die Pension **Centro Culturale Borgata**. Deutschsprachige Gäste finden hier viele wertvolle Tipps. Außerdem werden regelmäßig Heilkräuterwochen und Kochkurse angeboten. Ein Ort zum Wiederkommen.

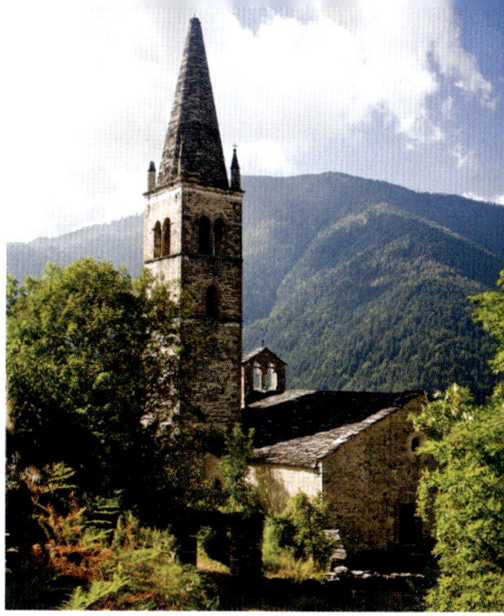

Kirche San Peyre.

Variante: Wer sich ein paar Höhenmeter sparen möchte, kann vom oberen Dorfende von Camoglieres auch einen Höhenweg wählen: Er führt erst in südlicher, dann in nördlicher Richtung zum Weiler Caricatori, den eine Straße mit Langra verbindet, wo man wieder auf den gelb markierten Mairaweg stößt.

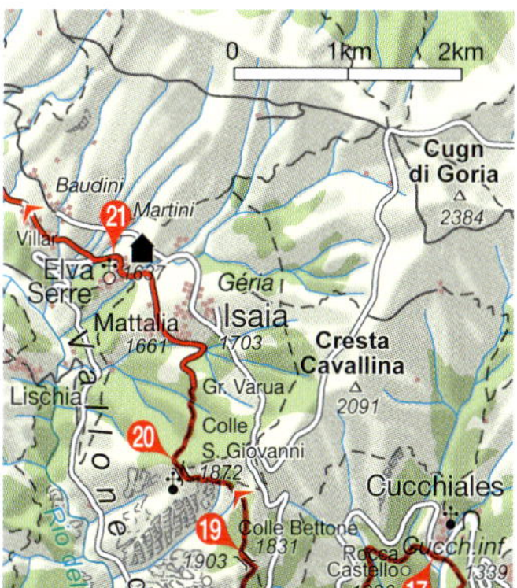

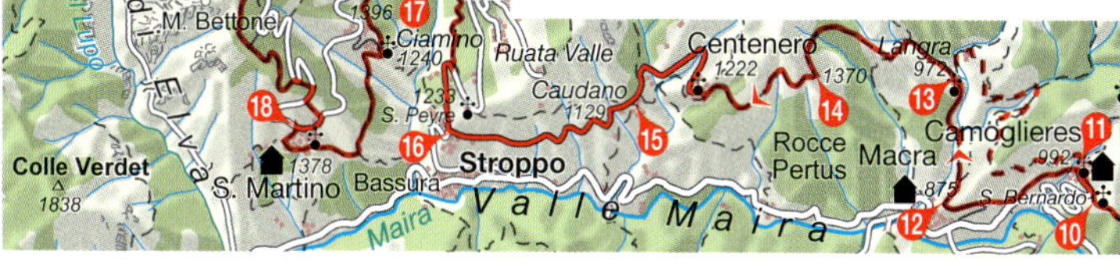

Einkehr und Unterkunft: Macra: B&B La Tappa, Tel. +39/338/9523900, latappavallemaira.it. San Martino superiore: Osteria Lou Subric, drei DZ mit Stil, Tel. +39/320/1196687, lousubric.it. San Martino inferiore: Centro Culturale Borgata, Tel. +39/348/8795685, borgata-sanmartino.eu.

4. Tag: San Martino inferiore, 1378 m – Elva Serre, 1637 m

2.45 Std., 510 m im Aufstieg, 250 m im Abstieg.

Vom Centro Culturale Borgata wieder hinauf nach San Martino superiore, wo uns die gelben Markierungen, die Straße mehrmals überquerend, nordwärts zum **Colle Bettone (19)**, 1831 m, leiten. Abstecher: Pfadspuren führen südwestlich auf den aussichtsreichen Monte Bettone, der einen Tiefblick in die wilde Elva-Schlucht bietet.

In ebener Wegführung quert der Mairaweg, der hier mit der GTA identisch ist, den Hang entlang zum hoch über der Schlucht liegenden **Colle San Giovanni (20)**, 1872 m, mit seiner runden Wegkapelle. Anschließend geht es durch Wald zur Grangia Varua, wo wir einem Fahrsträßchen bis über einen Bach folgen, um etwa 100 Meter danach links abzubiegen. Wir gelangen so in die alten Weiler **Isaia**, 1703 m, und **Mattalia**, 1661 m, und entlang der Straße schließlich nach **Elva Serre (21)**. Schon von Weitem sieht man die berühmte Kirche. Sie birgt einen sehr sehenswerten Freskenzyklus, den der »Maestro di Elva«, der flämische Maler Hans Clemer, am Ende des 15. Jh. geschaffen hat. Wer das Kunstwerk bewundern möchte, kann sich den Schlüssel in der nahen Locanda holen.

Einkehr und Unterkunft: Sousto dal Col, 700 m oberhalb der Kapelle San Giovanni, Tel. +39/346/7824680; Locanda di Elva an der Kirche von Elva, Tel. +39/335/5736255, lalocandadielva.it; Agriturismo L'Artesin, etwas außerhalb des Dorfes im Weiler Clari, doch direkt am Mairaweg, Tel. +39/0171/997995 oder +39/347/7839416.

5. Tag: Elva Serre, 1637 m – Ussolo, 1337 m

6.30 Std., 830 m im Aufstieg, 1130 m im Abstieg.

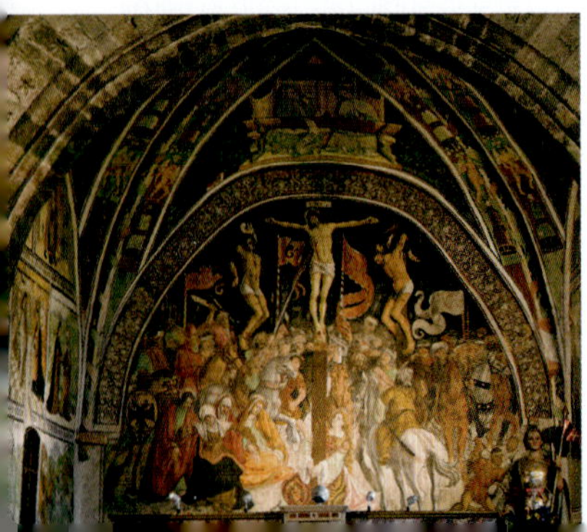

Etwas mühsam sind die ersten vier Kilometer auf einer zwar kaum befahrenen, aber eben geteerten Nebenstraße. Von **Elva Serre (21)** gehen wir zunächst wenige Meter die Hauptstraße hinunter, um dann rechts in die Straße einzubiegen, die uns über die Weiler Villar, Clari (Agriturismo L'Artesin) und Dao sowie **Chiosso inferiore (22)** bis nach

Freskenzyklus in der Kirche von Elva Serre.

Chiosso superiore führt, wo der ersehnte Naturpfad beginnt. Wir wandern ins Vallone di Gias Vecchio, wechseln bald nach den Häusern den Bach, und tauchen in den Wald ein. Die Route steigt gegen Süden an und quert dann nach Westen in den **Colle San Michele (23)**, 1935 m. Entlang einer Geländeschulter steigen wir südlich ins Vallone San Michele ab. Von **Cesani**, 1591 m, zieht die Route in westlicher Richtung nach **Castiglione (24)**, 1469 m, über den Talbach und erneut in die Höhe. Wir queren die Hänge unter dem Monte Chirlè, passieren die **Grangia Albeno**, 1738 m, und steigen über Draio ab nach **Vallone**, 1426 m. Der Wanderweg südlich abwärts kürzt die Straßenkehren ab und erreicht am Ende der Etappe **Ussolo (25)**.

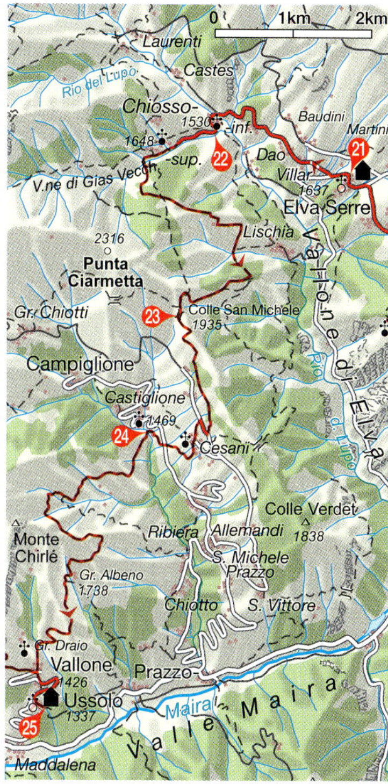

Einkehr und Unterkunft: Ussolo: Posto tappa La Carlina, Tel. +39/348/3139190, rifugiolacarlina.com. San Michele di Prazzo: La Tano di Grich, Tel. +39/0171/996010 oder +39/338/9857901, latanodigrich.it; Agriturismo Al Chersogno, Borgata Allemandi, Tel. +39/0171/99223 oder +39/328/0153284, chersogno.it; Prazzo superiore: B&B Il Cielo, sehr hübsch, Tel. +39/0171/99142, ilcieloprazzo.it.

6. Tag: Ussolo, 1337 m – Campo Base, 1650 m

6 Std., 910 m im Aufstieg, 600 m im Abstieg.

Auf schon bekanntem Weg wieder nach **Vallone** hinauf, wandern wir nordwestlich bis zur Häusergruppe **Grangette**. Etwas oberhalb passieren wir die verschlossene Capanna Ussolo, queren dann den Bach des Rio Grange und steigen durch den Osthang der Rocca di Ciarm hinauf zum **Colletto Sarasin (26)**, 2040 m. Vor uns breitet sich ein weites Alpgelände aus, das vor allem im Frühsommer mit üppiger Blumenpracht von Narzissen bis zu wilden Tulpen begeistert. Der kurze Abstecher links auf die Felsnase der **Punta Culour**, 2068 m, bietet einen gewaltigen Tiefblick ins Maira-Tal. Der Wiesenweg zieht

zu Alphütten hinunter, geht in eine Schotterpiste über und stößt auf die Alpstraße, die uns nach rechts in den Talgrund des Vallone Traversiera bringt. Dort links, der Hauptstraße folgend, bis **Lausetto (27)**, 1510 m.
An der aussichtsreichen Kapelle San Maurizio vorbei, wandern wir durch die Südhänge des Haupttals nach Westen zum Aussichtspunkt **Crocetta (28)**, mit Blick auf den kleinen Stausee von Saretto, über dessen Hängen sich die Maira-Quelle verbirgt. Ein Sträßchen führt nordwestlich ins Bilderbuchdörfchen **Chiappera (29)**, 1623 m, über dem sich so fotogen das Markenzeichen des Talschlusses aufbaut: die Zwillingsfelsen Rocca Castello und Rocca Provenzale. Wie ein steinernes Schiffssegel stechen die berühmten Kletterfelsen in den Himmel. In den wildromantischen Flussauen an ihrem Fuß liegt **Campo Base (30)**.
Einkehr und Unterkunft: Ponte Maira: Locanda Mistral, Tel. +39/0171/99090, bewirtschaftet Mitte Juni bis Mitte Sept., damistral.it. Saretto: Taverna Visaisa, Marco Zilioli, Tel. +39/340/9628147, visaisa.com. Chiappera: Rifugio di Chiappera in der ehemaligen Schule, Tel. +39/348/0871863, rifugiodichiappera.com; B&B Oronaye, Tel. +39/347/4525036, oronaye.com; Agriturismo La Provenzale, Mai bis Sept., Tel. +39/340/4913936. Campo Base: Zeltplatz, Posto tappa, Tel. +39/334/8416041, campobaseacceglio.it. Variante: Acceglio: Hotel Londra, ganzjährig offen, Tel. +39/0171/99014, hotel-londra.eu.

7. Tag: Campo Base, 1650 m – Chialvetta, 1494 m

5 Std., 640 m im Aufstieg, 790 m im Abstieg, ohne Gipfel.

Von **Campo Base (30)** wandern wir die Straße wieder zurück nach **Chiappera (29)**, 1623 m, und folgen ihr noch bis zur scharfen Linkskurve, wo rechts der Mairaweg abzweigt. Der Pfad quert die Hänge der rechten Talseite und zieht über dem Lago Saretto zu den **Sorgenti del Maira (31)**, 1645 m, einer Lichtung, wo die Maira-Quellen sprudeln. Seit 1913 wird ihr Wasser gefasst und dem Stausee von Saretto zugeführt. Auch ein kleiner Campingplatz befindet sich rechts der Quellen. Am Duschhaus vorbei geht es weiter nach Südosten durch Lärchenwald in den **Colle Ciarbonet (32)**, 2206 m. Am Pass öffnet sich ein herrlicher Blick südlich zu den Bergen der Gardetta und ins Unerzio-Tal zu Füßen mit dem Etappenziel. Der halbstündige Abstecher links

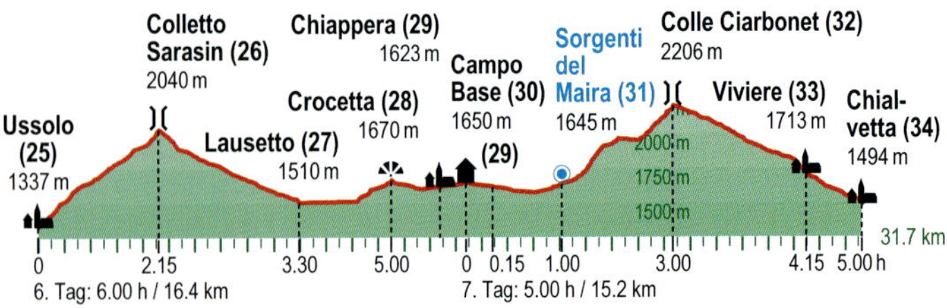

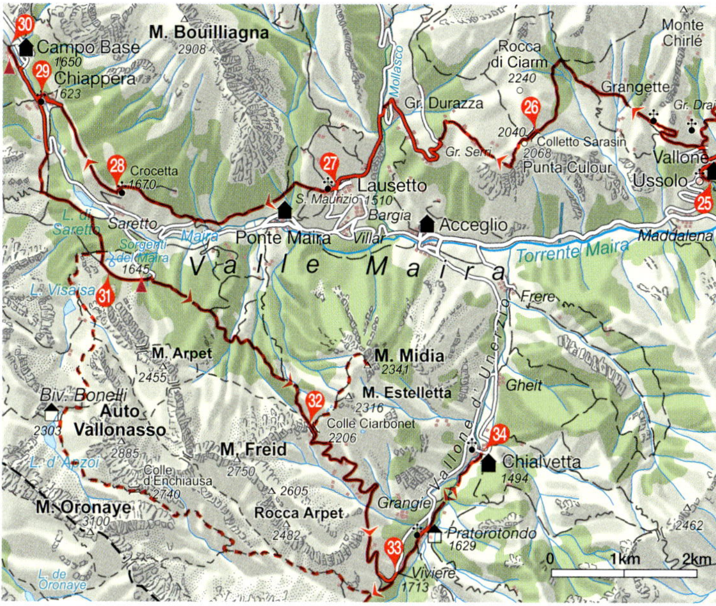

zum **Monte Midia**, 2341 m, erlaubt eine noch umfangreichere Aussicht. Einer alten Militärstraße nach steigen wir vom Pass südöstlich an bewirtschafteten Almen vorbei ins Vallone d'Unerzio ab. Talauswärts passieren wir die hübschen Weiler **Viviere (33)**, 1713 m, und **Pratorotondo**, 1629 m, und folgen dem gelb-grün markierten Sentiero naturalistico am Bach entlang nach **Chialvetta (34)**, Hauptort des Unerzio-Tals. Rolando Comba, in Chialvetta aufgewachsen und zur Schule gegangen, heute kreativer Koch und Wirt des Posto tappa, hat unzählige Exponate des Alltagslebens aus dem Maira-Tal zusammengetragen und damit das sehenswerte Museum »Misoun d'en Bot« auf die Beine gestellt.

Variante: Von den Maira-Quellen am Lago Visaisa und Lago d'Apzoi vorbei über den Colle d'Enchiausa, 2740 m, nach Chialvetta 2 Std. länger, rot-weiß-rot markiert. Die Route ist alpiner, ermöglicht aber einen besseren Einblick in die wild gegliederte Chambeyron-Gruppe.

Einkehr und Unterkunft: Viviere: Rifugio Viviere, Tel. +39/0171/1645470, rifugiodiviviere.com. Chialvetta: Osteria della Gardetta, Ende Mai bis Ende Okt., +39/0171/99017, mit ethnografischem Museum; La Locanda di Chialvetta, +39/0171/995120, locandadichialvetta.com.

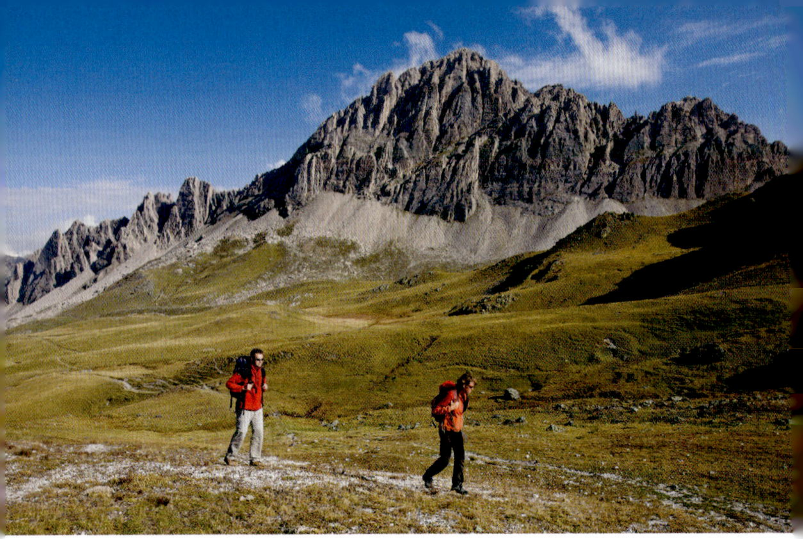

Gardetta mit Rocca la Meja.

8. Tag: Chialvetta, 1494 m – Colle del Preit, 2083 m

4.15 Std., 940 m im Aufstieg, 350 m im Abstieg.

Bis **Viviere (33)** geht es wieder auf demselben Weg zurück und dann weiter taleinwärts. Die Alpstraße steigt südwärts zur **Grange Resplendino (35)**, 1951 m, an. Mit der GTA-Route identisch, zieht von dort ein ausgetretener Pfad der rechten Talseite entlang durch das obere Unerzio-Tal südöstlich in den **Passo della Gardetta (36)**, 2437 m. Der Schlusshang, mit bizarren Gipshügeln verziert, ist von Kriegsstollen durchlöchert, die heute teilweise das Zuhause fetter Murmeltiere sind. Vom Pass überblicken wir die Gardetta in ihrer ganzen Pracht, auffällig im Osten der markante Fels der Rocca la Meja. Die weite Hochebene zwischen dem Stura-, Grana- und Maira-Tal, ein Höhepunkt des Mairaweges, ist die Sommerweide der weißen, muskulösen Piemontesischen Kühe – eine Art Sommerfrische der Einheimischen und der Städter.

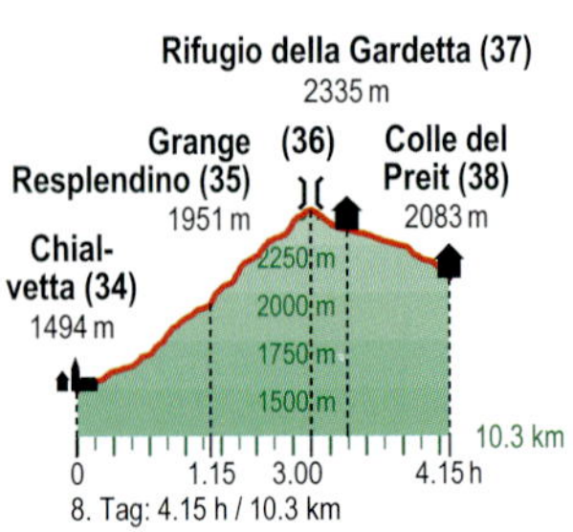

Vom Pass kürzt der Pfad linksseitig die Schleifen der Militärpiste ab und zieht zum **Rifugio della Gardetta (37)**, 2335 m, einer aus einer Militärkaserne umfunktionierten Alpenver-

einshütte, hinunter. Etwa drei Kilometer weiter südöstlich, am **Colle del Preit (38)**, 2083 m, befindet sich mit der Azienda Agrituristica La Meja eine weitere Unterkunft. Dort kann man beim Buttern und Käsen zuschauen und die köstlichen Bauernprodukte gleich erwerben.
Die Wüstenberge, die die Gardetta umstellen, sind mit Kriegsstollen durchbohrt, von Festungen gekrönt, mit Denkmälern versehen. Eine artenreiche Flora verzaubert die Gardetta im Bergfrühling. Bis zum Colle del Preit ist es ein bequemes Schlendern, mal auf Pfadspuren durch die Wiesen, mal auf der Fahrpiste am nördlichen Rand der Gardetta entlang.
Variante: Die kurze Etappe lässt Gelegenheit, die Gardetta näher in Augenschein zu nehmen, gemütlich über die Hochebene zu bummeln, einem der zahlreichen Militärwege zu folgen oder einen Gipfel zu besteigen. Vom Passo della Gardetta leiten rote Markierungen nach links auf den Monte Cassorso, 2776 m (1.15 Std., eine kurze Kletterstelle I–II), der eine hervorragende Rundsicht bietet.
Einkehr und Unterkunft: Rifugio della Gardetta, bewirtschaftet Mitte Juni bis Mitte Sept., 1. Juni- und 2. Septemberhälfte an Wochenenden, Tel. +39/348/2380158, rifugiogardetta.it; Agriturismo La Meja am Colle del Preit, bewirtschaftet Juli bis Sept., Tel. +39/0171/998116, außerhalb der Alpzeit Tel. +39/347/4342497, agriturismolameja.it.

9. Tag: Colle del Preit, 2083 m – Arata, 1389 m

6 Std., 560 m im Aufstieg, 1250 m im Abstieg.

Vom **Agriturismo La Meja**, 2066 m, setzt sich der Percorso Occitano südöstlich durch das Tal des Rio della Margherina fort. Im Blickfang der imposanten Abstürze der Rocca la Meja wandern wir durch kupiertes Alpgelände erst in den **Colle Margherina (39)**, 2420 m, dann in den **Colle d'Ancoccia (40)**, 2533 m, den höchsten Punkt des Mairaweges. Der Blick wird frei nach Osten, kann weit zu den Seealpen schweifen, die jenseits des Stura-Tals ihren Anfang nehmen. Wir verlassen den Alpkessel der Gardetta und queren fast

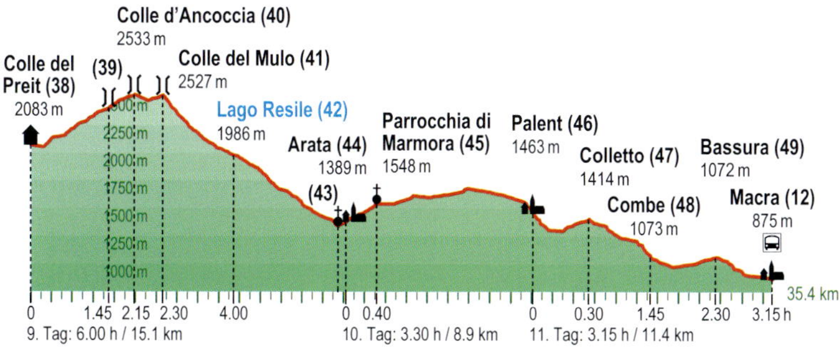

eben nordöstlich in den **Colle del Mulo (41)**, 2527 m, über den die damals wichtigste Militärstraße führt und auf der wir nun auch steil ins Vallone di Marmora absteigen. Weiter unten geht es auf oder parallel der vom Colle d'Esischie herunterkommenden Straße weiter talabwärts, bis der Percorso Occitano links zum idyllischen **Lago Resile (42)**, 1986 m, abschwenkt. Zwischen Bach und Talstraße stetig abwärts, an Torello vorbei zur historisch wertvollen Kapelle (sehenswerte Fresken) von **San Sebastiano (43)**, 1350 m. Rechts oben sind in wenigen Minuten die Häuser von **Arata (44)** mit dem Posto tappa Brec dal Vern erreicht. Wer etwas komfortabler übernachten möchte, kann von der Kapelle das Sträßchen geradeaus abwärts nehmen und in Vernetti (0.30 Std.) in der Pension Ceaglio übernachten.

Variante: Die Rocca la Meja ist das Wahrzeichen der Gardetta und so etwas wie ein kleiner Monviso, das heißt, es gehört zum Prestige, einmal ganz oben gestanden zu haben. Der Ausblick lohnt die Mühe (Einzelheiten siehe Tour 24, Variante).

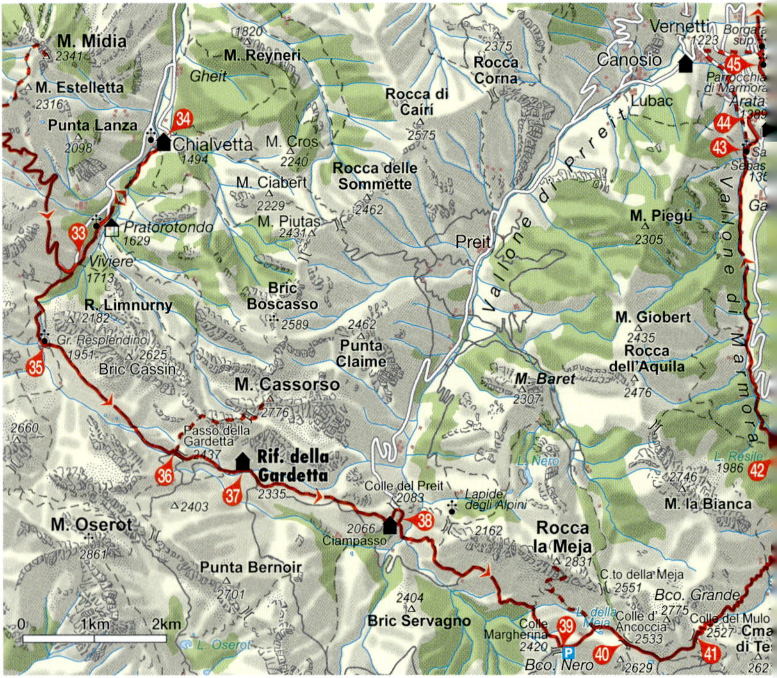

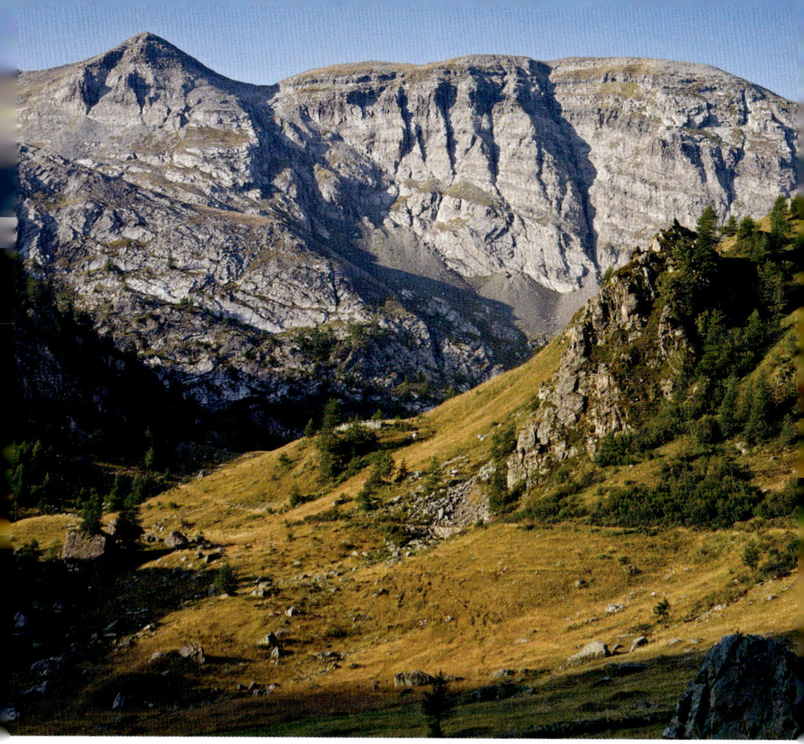

Vallone di Marmora.

Einkehr und Unterkunft: Arata: B&B Brech dal Vern, ganzjährig geöffnet, Tel. +39/347/0054481, brecdalvern.com. Einige Minuten weiter unten liegen die Locanda occitana Lou Pitavin in Finello, Tel. +39/0171/998188 oder +39/350/1470847, loupitavin.it sowie die Pensione Ceaglio in Vernetti, Tel. +39/347/7839466 oder +39/338/5907044, ceaglio-vallemaira.it.

10. Tag: Arata, 1389 m – Palent, 1463 m

3.30 Std., 310 m im Aufstieg, 240 m im Abstieg.

Vom Posto tappa gehen wir nur wenige Meter die Straße abwärts und biegen dann in der Kurve rechts in den Wanderweg, der uns in den Weiler **Reinero**, 1465 m, führt. Nun wieder ein Stück der Straße nach, vorbei an der Kirche **Parrocchia di Marmora (45)**, 1548 m, und die zweite Straße rechts hinauf zur **Borgata superiore**, 1523 m. Auf dem hier als »Strada Napoleonica« (der Wegebau zwischen Bassura und dem Marmora-Tal geht auf Napoleon und

seine Truppen zurück) ausgeschilderten Wald- und Wiesenweg gehen wir die Umrundung des Monte Buch an. Weiter nördlich zieht die »Strada Napoleonica« dann nach Bassura ins Haupttal hinunter, während wir auf der Höhe bleiben und im Auf und Ab die Nordseite des Monte Buch nach **Palent (46)** queren.
Genepi-Plantagen fallen ins Auge. Aus der Schwarzen Edelraute *(Artemisia genepi)* stellen Virginia und Matteo Laugero, die einzigen Bewohner von Palent, aromatische Schnäpse und Kräuterliköre her. Zudem ist Matteo Präsident der Associatione Percorsi Occitani, dem Zusammenschluss der Postotappa-Betreiber des Mairaweges.
Einkehr und Unterkunft: Palent: Locanda Palent, 6 Betten, HP 65 €, Paolo Testa, Tel. +39/349/2617803, locandapalent.it; Rifugio Escursionistico, 22 Betten, Tel. +39/0171/999234, palent.it.

Posto Tappa in Palent.

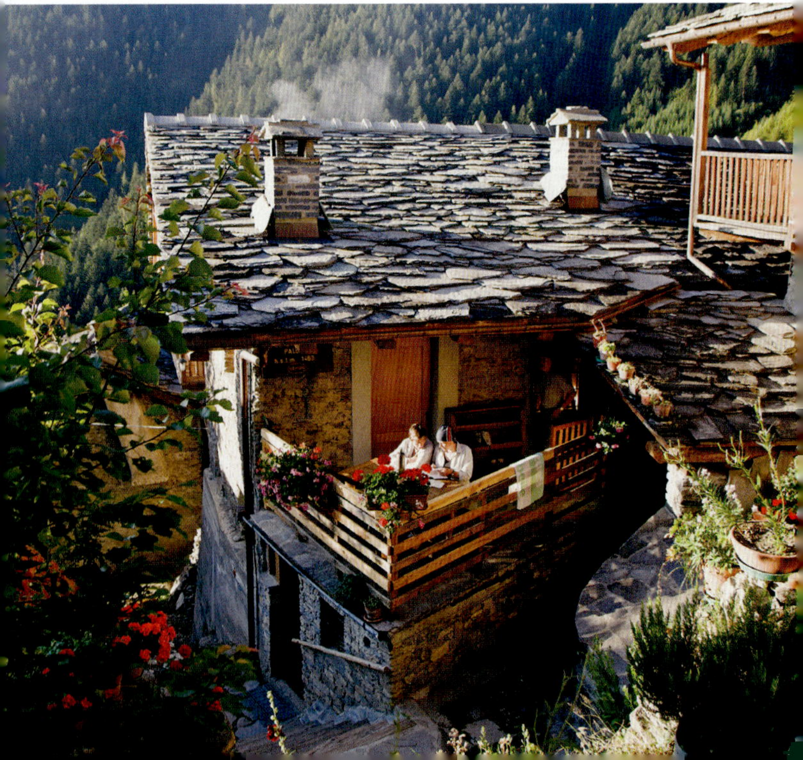

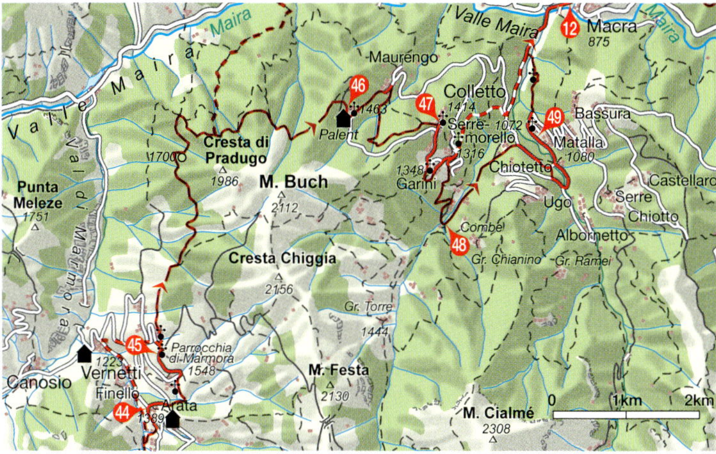

11. Tag: Palent, 1463 m – Macra, 875 m

3.15 Std., 200 m im Aufstieg, 780 m im Abstieg.

Den gelben Markierungen folgend steigen wir nordöstlich in den Weiler **Maurengo**, 1304 m, ab und halten uns dann südlich in ein Tälchen, um im Gegenanstieg **Colletto (47)**, 1414 m, zu gewinnen. Weiter geht es über die Häuser von Cucchietto und Garini nach **Serremorello**, 1316 m. Wer schnell zum Ziel gelangen möchte, kann hier im direkten Abstieg (Markierung unterhalb der Kirche) nach Macra 1.30 Std. abkürzen. Ansonsten beschreibt der Mairaweg noch einen größeren Schwenk nach Süden und Osten, über Ciatignano, **Combe (48)**, Matalia und **Bassura (49)** nach **Macra (12)** – alles sehenswerte, zum größten Teil verlassene Weiler.

Variante: Seit es in Celle di Macra (Ortsteil Chiesa) ein Restaurant gibt und man sich nicht mehr selbst verpflegen muss, ist die Fortsetzung des Mairaweges wieder sehr attraktiv – zumal auch ein sehenswertes Museum über die Sardellenverkäufer aus dem Mairatal hinzugekommen ist.

Zeit: Palent – Bassura 2.30 Std., Celle di Macra/Chiesa 0.45 Std., Chiesa – Soglio Soprano – S. Margherita – San Damiano Macra 5 Std.

Einkehr und Unterkunft: Celle di Macra/Chiesa, 1270 m: Locanda Maraman, Rifugio Escursionistico, Marcella Battaglia und Diego Rivero, gute Küche, 18 Betten, auf Voranmeldung ganzjährig, Tel. +39/349/5326880. Das Posto tappa befindet sich gleich nebenan im Palazzo Municipale, 22 Betten, Reservierung bei der Locanda Maraman. Lebensmittelladen vor Ort. Außerdem gibt es noch das B&B La Buneta, Borgata Paschero, 3 DZ, Tel. +39/340/5471413, labuneta.it.

17 Via Ferrata Camoglieres

3.00 Std.

Sportklettersteig durch einen wilden Felsengarten

Vielleicht möchte man auch einmal etwas Gewagtes unternehmen, Nervenkitzel spüren, dann ist der Klettersteig bei Camoglieres genau richtig. Die wild zerklüftete Felswand über dem archaischen Weiler Camoglieres wartet mit spannenden Senkrechten auf, in denen diverse Überhänge für gehörigen Nervenkitzel sorgen. Verlassen einen der Mut oder die Kraft, kann über mehrere Fluchtwege ausgestiegen werden. Auch die gewagte Hängebrücke, bei der man auf zwei Seilen balancieren muss, kann umgangen werden. Was den Klettersteig aber zu etwas ganz Besonderem macht, ist, dass er durch einen duftenden Kräuter- und Blumengarten führt, der sich im Mai und Juni in seiner schönsten Pracht entfaltet: Da leuchten Ginster, Ringelblumen und Orchideen um die Wette, duften Thymian, Rosmarin und Lavendel. Und das braucht sich auch der Wanderer nicht entgehen zu lassen, denn die Ferrata kann gänzlich umgangen werden: Ein Gipfelpfad führt an den Klettersteigpassagen vorbei auf die Crocetta soprana, die herrliche Ausblicke über das Maira-Tal offenbart.

Ausgangspunkt: Camoglieres, 992 m, Weiler östlich oberhalb von Bedale, 1,5 km von der Maira-Hauptstraße S22. Parkplatz mit Schautafel vor den Häusern.
Markierung: Gelb, Hinweisschilder.
Höhenunterschied: 440 m, Klettersteig 270 m.
Anforderungen: KS5-B. Anspruchsvoller Sportklettersteig mit kraftraubenden Überhängen, mehrere Fluchtmöglichkeiten.
Beste Jahreszeit: April bis November, eindeutig am schönsten aber zur Frühlingsblüte im Mai/Juni.
Einkehr und Unterkunft: Unterwegs keine; Locanda del Silenzio, Tel. +39/333/8179936, locandadelsilenzio. Die idyllisch gelegene, rustikale Unterkunft verführt zum Längerbleiben – auch wegen der guten Küche. Vermietung von Klettersteigsets.
Hinweis: Der Gipfel der Crocetta Soprana ist auch für Wanderer auf einem abschnittsweise mit Drahtseilen gesicherten Bergpfad unschwierig besteigbar.
Karte: L'Escursionista 1:25.000, Valle Maira oder Fraternali editore 1:25.000, Blatt 11 Alta Val Maira.

Vom Parkplatz oder der Locanda zieht ein Pfad zum Weiler **Camoglieres (1)**, 992 m. Am letzten Haus steigt man durch einen Graben zum Wegkreuz, wo nach rechts der Gipfelpfad für Wanderer abzweigt; nach links in wenigen Serpentinen zum Einstieg des Klettersteiges am Wandfuß. Nach einer kurzen Querung geht es gleich richtig zur Sache. Ein Überhang muss gemeistert werden, dann läuft die Senkrechte auf einem grasigen Felsband aus. Wem die Beine und

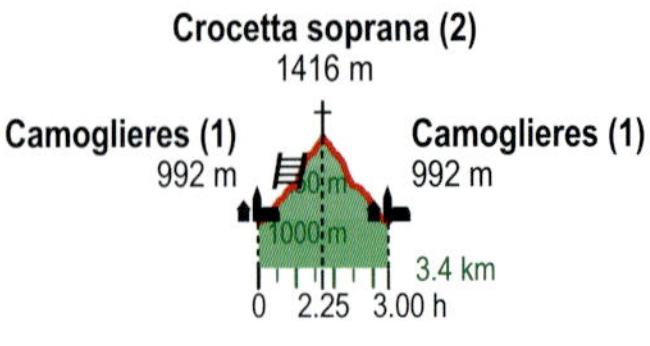

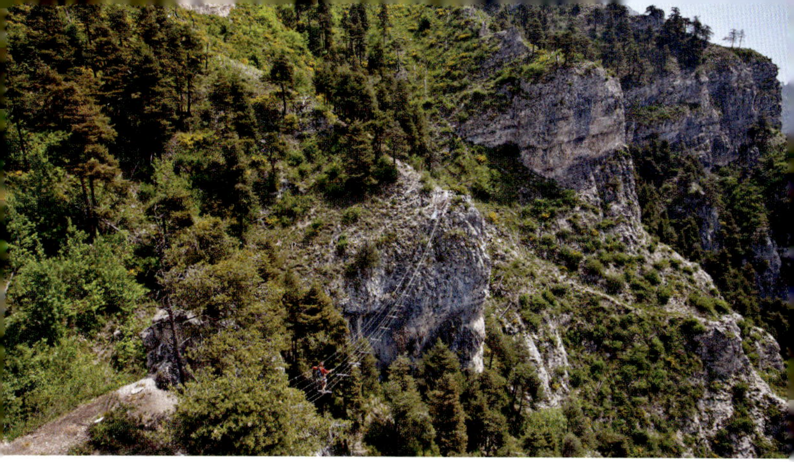

Via Ferrata Camoglieres.

Arme jetzt schon zittern, der kann nach links über den Sentiero di Fuga, einen leichten, gesicherten Ausstieg, flüchten. Der nächste Felssporn beginnt mit einem weiteren kleinen Überhang. Dann leicht um ein felsiges Eck und hinauf zu einem Felspilz, wo ein Grasband eine Ruhepause gönnt. Der nächste senkrechte Aufschwung fordert erneut mit kurzen Überhängen. Dann folgt man einem Pfad über einen kräuterbewachsenen Bergrücken abwärts bis zur Weggabelung. Nach links kann abgestiegen werden, nach rechts geht's zur nächsten Steilwand, die keine sonderlichen Schwierigkeiten aufweist. Über einen Felsturm wird kurz abgestiegen. Eine schwankende Hängebrücke, die auf zwei Seilen balancierend überwunden werden muss, kann umgangen werden. Für die Querverbindung zum Gipfelpfad bzw. Abstiegsweg sind manche vielleicht dankbar, denn das letzte Wandstück ist das anspruchsvollste. Die Route läuft auf dem Grat aus und trifft sich unterhalb des Gipfels mit dem Wanderzustieg. In wenigen Minuten ist der höchste Punkt der **Crocetta soprana (2)**, 1416 m, erreicht und damit ein wunderbarer Aussichtsplatz über den Steilflanken des Maira-Tals.

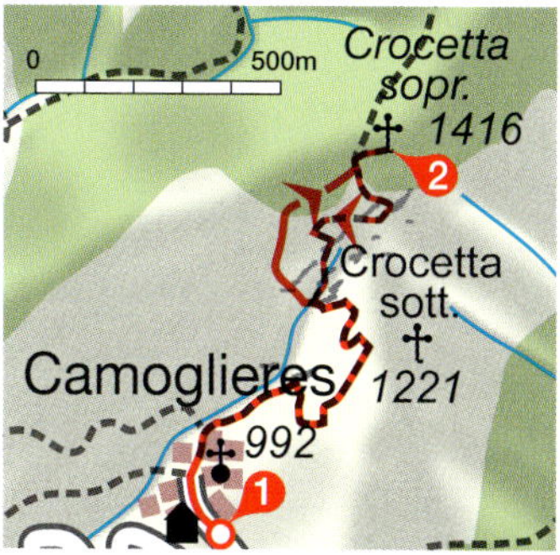

Vom Gipfel kehrt man anschließend auf dem Wanderpfad zurück nach **Camoglieres (1)**.

TOP **18**

Monte Chersogno, 3026 m, und Pelvo d'Elva, 3064 m

2 Tage

Zwei stolze Dreitausender zwischen Varaita- und Maira-Tal

Monte Chersogno und Pelvo d'Elva erheben sich als markante Felsgestalten zwischen dem oberen Maira- und dem Varaita-Tal inmitten einer faszinierenden Gebirgswelt. Der Pelvo d'Elva zeigt sich vom Varaita-Tal her in seiner schönsten Form, der Chersogno vom Maira-Tal, wo er sich als frei stehender Spitz den Beinnamen »Matterhorn des Maira-Tals« eingehandelt hat. Dank einer komfortablen Selbstversorgerhütte auf der idyllischen Hochebene eröffnen sich wunderbare Möglichkeiten, Touren in dem unbesiedelten Gelände variabler und weniger mühsam zu gestalten. Die nächstgelegene Unterkunft steht sonst erst in Elva, tausend Meter tiefer. Ohne Anfahrt mit dem Auto zum Colle Bicocca ist allein der Zustieg eine Mammuttour.

Die Lage und der Komfort der Selbstversorgerhütte Elio Bonfante sind vorbildlich, und dank des kurzen Zustiegs braucht man sich jetzt auch den Sonnenaufgang vom Monte Chersogno oder dem Monte Camoscere nicht mehr entgehen lassen. Letzterer lässt sich in einer eindrücklichen Gratroute mit dem Pelvo d'Elva verbinden.

Monte Chersogno – das »Matterhorn des Maira-Tals«.

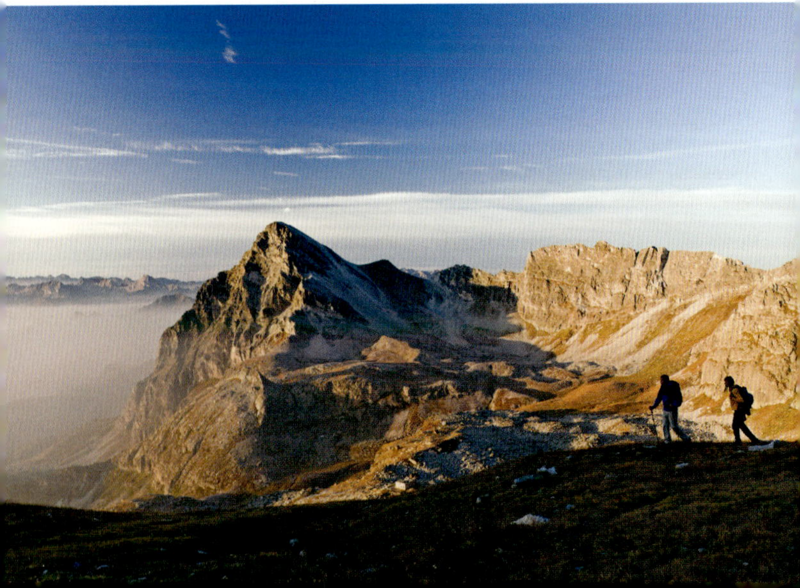

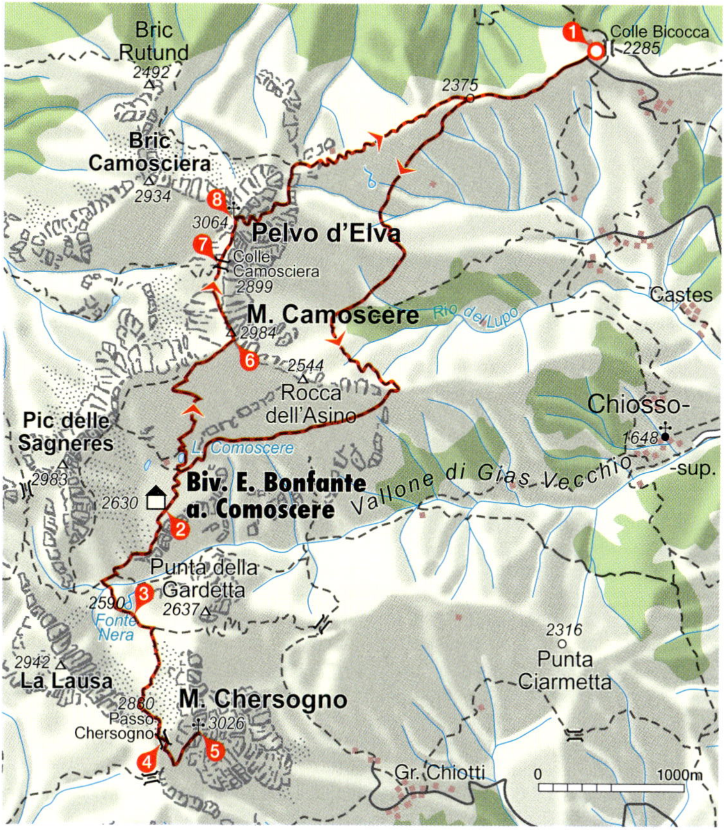

Ausgangspunkt: Colle Bicocca, 2285 m. Zufahrt (6 km lange Staubpiste) vom Colle di Sampeyre, 2284 m, der Passstraße vom Varaita (16 km von Sampeyre) ins Maira-Tal (7 km von Elva).

Markierung: Rot-weiß, Hinweisschilder, Steinmännchen, Abstieg ab Pelvo d'Elva gelb.

Höhenunterschied: 1430 m.

Anforderungen: Spannende Zweitagestour. Bis kurz vor den Gipfelaufbau des Chersogno leichte Panoramawanderung ohne größere Höhenunterschiede, dann alpine Route, die Trittsicherheit voraussetzt.

Beste Jahreszeit: Je nach Verhältnissen Juni bis Oktober.

Unterkunft: Bivacco Elio Bonfante alle Camoscere, Selbstversorgerhütte, immer offen, mit Matratzen und Decken für 12 Pers. Unterkünfte in Elva siehe Tour 16.

Variante: Beide Gipfel können natürlich

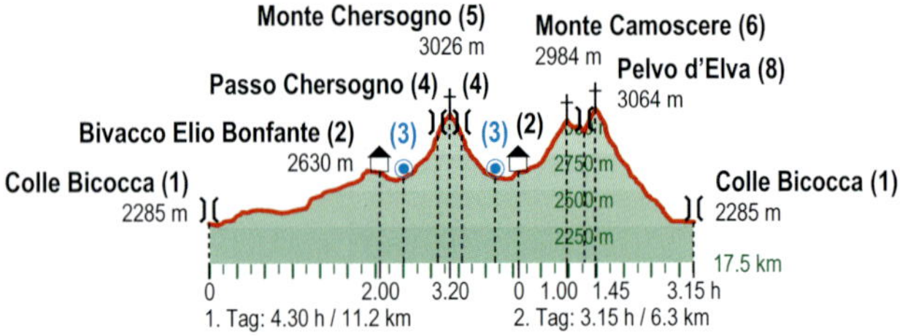

auch unabhängig voneinander und ohne Übernachtung im Biwak angegangen werden. Wer nur einen gemütlichen Spaziergang mit Familie im Sinn hat, dem sei der Höhenweg bis zum Bivacco und zum Lago Camoscere empfohlen. Der Direktaufstieg vom Colle Bicocca auf den Pelvo d'Elva (gelb markiert) ist heftig und beinhaltet etwas Kletterei, die jedoch durch Seil- und Kettensicherungen an den heikelsten Stellen entschärft ist und für den schwindelfreien Berggänger kein Problem darstellen sollte.

Karte: L'Escursionista 1:25.000, Valle Maira oder Fraternali editore 1:25.000, Blatt 11 Alta Val Maira.

1. Tag: Colle Bicocca, 2285 m – Monte Chersogno, 3026 m – Bivacco Elio Bonfante, 2630 m

4.30 Std., 900 m im Aufstieg, 550 m im Abstieg.

Vom **Colle Bicocca (1)** folgen wir nur ein kurzes Stück dem Kamm nach Westen, um dann links den rot markierten Höhenweg T 6 zu nehmen, der in leichtem Auf und Ab unter den Ostwänden des Pelvo d'Elva in südlicher Richtung die Grashänge quert. Nachdem wir das Tälchen des Rio Lupo Salse ausgeschritten haben, steigen wir etwas steiler auf den vom Monte Camoscere herabziehenden Ostkamm und halten dann südwestlich auf den Lago Camoscere zu. Doch anstatt bis zur Kasernenruine aufzusteigen, hinter der sich der See versteckt, folgen wir den Pfadspuren nach links. Sie leiten auf die Terrasse südlich etwas unterhalb und zum **Bivacco Elio Bonfante (2)**, 2630 m. Wir passieren die Holzhütte und steigen südlich abwärts zur Quelle **Fonte Nera (3)**, 2590 m: ein hübscher Rastplatz mit köstlichem Wasser. Hier nicht dem Weg abwärts folgen, sondern rechts auf die Ebene des weiten Bergkessels. Ein mit Randsteinen versehener alter Militärweg bringt uns dem Chersogno ganz nah, doch die Randsteine verleiten, zu weit zu gehen – die Markierung, die nach rechts auf eine Moränenrippe führt, lässt sich leicht übersehen. Wir folgen der Rippe zu einem Steilhang rechts des Chersogno, der am **Passo Chersogno (4)**, 2880 m, sein Ende findet. Diese Schuttflanke ist sicherlich der mühsamste Teil der Tour. Vom Pass ist es fast nur noch ein Klacks, über einen steinigen Pfad nach links den Gipfel des **Chersogno (5)**, 3026 m, zu erreichen. Die Aussicht ist großartig, vom Monviso zur Po-Ebene und über das Maira-Tal zur Chambeyron-Gruppe. Auf derselben Route kehren wir zum **Bivacco Elio Bonfante (2)** zurück.

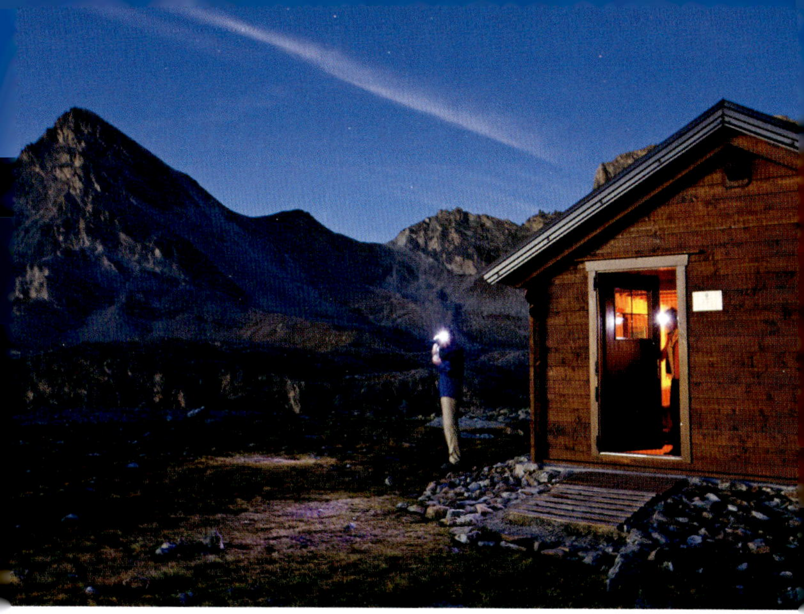

Morgendämmerung am Bivacco Elio Bonfante alle Camoscere.

2. Tag: Bivacco Elio Bonfante, 2630 m – Pelvo d'Elva, 3064 m – Colle Bicocca, 2285 m

3.15 Std., 530 m im Aufstieg, 880 m im Abstieg.

Vom **Bivacco Elio Bonfante (2)** zurück zum Höhenweg, wo wir nun links zur Kasernenruine aufsteigen und den **Lago Camoscere** östlich passieren, um über einen grasigen Nordhang (teilweise Pfadspuren) auf den Kamm, 2873 m, aufzusteigen, der uns nach rechts zum Gipfelaufbau des **Monte Camoscere (6)**, 2984 m, führt. Der Kalkspitz ist in leichter Kletterei über Blockwerk schnell erklommen. Die Gratroute zum Pelvo d'Elva kann gut überblickt werden. Sie sieht von oben schwieriger aus, als sie tatsächlich ist. Westseitig leiten Steinmännchen durch Schutt abwärts auf den Grat, der den Monte Camoscere mit dem Pelvo d'Elva verbindet. Ein kurzes Stück folgen wir der Kammlinie, dann zieht der Pfad westseitig in die Flanke und in die Scharte des **Colle Camosciera (7)**, 2899 m. Nach links könnte ins Bellino-Tal abgestiegen werden. Wir wählen den rechten Pfad, der sich in Kehren zum großen Gipfelkreuz des **Pelvo d'Elva (8)**, 3064 m, windet.

Der Abstieg erfolgt nordostseitig und führt in ein steiles Couloir, das jedoch mit Ketten und Seil entschärft ist. In einer Querung wird schließlich der Grasrücken erreicht, der nach Osten zum **Colle Bicocca (1)**, 2285 m, zieht.

19 Passo della Cavalla, 2539 m

5.00 Std.

Seen und alte Militärwege

Die Wege haben hier oft lange Namen, sie sind ruhmvollen Menschen zu Ehren gesetzt. Der Sentiero Pier Giorgio Frassati ist wie sein Namensgeber ein besonderer Weg und er führt durch eine göttliche Natur voller Überraschungen: liebliche und schroffe Alpkessel, seengespickte Hochebenen und von Kriegsstollen durchbohrte Grenzkämme, artenreiche Moorwiesen und raue Gesteinswüsten.

Der von Papst Johannes Paul II. heiliggesprochene Pier Giorgio Frassati (1901–1925) hat sein kurzes Leben ganz den Armen und Notleidenden gewidmet. Nebenbei war der ungewöhnliche Sohn einer Turiner Patrizierfamilie auch noch ein großartiger Alpinist, den es gerne ins Maira-Tal verschlug.

Ausgangspunkt: Sorgenti del Maira, 1646 m, Parkplatz an der Mairaquelle, Zufahrt zwischen Saretto und Stausee 1 km.
Markierung: Rot-weiß, orange, blau-rot, Hinweisschilder.
Höhenunterschied: 910 m.
Anforderungen: Teilweise recht steile Schuttpfade, die Trittsicherheit verlangen.
Beste Jahreszeit: Juli bis Oktober.
Unterkunft: Campingplatz direkt an der Mairaquelle, 1630 m; Bivacco Bonelli, 2330 m, 10–12 Plätze mit Matratzen und Decken, Schlüssel im Rif. Campo Base. Saretto, 1540 m: Taverna Visaisa, Marco Zilioli, Tel. +39/340/9628147, visaisa.com. Acceglio, 1214 m: Hotel Londra, ganzjährig, Tel. +39/0171/99014, hotel-londra.eu.
Hinweis: Der Sentiero Frassati verläuft in Gegenrichtung, ist aber in der hier vorgeschlagenen Richtung angenehmer zu begehen.
Karte: L'Escursionista 1:25.000, Valle Maira, escursionista.it.

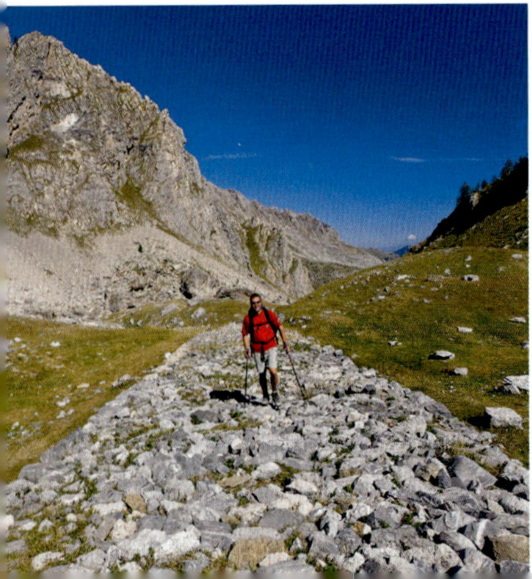

Vom Parkplatz an der **Mairaquelle (1)** folgen wir dem Wanderweg westlich bergwärts. An einem Wegkreuz setzen wir unseren Aufstieg links fort. Durch lichten Lärchenwald wird bald eine Kuppe erreicht, auf der die Ruine des **Rifugio Visaisa (2)**, 2001 m (1 Std.), thront. Die einst stattliche Unterkunft wurde 1910 erbaut, in einer Zeit, als der Tourismus hier aufblühte; mit dem Zweiten Weltkrieg brach er dann wieder ein.

Militärstraße an der Grange Pausa.

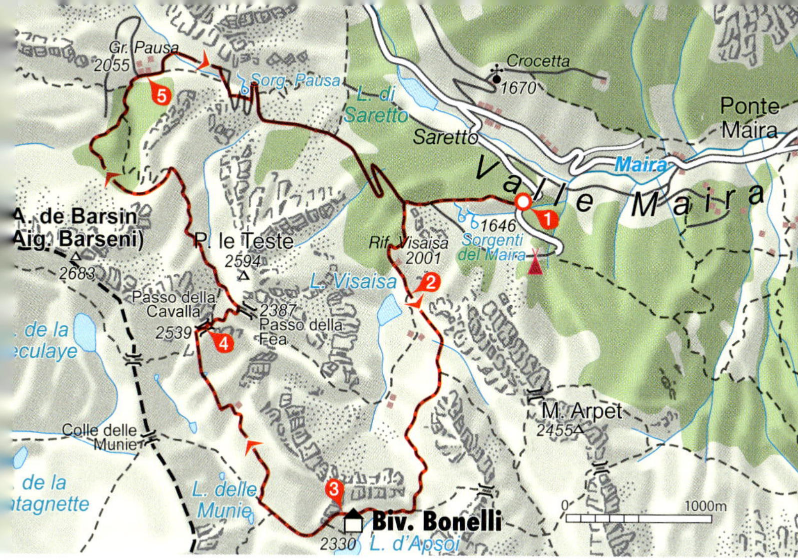

Tief unten leuchtet der Lago Visaisa herauf. Der idyllische Alpkessel wird auf einem aussichtsreichen Höhenweg südlich traversiert, bevor der Pfad wieder steil auf die nächste Höhenterrasse steigt. Man erreicht das **Bivacco Bonelli (3)**, 2330 m (1 Std.), die Hütte liegt in Traumlage über dem Lago d'Apsoi. Der blau-rot markierte Sentiero Pier Giorgio Frassati setzt sich westlich fort und zieht nach einem kurzen Anstieg nordwestlich durch eine mit Tümpeln versehene Hochebene, wo wir den Abzweig links zum Colle delle Munie ignorieren. Wir erreichen gegen Norden den **Passo della Cavalla (4)**, 2539 m, der von einer Militärruine gekrönt ist. Vom Pass nördlich in ein Hochtal, wo wir bei **Grange Pausa (5)**, 2055 m, auf eine sehr grob gepflasterte Militärstraße treffen, die uns nach rechts talauswärts bringt. Bevor sich die Straße in steilen Kehren ganz ins Haupttal windet, folgen wir in einer Linkskurve, 1895 m, nach rechts einer Piste südöstlich auf der Höhe bleibend zurück zur **Mairaquelle (1)**.

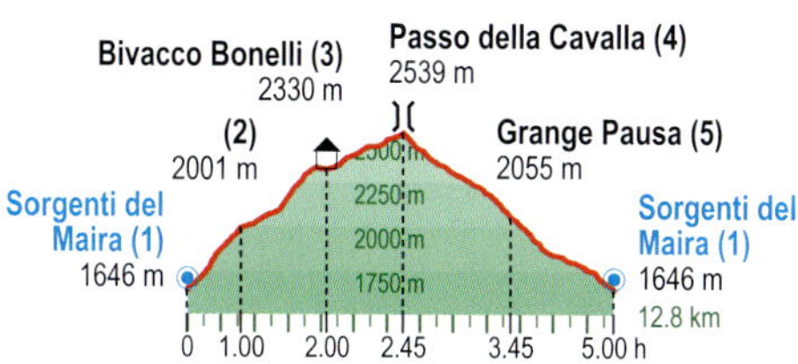

20 Colle Greguri, 2319 m

4.30 Std.

Rund um ein beeindruckendes Felsriff

Wie steinerne Segel stechen die isoliert stehenden Zwillingsfelsen Rocca Provenzale, 2402 m, und Rocca Castello, 2452 m, über dem Vallone del Maurin, dem Quelltal der Maira, in den Himmel. Das markante Riff ist vor allem in der Kletterszene berühmt und mancher Akrobat lässt sich da mit dem Feldstecher bewundern. Die Wanderrunde gibt wildromantische Einblicke in einen der schönsten Talschlüsse der Cottischen Alpen.

Ausgangspunkt: Chiappera, 1623 m, letztes Dorf im Maira-Tal.
Markierung: Rot, rot-weiß, Hinweisschilder.
Höhenunterschied: 710 m.
Anforderungen: Familienfreundliche Bergwanderung auf gut mark. Wegen.
Beste Jahreszeit: Juni bis Oktober.
Einkehr und Unterkunft: Campo Base, 1650 m, Zeltplatz und Posto tappa, fast ganzjährig geöffnet, Tel. +39/334/8416041, campobaseacceglio.it. Chiappera: Rifugio di Chiappera in der ehemaligen Schule, Tel. +39/348/0871863, rifugiodichiappera.com; B&B Oronaye, Tel. +39/347/4525036, oronaye.com; Agriturismo La Provenzale, Mai bis Sept., Tel. +39/340/4913936, laprovenzalechiappera.it.
Variante: Es kann auch direkt von Campo Base gestartet werden (ca. 40 Min. kürzer). Von der Straße etwas oberhalb steigt die GTA Richtung Colle Greguri auf.
Karte: L'Escursionista 1:25.000, Valle Maira, escursionista.it.

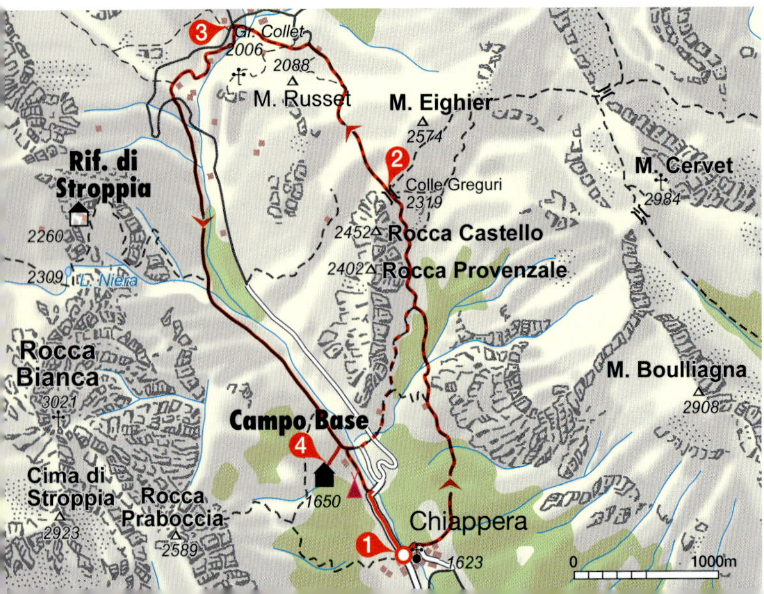

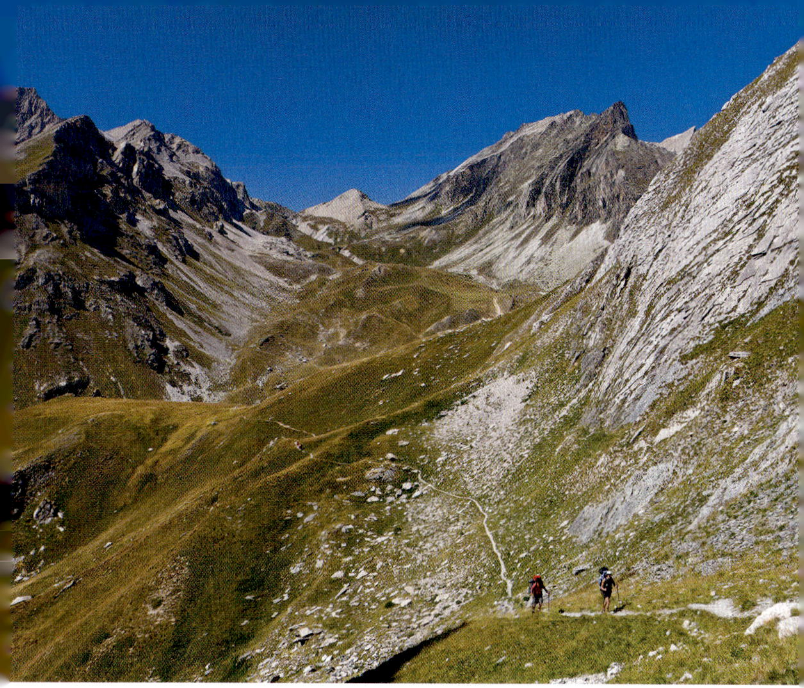

Colle Greguri – Blick ins Vallone del Maurin.

An der Kirche von **Chiappera (1)**, 1623 m, vorbei wandern wir durch den Ort leicht bergwärts bis an den nördlichen Ortstrand. Der Pfad zu den Felsen ist bereits gut sichtbar. Die Route (T 12) zieht nördlich auf das Felsriff zu und schlängelt sich dann an seiner Ostfront entlang in den **Colle Greguri (2)**, 2319 m. An dem von einem Bunker bewachten Pass tummeln sich häufig Steinböcke. Mit herrlichem Blick in den Talschluss steigen wir auf dem rot markierten T14 nordwestlich durch Grashänge zum Bach ab und erreichen an der **Grange Collet (3)**, 2006 m, eine Gabelung zweier Naturstraßen. Wir folgen der linken, hinter den Häusern den Hang hinunter direkt in den Talgrund. Von dort geht es nun ganz bequem am rechten Bachufer entlang bis nach **Campo Base (4)** und noch ein kurzes Stück auf der Teerstraße weiter bis **Chiappera (1)**.

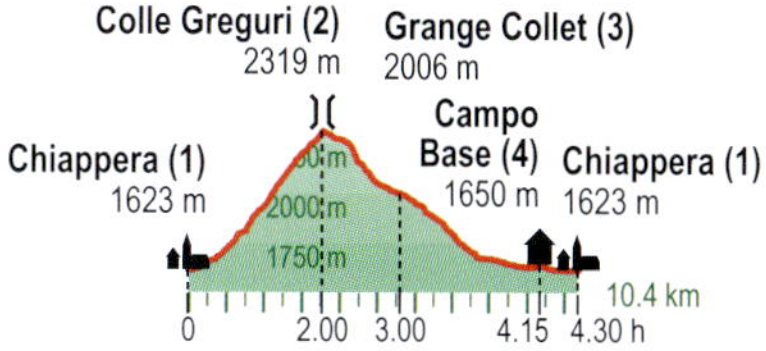

TOP

21 Bivacco Barenghi, 2815 m

6.00 Std.

Durch das wilde Herz der Chambeyron-Gruppe

Die Chambeyron-Gruppe markiert die Grenze zwischen dem obersten Maira-Tal und der französischen Ubaye.
Der schönste Zugang ins Herz dieser eindrücklichen Felsformation führt über den Sentiero Dino Icardi, der sich durch einsame Hochtäler windet, Wasserfälle und türkisblaue Seen streift und viele faszinierende Aus- und Einblicke in das stark ausgeprägte Relief der Landschaft bietet.

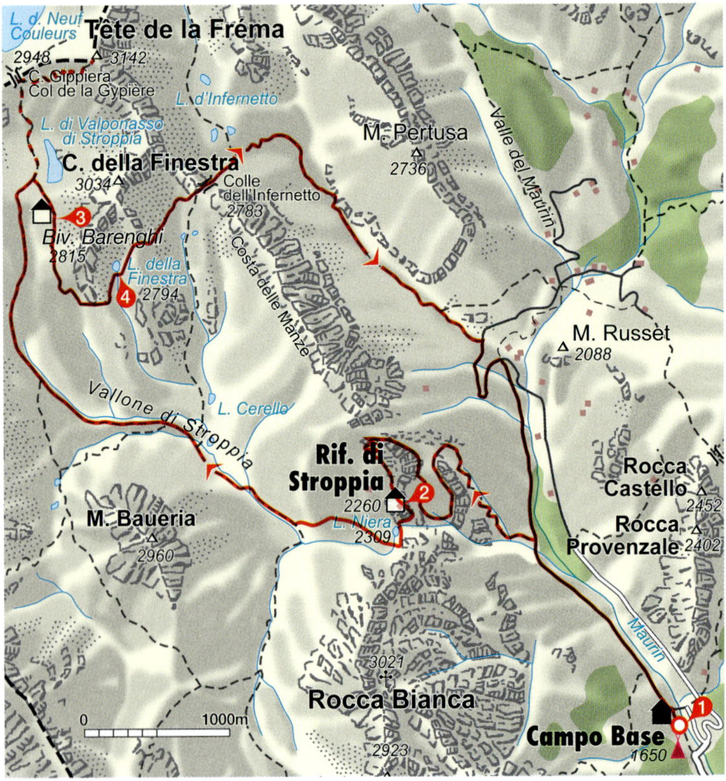

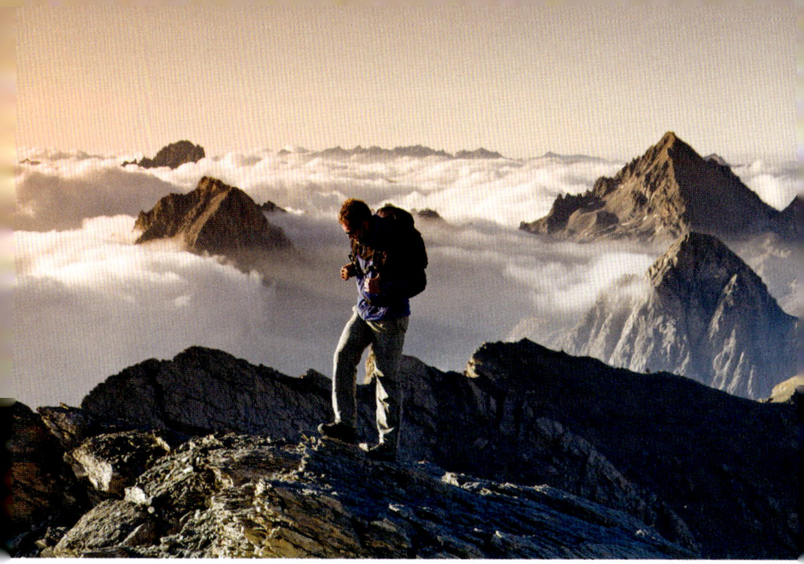

Tête de la Frema – Grenzkamm zur Ubaye (Variante).

Ausgangspunkt: Campo Base, 1650 m, kurz nach Chiappera, dem letzten Weiler im Maira-Tal.
Markierung: Blau-gelb, Hinweisschilder, Steinmännchen.
Höhenunterschied: 1270 m.
Anforderungen: Bei gutem Wetter problemlos, bei Nebel Orientierungsschwierigkeiten. Steile und steinige Stellen setzen beste Trittsicherheit voraus. Schlüsselstelle: die obersten sehr steilen 100 m im Abstieg vom Colle dell'Infernetto.
Beste Jahreszeit: Juni bis Oktober, im Juni muss noch mit Resten von Schneefeldern gerechnet werden.
Einkehr und Unterkunft: Campo Base, Campingplatz und Rifugio, fast ganzjährig außer von Nov. bis Mitte Dez., Tel. +39/334/8416041, campobaseacceglio.it; Bivacco Barenghi, immer offen, 9 Schlafplätze mit Matratzen und Decken, Quelle gleich neben der Hütte, Gaskocher und Lebensmittel müssen mitgebracht werden.
Variante: Sehr lohnend: im Bivacco Barenghi übernachten und frühmorgens in 1 Std. über den Colle Gippiera auf die Tête de la Frema, 3142 m, steigen. Der gigantische Ausblick (Monviso, Pelvo d'Elva, Brec de Chambeyron etc.) ist zum Sonnenaufgang am schönsten. Auch lohnend: ein Abstecher nach Frankreich (Wanderführer Dauphiné Ost, Tour 34), vom Col de Gippiera über Refuge du Chambeyron (1.15 Std.) hinab ins Bilderbuchdörfchen Fouillouse (1.45 Std.).
Karte: L'Escursionista 1:25.000, Valle Maira oder Fraternali editore 1:25.000, Blatt 11 Alta Val Maira.

Von **Campo Base (1)** folgen wir der Fahrpiste am linken Ufer des Maurin-Baches taleinwärts. Bevor der Weg nach rechts ansteigt, biegen wir an einer Schautafel links in den Pfad, der nördlich der Cascate di Stroppia den Hang aufsteigt. Besonders eindrucksvoll zeigt sich der Wasserfall zur Schnee-

schmelze im Frühjahr, im Herbst sprühen dann eher Rinnsäle über die Steilwand. Oberhalb des Hangs stoßen wir auf eine Weggabelung. Der Sentiero Dino Icardi quert nach links und ist einfacher zu begehen als die rechte, rot markierte Route, die über Felsen führt. Beide Wege treffen sich an der Quelle oberhalb der Wasserfälle. Spektakulär windet sich nun ein in den Fels geschlagener alter Kriegsweg durch die Steilstufe, auf der das **Rifugio Stroppia (2)**, 2260 m (1.30 Std.), steht.
Nach der unbewirtschafteten Hütte geht es flach durch ein karges Hochtal, zunächst in südliche Richtung, dann biegt die Route nach Nordwesten, vorbei am häufig ausgetrockneten Lago Niera. Nach etwa 30 Minuten stoßen wir auf ein Wegkreuz, wo wir uns rechts halten. Wir passieren linker Hand unter dem Monte Baueria das Hochtal und erreichen ein nächstes Wegkreuz, wo der Sentiero Dino Icardi uns nun nach Norden weiter in den Talschluss des Vallone di Stroppia führt. Zunehmend steiler wandern wir durch eine Gesteinswüste zu einer Weggabelung, die uns nach rechts zum **Bivacco Barenghi (3)**, 2815 m (1.45 Std.), leitet.
Unterhalb der Schutzhütte bettet sich türkisblau der Lago del Vallonasso di Stroppia ins Kar am Fuße der Tête de la Frema.

Beim Aufstieg zur Tête de la Frema ergibt sich ein grandioser Tiefblick auf den Lago del Vallonasso.

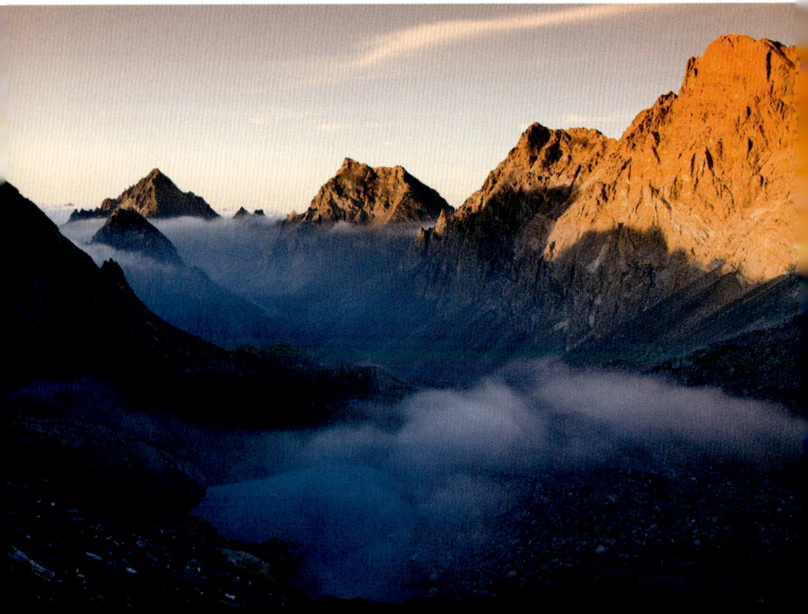

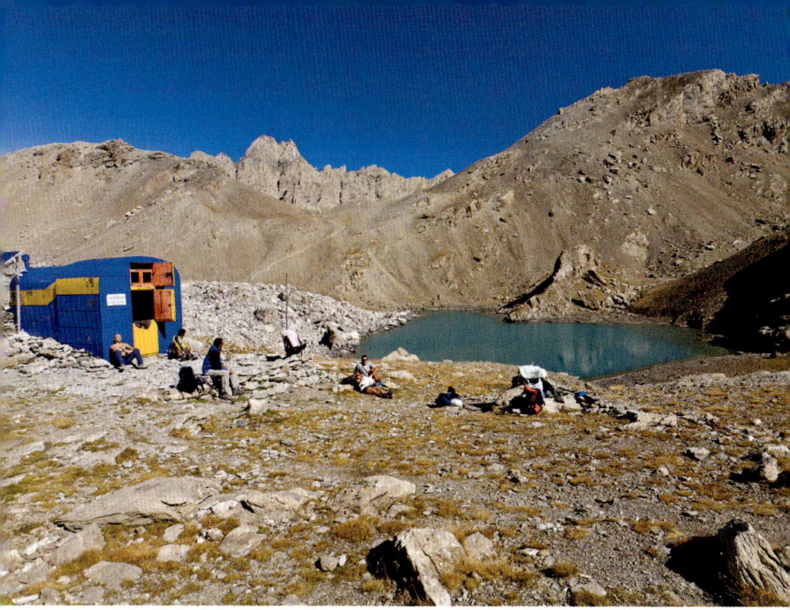

Bivacco Barenghi im Vallone di Stroppa.

Westlich bäumt sich imposant die Felsmauer des Brec de Chambeyron, 3389 m, in den Himmel. Vom Biwak setzen wir unseren blau-gelb markierten Weg südöstlich fort. Im Auf und Ab umrunden wir den gezackten Grat der Montagne di Stroppia, queren im Bogen nach Norden zum **Lago della Finestra (4)**, 2794 m, dann nordöstlich in den **Colle dell'Infernetto**, 2783 m (0.45 Std.). Es folgt ein steiler Abstieg (die ersten 100 m können heikel sein) in das Valle dell'Infernetto. Talauswärts erreichen wir im Valle del Maurin, wie das Quelltal der Maira genannt wird, eine Fahrpiste, die uns südlich zurück nach **Campo Base (1)** führt.

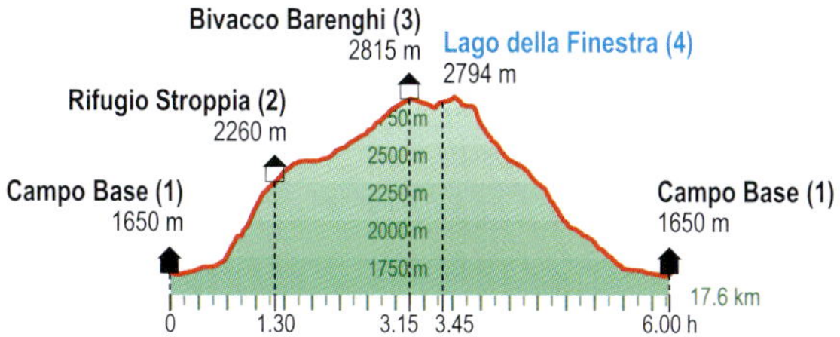

22 Laghi di Roburent, 2430 m

6.30 Std.

Abenteuerliche Festungswege und drei Seen

Die Seen liegen äußerst malerisch, umgeben von bizarren Felsformationen. In den Kämmen klemmen Festungen, wie überall hier. Kaum anderswo in den Alpen wurde der Hauptkamm militärisch so ausgebaut wie zwischen Frankreich und Italien. Erste Festungen und Wege entstanden bereits im 16. Jahrhundert. Um die Vorherrschaft in Europa wurde immer wieder im zersplitterten Gebiet des heutigen Italien gestritten und gekämpft, vor allem im Piemont. Hier betrieben die Savoyer eine aggressive Politik, die sie schlussendlich zum Königreich Italien führte. Zuletzt ließ Mussolini die Verteidigungslinie mit großem Aufwand erneuern. Die Militärwege erleichtern den Zustieg. Häufig sieht man Steinböcke und Gämsen.

Ausgangspunkt: Oberhalb von Viviere an der Almzufahrt in der Kehre an einer Weggabelung, 1825 m. Parkmöglichkeit allerdings nur sehr begrenzt. Ein paar Parkplätze gibt es auch in Viviere und Pratorotondo.
Markierung: Rot-blau (Sentiero Roberto Cavallero), Hinweisschilder, Steinmännchen.
Höhenunterschied: 1110 m.
Anforderungen: Steinige, teilweise steile Pfade, die Trittsicherheit verlangen. Am größten der drei Seen gibt es eine Quelle, wo man die Trinkwasserflasche nachfüllen kann.
Beste Jahreszeit: Juni bis Oktober, am schönsten zur Frühlingsblüte Anfang Juli sowie zur Herbstverfärbung.
Unterkunft: Unterwegs keine; nahe Ausgangspunkt: Rifugio di Viviere, Tel. +39/0171/1936074, rifugiodiviviere.com. Chialvetta: Trattoria della Gardetta, Tel. +39/0171/99017; Locanda di Chialvetta, Tel. +39/0171/995120.
Variante: Abenteuerlich zeigt sich die Überschreitung des Monte Scaletta, 2840 m. Trittsicher und schwindelfrei muss man dafür sein. Der Steig biegt am Wegschild noch vor dem Colle della Scaletta links ab und führt exponiert über Felsgelände, durch einen dunklen Stollen (Stirnlampe) und Schützengräben auf den mit einer Bunkeranlage versehenen Gipfel, der tolle Tiefblicke auf die Roburentseen gewährt. Am Grat entlang, eine heikle Stelle ist mit Ketten gesichert, quert man zum Passo Peroni. Zeitaufwand insgesamt ebenfalls 6.30 Std.
Karte: Wanderkarte von Fraternali editore, Blatt 11 Alta Val Maira oder von L'Escursionista, Valle Maira, beide im Maßstab 1:25.000.

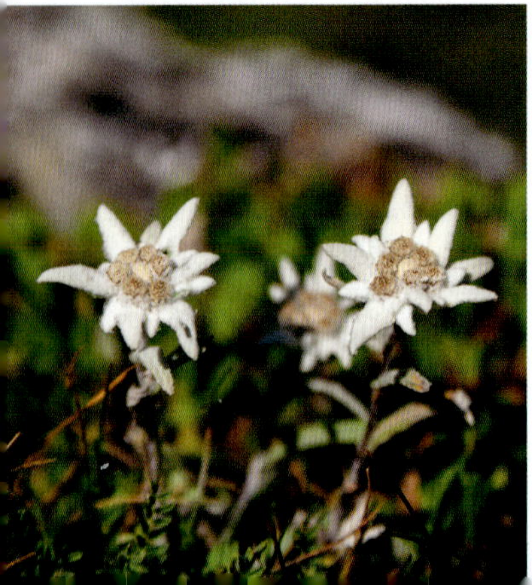

Unzählige Edelweiße wachsen am Wegesrand.

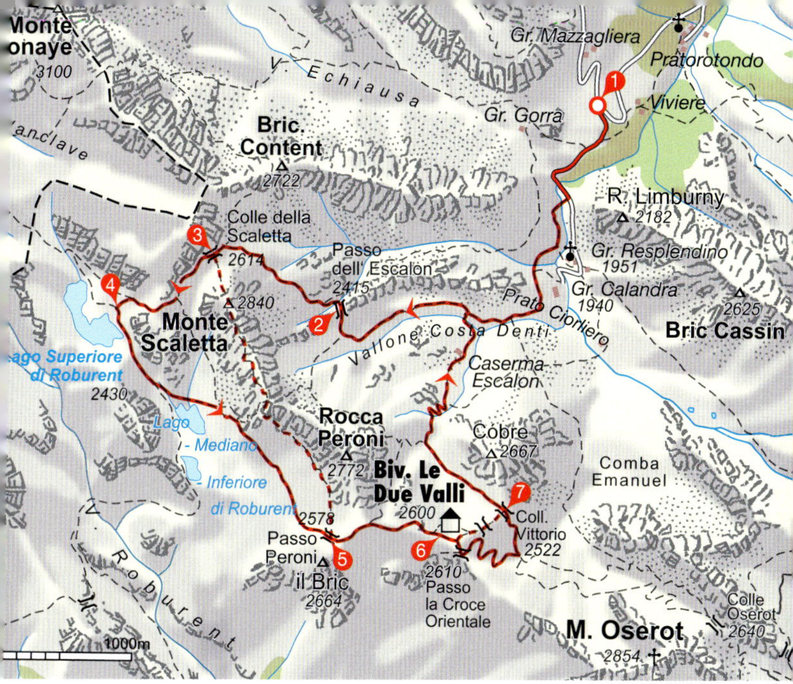

Am Parkplatz bei der Kehre oberhalb von **Viviere (1)** ignorieren wir den rechten Abzweig und folgen stattdessen der Schotterpiste südlich bergwärts. Nach etwa 1 km biegen wir rechts in den Pfad zum Colle della Scaletta. Es geht durch lichten Lärchenwald. Bald stehen wir über dem Almkessel Prato Ciorliera. Die Route quert nun in ein Tälchen, einen Wegabzweig lassen wir links liegen und steigen den Weg S10 westlich durch das Vallone Costa Denti auf. Am Wegesrand wächst jede Menge Edelweiß. Schließlich geht es nordwestlich steil in den **Passo dell'Escalon (2)**, 2415 m, dann flacher wei-

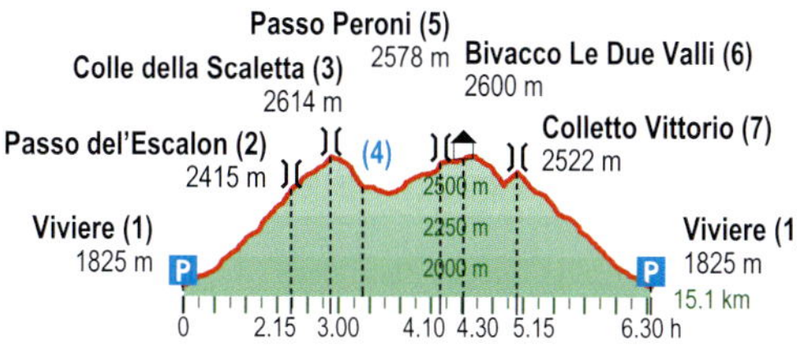

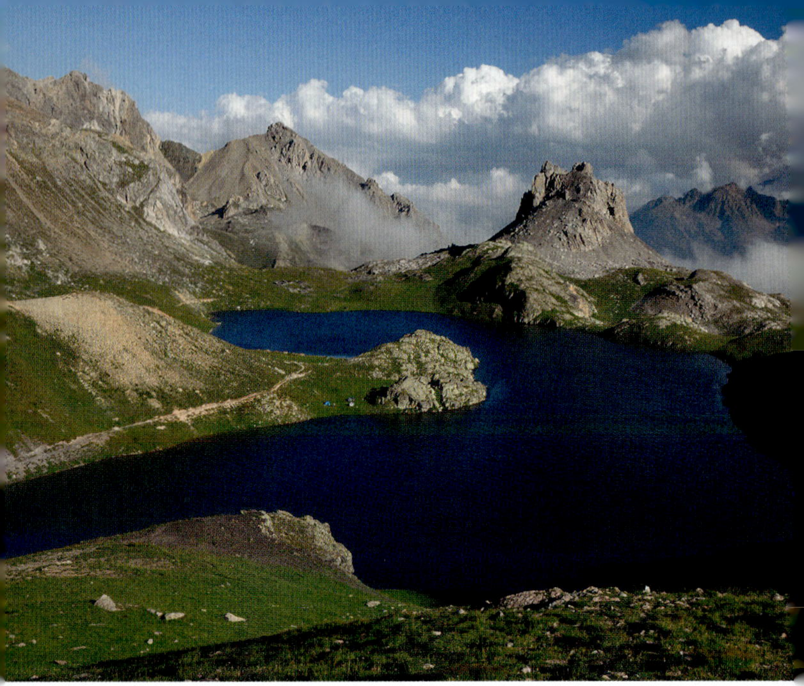

Der Lago Superiore di Roburent bietet an heißen Tagen eine willkommene Erfrischung.

ter zum **Colle della Scaletta (3)**, 2614 m (3 Std.). Links und rechts balancieren Festungen an den Kämmen, man steigt immer wieder auch über Stacheldrahtreste. Vom Pass folgen wir dem Pfad südwestlich zu einer Höhenterrasse hinunter, in die sich der **Lago Superiore di Roburent (4)**, 2430 m (0.30 Std.), bettet. Vom oberen Roburentsee in südöstliche Richtung biegen wir noch vor dem mittleren Roburentsee links in einen Pfad, der zum **Passo Peroni (5)**, 2578 m, aufsteigt. Ein Höhenweg quert östlich zum auf einem breiten Wiesensattel gelegenen **Bivacco Le Due Valli (6)**, 2600 m (1 Std.). Links weiter über den Bergrücken hinunter stößt die Route auf eine alte Militärpiste. Schwindelfreie können von hier etwas direkter über einen gesicherten Steig den Colletto Vittorio erreichen. Ansonsten folgt man der Militärpiste ein Stück bergab, bis ein Pfad links durch den Hang zum **Colletto Vittorio (7)**, 2522 m (0.45 Std.), quert. Von der Scharte weiter durch ein Tälchen erst nordwestlich, dann nördlich. Kurz nach der Festungsruine Caserma Escalon treffen wir wieder auf den Aufstiegsweg. Nach rechts auf bekannter Route zurück zum Parkplatz oberhalb von **Viviere (1)**.

6.00 Std.

Colle Oserot, 2640 m

23

Von der Gardetta rund um einen Festungsberg

Die Gardetta ist eine weite Hochebene zwischen dem Stura-, Grana- und Maira-Tal, Zuhause unzähliger Murmeltiere und Sommerweide der weißen und muskulösen Piemonteser Kühe. Die Wüstenberge, die die Gardetta umstehen, sind mit Kriegsstollen durchbohrt, von Festungen gekrönt und mit Denkmälern versehen. So findet sich beispielsweise gleich beim Rifugio della Gardetta ein Denkmal, das zu Ehren der Verstorbenen errichtet wurde, die 1926 der Explosion eines Blindgängers zum Opfer gefallen sind.

Ausgangspunkt: Col del Preit, 2076 m. Zufahrt durch das Vallone di Preit auf guter Teerstraße zum Parkplatz am Pass (9 km von Canosio). Die Zufahrt über eine 3 km lange staubige Schotterpiste zum Rifugio della Gardetta wäre zwar erlaubt, aber aus Respekt vor der wunderschönen Natur der Gardetta unterlässt man das besser.
Markierung: Rot-weiß bis Passo di Rocca Brancia, dann rot (S11), nach der Gr. Rosano wieder rot-weiß sowie gelb.
Höhenunterschied: 1120 m.
Anforderungen: Bis zum Rifugio problemlos. Dann teilweise Schuttwege, die Trittsicherheit verlangen. Die empfohlene Abkürzung ist weglos und damit etwas anspruchsvoller zu gehen. Für die Besichtigung der Festungsanlagen und Bunker ist eine Taschenlampe notwendig.
Beste Jahreszeit: Juni bis Oktober, am schönsten zur Frühlingsblüte im Juni sowie zur Herbstfärbung.
Einkehr und Unterkunft: Rifugio della Gardetta, bewirtschaftet Mitte Juni bis Mitte Sept., 1. Junihälfte und 2. Septemberhälfte an Wochenenden, Tel. +39/348/2380158, rifugiogardetta.it; Agriturismo La Meja am Colle del Preit, bewirtschaftet Juli bis Sept., Tel. +39/0171/998116, außerhalb der Alpzeit Tel. +39/347/4342497, agriturismolameja.it.
Karte: L'Escursionista 1:25.000, Valle Maira, escursionista.it.

Vom **Col del Preit (1)** folgt man der Schotterpiste rechts bergwärts. Nach der ersten Steigung kürzt ein Wanderpfad die Kehren der Piste ab. Im Auf und Ab geht es zum **Rifugio della Gardetta (2)**, 2335 m. Von der Hütte können wir entweder den längeren Weg über die Militärstraße und den **Passo della Gardetta (3)**, 2437 m, wählen oder abkürzend dem Pfad folgen, der in südwestliche Richtung am Hang gegen ein Militärgebäude aufsteigt. Unter-

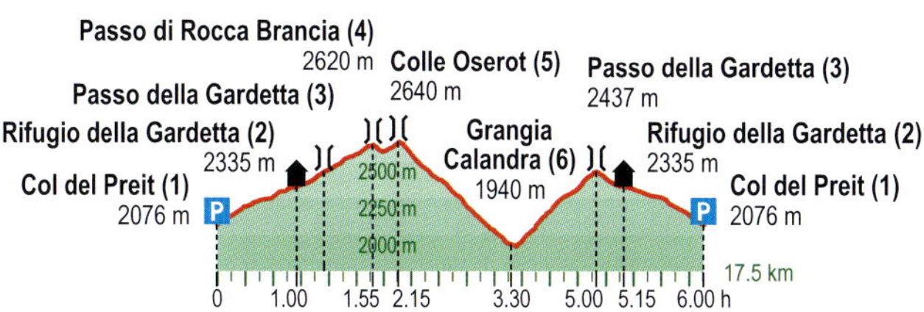

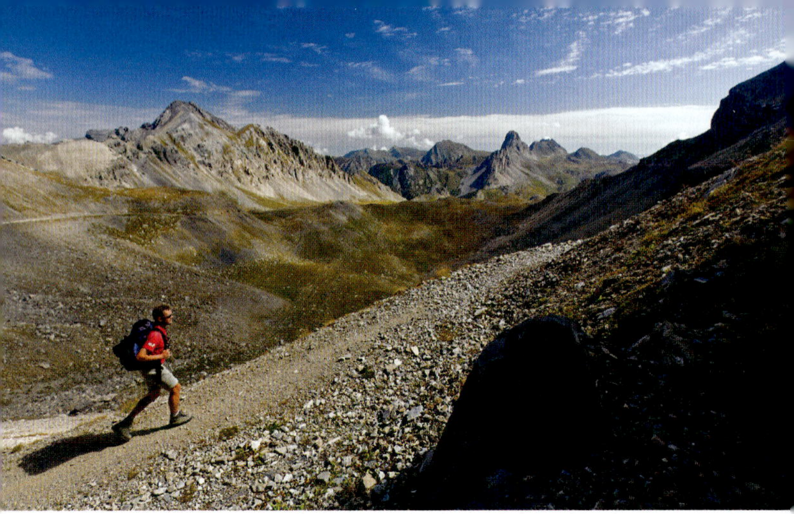

Militärweg zum Passo di Rocca Brancia.

halb des Gebäudes vorbei durch eine Senke und im Zickzack einen Schutthang hinauf zur Militärstraße, die südöstlich in den **Passo di Rocca Brancia (4)**, 2620 m, zieht. Der Blick fällt nun über das Stura-Tal zu den Seealpen. Eine Kehre weiter unten lassen sich zwei Militärbunker besichtigen. Wir queren nun unter dem Felskamm der Rocca Brancia nach rechts und steigen westlich in den **Colle Oserot (5)**, 2640 m, wo uns ein wilder Gebirgskessel zu Füßen liegt und wo sich unzählige Bunker in den Schutthängen verstecken. Für den Abstieg wählen wir den rechten Pfad, da die Militärpiste durch die linke Talflanke teilweise verschüttet ist. An der Weggabelung im Talgrund nehmen wir den rot markierten S11 nach rechts, wandern im Bogen nach Norden talauswärts und genießen den Blick über das Maira-Tal zum Chersogno.

Wer sich ein paar unnötige Höhenmeter sparen möchte und wegloses Gelände nicht scheut, dem sei folgende Abkürzung empfohlen: Bevor der S11 ganz in den Talgrund absteigt, folgt man dem letzten Moränenrücken rechts in östlicher Richtung bis an die gegenüberliegende Felswand. Dort trifft man auf Wegspuren, die zu einem Vorsprung absteigen und um die Felswand zum Wiesenhang führen. Der Wiesenhang wird dann aufsteigend nach links zur GTA-Route unter dem Passo della Gardetta gequert.

Wer den S11 bis fast in den Talgrund des Vallone Unerzio abgestiegen ist, kann rechts, östlich, über die **Grangia Calandra (6)**, 1940 m, zur GTA queren. Der nun gut ausgetretene Weg zieht die rechte Seite des obersten Unerzio-Tals südöstlich in den **Passo della Gardetta (3)**, 2437 m. Der Hang,

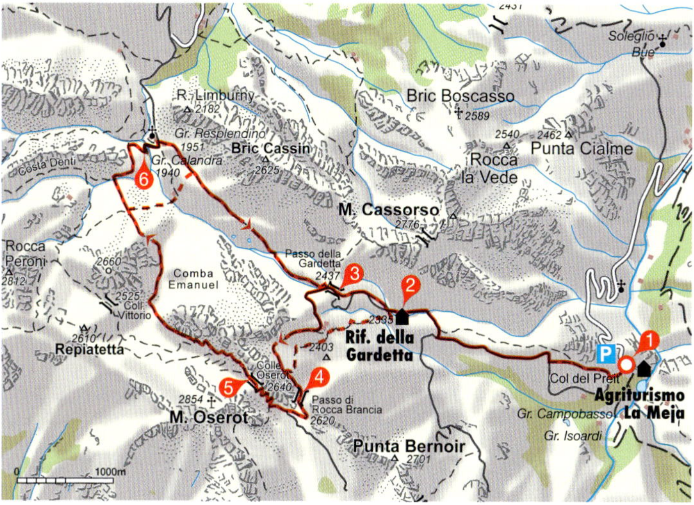

mit bizarren Gipshügeln »dekoriert«, ist von Kriegsstollen durchlöchert, in denen manchmal fette Murmeltiere wohnen. Vom Pass überblicken wir die Gardetta-Hochebene in ihrer ganzen Pracht. Linksseitig kürzt der Pfad die Kehren der Militärpiste ab und zieht zum **Rifugio della Gardetta (2)** hinunter. Auf schon bekanntem Weg kehren wir zurück zum **Colle del Preit (1)**.

Bunker am Passo di Rocca Brancia.

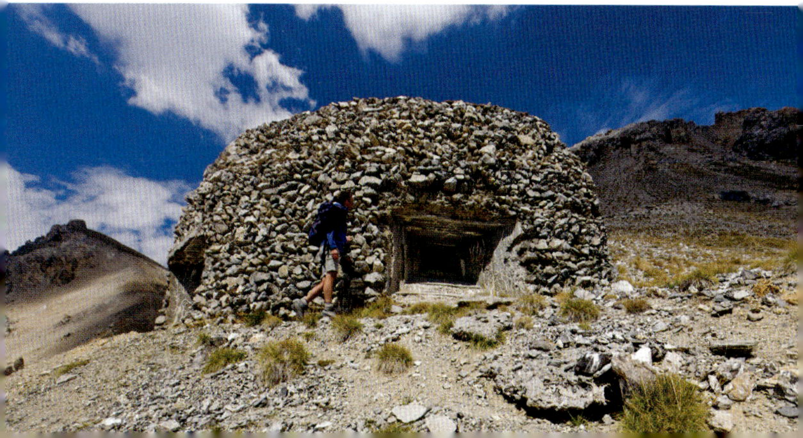

24 Colletto della Meja, 2551 m

4.30 Std.

Rund um den Zuckerhut der Gardetta

Die Gardetta hoch über dem Maira-Tal ist so etwas wie die Sommerfrische der Einheimischen wie auch der Flachländer. An sonnigen Wochenenden fährt man hinauf zum Picknick und um sich die Füße zu vertreten, denn zahlreiche mit dem Auto befahrbare Militärwege vereinfachen den Zugang und eignen sich zum gemütlichen Spazierengehen. Wer die einzigartige Urlandschaft in aller Stille genießen will, meidet daher die Wochenenden während der Hochsaison.

Das Wahrzeichen der Gardetta – so etwas wie ein kleiner Monviso – ist die Rocca la Meja: ein markanter Gipfel, der sich wie ein Zuckerhut aus den Wüstenbergen pellt. Er zieht magisch an, und für Bergsteiger gehört es zum Prestige, einmal oben gestanden zu haben. Wer nicht ganz schwindelfrei ist, sollte den Gipfel aber besser nur von unten bestaunen – auf der hier vorgestellten abwechslungsreichen Umrundung. Dabei kommt man auch zum Lago Nero, einem Seeidyll mit Schau auf den »richtigen« Monviso.

Ausgangspunkt: Colle Margherina, 2420 m. Zufahrt vom Colle Valcavera (Passstraße zw. Stura-, Grana- und Maira-Tal) 4 km. Oder Colle del Preit, 2083 m. Zufahrt durch das Vallone di Preit auf guter Teerstraße, 9 km von Canosio.
Markierung: Gelb, rot, Hinweisschilder, Steinmännchen.
Höhenunterschied: 650 m.
Anforderungen: Anspruchsvolle Bergwanderung, die Orientierungssinn und Trittsicherheit verlangt. Heikel ist vor allem die steile Schuttpassage im Abstieg vom Colletto della Meja. Achtung beim Gipfelabstecher auf die Rocca la Meja: Steinschlaggefahr durch Voraussteigende, Helm empfehlenswert.
Beste Jahreszeit: Juni bis Oktober, am schönsten zur Frühlingsblüte im Juli sowie an klaren Herbsttagen.
Einkehr und Unterkunft: Direkt am Weg keine Einkehrmöglichkeit; Agriturismo La Meja am Colle del Preit, bewirtschaftet Juli bis Sept., Tel. +39/0171/998116, außerhalb der Alpzeit Tel. +39/347/4342497, agriturismolameja.it. Tipp: Pensione Ceaglio in Vernetti, Tel. +39/347/7839466 oder +39/338/5907044, ceagliovallemaira.it.
Variante: Der Normalweg auf die Rocca la Meja ist eine alpine Route, die absolute Schwindelfreiheit und Trittsicherheit voraussetzt. Unterwegs zwei Kletterstellen im Schwierigkeitsgrad I. Vom Colle Margherina sieht man bereits den Pfad, der durch ein kompaktes Schotterfeld an den südlichen Wandfuß zieht. Die mit gelben Punkten markierte Route knickt anschlie-

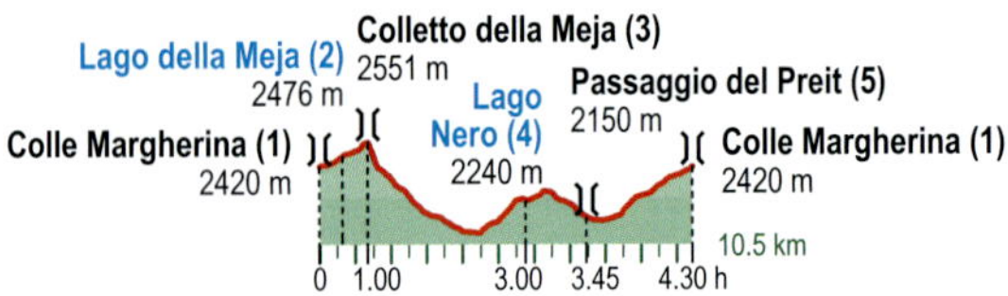

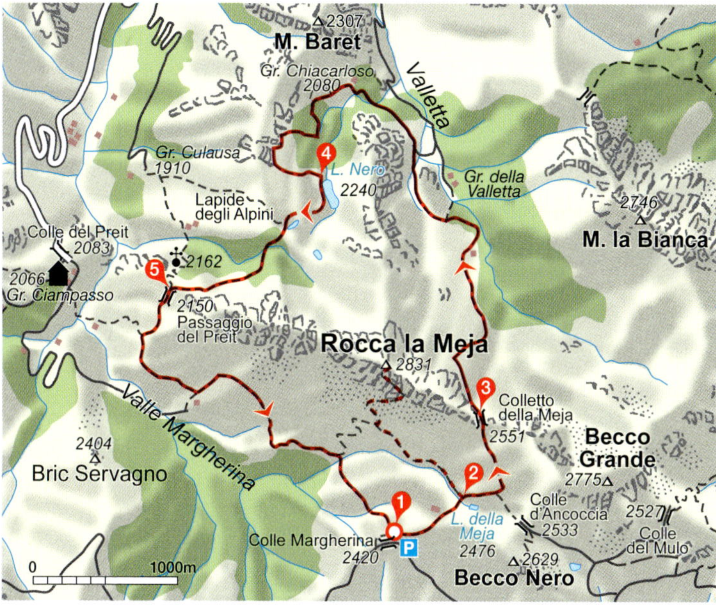

ßend am Wandfuß nach rechts, um einem diagonal nach Nordosten aufsteigenden Felsband zu folgen. Abgesehen von einer Felsstufe, die in leichter Kletterei überwunden wird, erreicht man ohne Einsatz der Hände den Gratansatz. Der wie Blätterteig gebänderte Gipfelaufbau wird nun nach links durch ein steiles kaminartiges Band treppensteigend und mit Einsatz der Hände bewältigt – schon steht man am Gipfelkreuz der Rocca la Meja, 2831 m (1.30 Std.) und genießt die sagenhafte Rundsicht.

Hinweis: In der L'Escursionista-Karte ist eine Tour della Meja (etwas länger, mit Umgehung der Steilpassage am Colletto della Meja) eingezeichnet, die jüngst von der Comunità Montana mit TRM (Tour Rocca la Meja) ausgeschildert wurde.

Karte: L'Escursionista 1:25.000, Valle Maira oder Fraternali editore 1:25.000, Blatt 11 Alta Val Maira.

Vom **Colle Margherina (1)**, 2420 m, folgen wir dem gelb markierten Percorso Occitano (P.O., Tour 16) nordöstlich durch Weideland, zunächst in Richtung der Rocca la Meja, dann aufsteigend in Richtung Colle d'Ancoccia. Wir passieren den **Lago della Meja (2)**, 2476 m, und biegen dann ein in den unmarkierten Pfad links hinauf zum von Weitem sichtbaren Grenzstein auf dem Sattel **Colletto della Meja (3)**, 2551 m, ein fantastischer Aussichtspunkt. Der Abstieg führt durch ein steiles, meist im Schatten liegendes Schuttcouloir. Achtung, besonders im oberen Teil besteht erhebliche Rutsch-

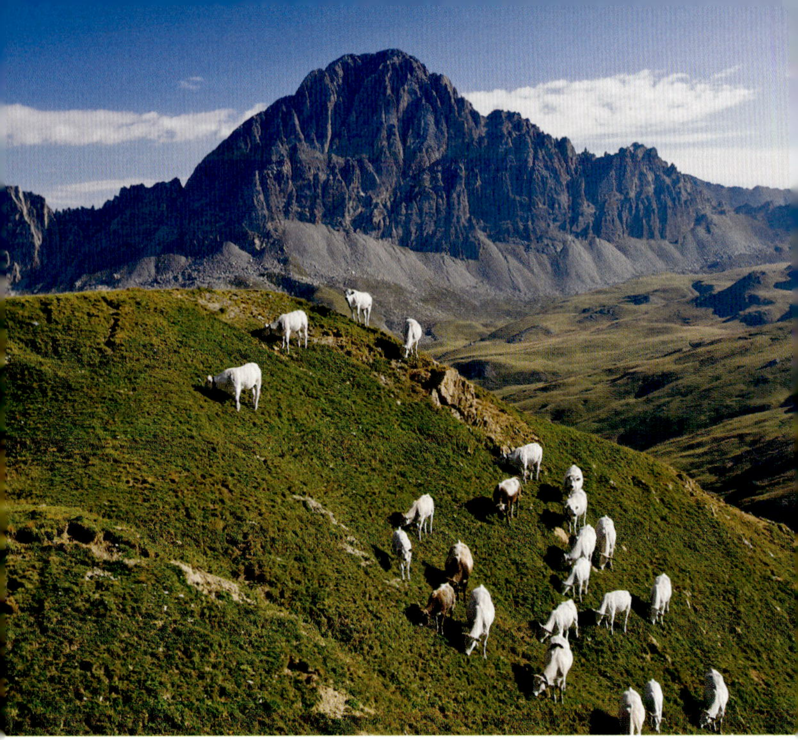

Gardetta mit Rocca la Meja.

gefahr! Bei Schnee sollte der Abstieg unterlassen werden. Der kaum sichtbare Pfad führt zu einer bewaldeten Geländestufe und danach über Weiden zu einem Steinhaus, 2150 m (das bereits vom Sattel oben zu erkennen ist). Auf einem Alpsträßchen geht es etwa einen Kilometer bergab zu einer Gabelung, 2060 m. Wir nehmen den mit einer Kette abgesperrten Weg links, Wegweiser Lago Nero. Nach 400 Metern endet der Weg an der **Grange Chiacarloso**, 2080 m. Vor dem Steinhaus windet sich ein rot markierter Wanderweg durch herrlichen Lärchenwald direkt zum **Lago Nero (4)**, 2240 m. Auf weiterhin rot markiertem Pfad steigt man am See vorbei die Grasböschung südwestlich auf zu einem namenlosen Pass, wo sich ein meist ausgetrockneter kleiner See befindet, 2300 m. Dort nehmen wir den Weg links, der uns über den **Passaggio del Preit (5)**, 2150 m, zurück auf die Hochebene der Gardetta zum P.O. führt, auf dem wir südöstlich in den **Colle Margherina (1)** steigen.

4.15 Std.

Lago Nero, 2240 m

25 TOP

Seeperle am Fuße der Rocca la Meja

Idyllisch bettet sich der Lago Nero zwischen lichten Lärchenbeständen unter den schroffen Nordflanken der Rocca la Meja. Ein Bummel aus dem Talschluss des Vallone di Preit zum See herauf ist besonders im Herbst ein Erlebnis, wenn die Nadelbäume golden leuchten und sich am Lago Monviso und Rocca la Meja, gleich zwei Bergsymbole auf einen Schlag, klar vom Himmel abheben.

Ausgangspunkt: Brücke, 1661 m, an der Grange Selvest im Talschluss von Preit, bevor die Straße zum Colle del Preit ansteigt. 7 km von Vernetti.
Markierung: Rot, Hinweisschilder, Steinmännchen.
Höhenunterschied: 640 m.
Anforderungen: Leichte, gut markierte Bergwanderung, zum Teil auf Fahrwegen.
Beste Jahreszeit: Juni bis Oktober.
Einkehr und Unterkunft: Unterwegs keine; Pensione Ceaglio in Vernetti, Tel. +39/347/7839466 oder +39/338/5907044, ceaglio-vallemaira.it; Rifugio degli Elfi mit Locanda Mascha Parpaja in Preit, Tel. +39/0171/998206.
Karte: L'Escursionista 1:25.000, Valle Maira.

Jenseits der Brücke halten wir uns links und folgen einem Schottersträßchen an der **Grange Selvest (1)**, 1661 m, vorbei in sanften Kehren durch Wald und Wiesen ins östlich gelegene **Vallone Valletta (2)** hinauf. Nach 4,3 Kilometern biegen wir an einer Verzweigung rechts ein und etwa 150 Meter später wieder rechts in einen mit Kette abgesperrten Weg, der nordwestlich an der **Grange Chiacarloso**, 2080 m, endet.

Vom Steinhaus führt uns nun ein Wanderpfad durch herrliche Lärchenhaine direkt zum **Lago Nero (3)**, 2240 m, und weiter am See vorbei die Grasböschung südwestlich hoch zu einem Sattel, 2300 m, wo sich ein meist ausgetrockneter kleiner See befindet. Wir können nun westlich den Wiesenhang (teilweise

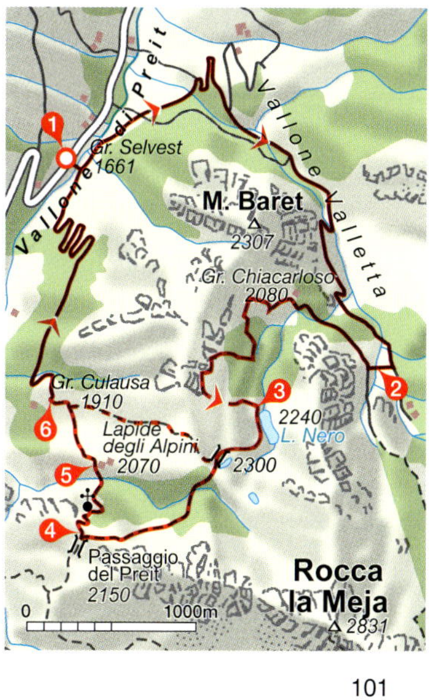

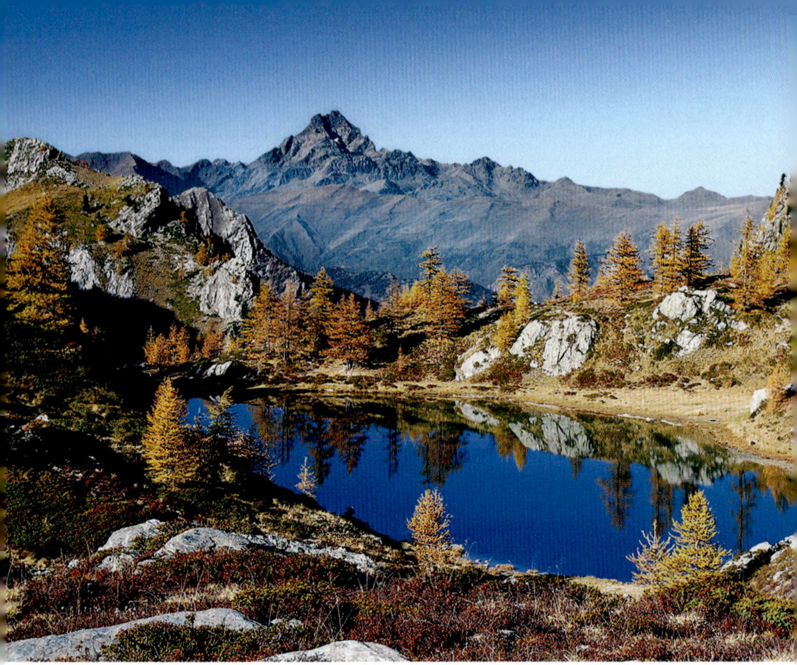

Lago Nero.

Pfadspuren) direkt zur Grange Culausa absteigen (45 Min.) oder vom Sattel dem Pfad weiter südwestlich bis zur Wegegabelung am **Passaggio del Preit (4)** folgen und dann rechts absteigen. Diese Route führt an der Gedenkstätte **Lapide degli Alpini (5)**, 2070 m, vorbei und erinnert an 23 Gebirgsjäger, die hier bei einer Übung 1937 unter einer Lawine begraben wurden. Anschließend erreichen wir die **Grange Culausa (6),** 1910 m.
Zurück zum Ausgangspunkt bei der **Grange Selvest (1)** geht es auf löchriger Asphaltstraße.

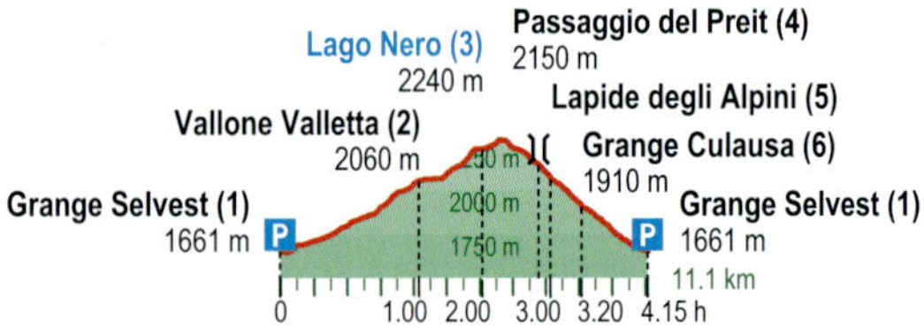

2 Tage

Rund um den Monte Buch

26

Verwunschene Pfade und Weiler

Eine sehr abwechslungsreiche Runde durch eine alte Kulturlandschaft erwartet uns hier. Im Aufstieg zum Colle Intersile genießen wir die prächtige Aussicht über das Vallone di Marmora zu den weiß leuchtenden Kalkbergen der Gardetta. Jenseits des Passes lernen wir einen wieder hergerichteten ehemaligen GTA-Abschnitt kennen, der uns durch das sehr einsame, wilde Tal des Bedale Intersile führt und verlassene Weiler berührt.
In Palent stoßen wir auf die einzigen Bewohner Virginia und Matteo Laugero, die eine charmante Posto-tappa-Station führen. Mit der Herstellung aromatischer Schnäpse und Kräuterliköre haben sie sich einen Namen gemacht und laden Interessierte gern zu einem Rundgang durch ihre Genepiplantagen ein. Was am Abend auf den Tisch kommt, sind reine Gartenprodukte, köstlich zubereitet. In Verbindung mit der Küche der Pensione Ceaglio am Ausgangspunkt der Wanderrunde wird die ganze Unternehmung zur wahren Schlemmertour.

Ausgangspunkt: Vernetti, 1223 m.
Markierung: Rot-weiß, gelb, Hinweisschilder.
Höhenunterschied: 1520 m.
Anforderungen: Technisch unschwer. Im ersten Teil ein längeres Stück Schotterpiste, dann teilweise etwas zugewachsene Kulturpfade.
Beste Jahreszeit: Immer, solange kein Schnee liegt.
Einkehr und Unterkunft: Vernetti: Pensione Ceaglio, ganzj. geöffnet, Tel. +39/347/7839466 oder +39/338/5907044, ceaglio-vallemaira.it; Pensione La Marmu, Tel. +39/0171/998307, la-marmu.it. Palent: Locanda Palent, 6 Betten, HP 65 €, Tel. +39/349/2617803, locandapalent.it; Rifugio Escursionistico, 22 Betten, Tel. +39/0171/999234, palent.it.
Variante: Die Runde kann man auch an der Parrocchia di Marmora beginnen. So spart man etwa 2 Std., sodass sich die Tour in einem Tag bewältigen lässt.
Karte: L'Escursionista 1:25.000, Valle Maira oder Fraternali editore 1:25.000, Blatt 11 Alta Val Maira.

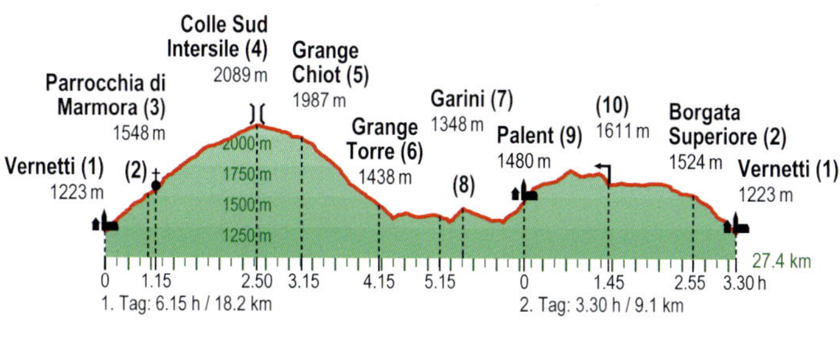

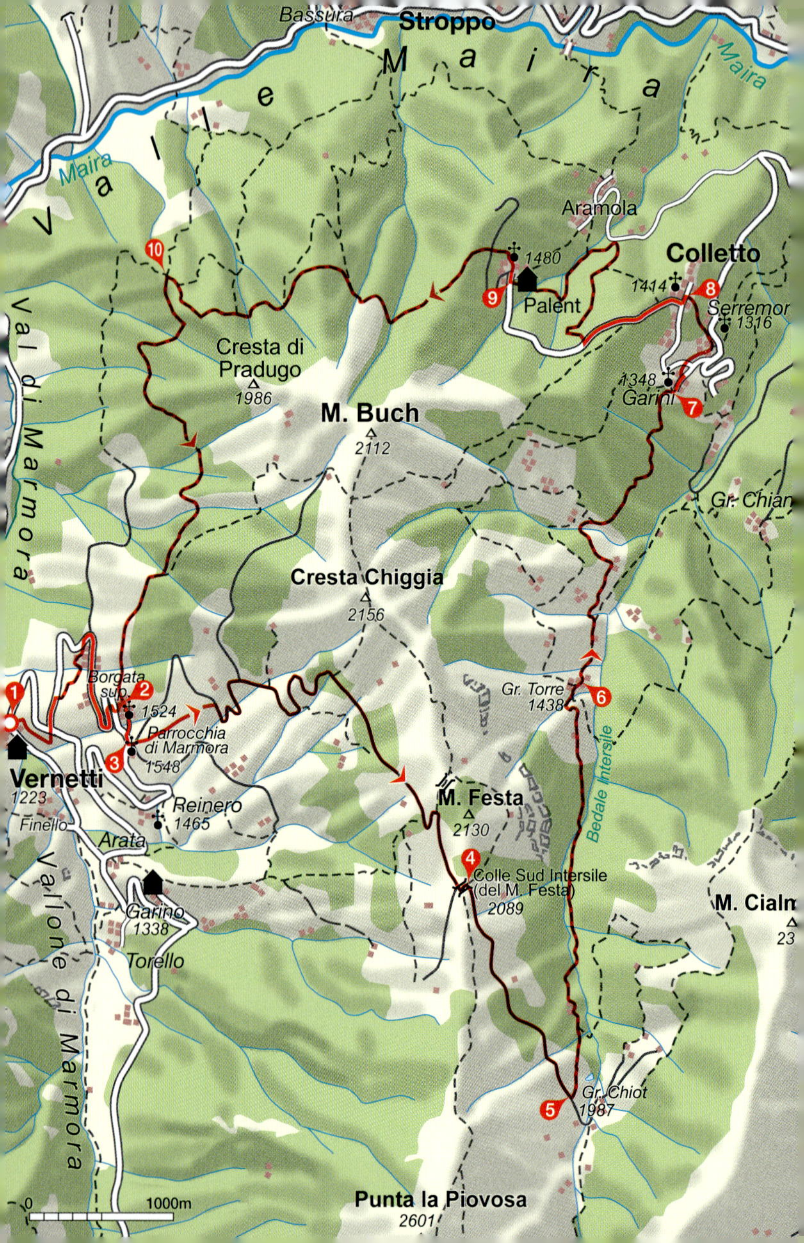

Stroppo
Bassura
Valle Maira
Maira
Aramola
Colletto
1480
Palent
1414
Serremor
1316
1348
Garini
Cresta di Pradugo
1986
M. Buch
2112
Gr. Chian
Cresta Chiggia
2156
Val di Marmora
Borgata sup.
1524
Parrocchia di Marmora
1548
Vernetti
1223
Finello
Reinero
1465
Arata
Garino
1338
Torello
Gr. Torre
1438
M. Festa
2130
Bedale Intersile
Colle Sud Intersile (del M. Festa)
2089
M. Cialn
Vallone di Marmora
Gr. Chiot
1987
Punta la Piovosa
2601
0
1000m

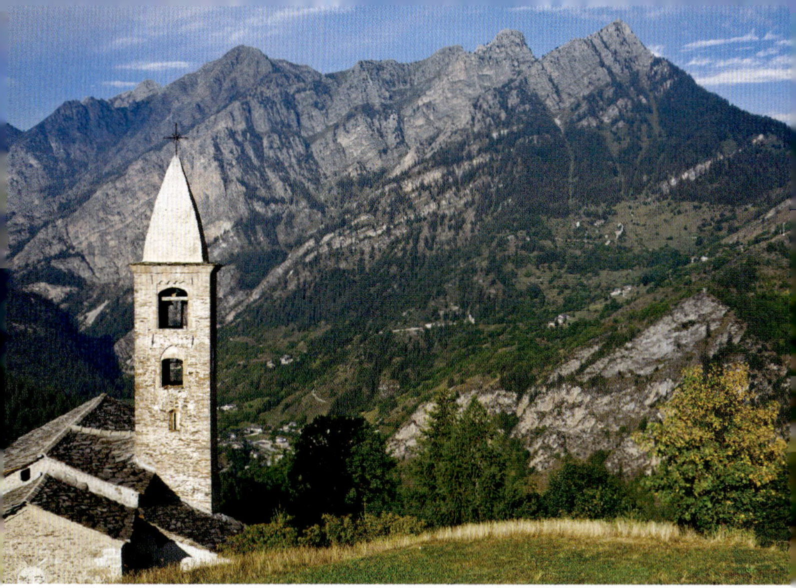

Parrocchia di Marmora.

1. Tag: Vernetti, 1223 m – Palent, 1480 m

6.15 Std., 1220 m im Aufstieg, 960 m im Abstieg.

An der Mauer hinter dem Gemeindehaus von **Vernetti (1)** ist ein Wegweiserschild angebracht, das uns den Fußweg über **Borgata Superiore (2)**, 1524 m, zur **Parrocchia di Marmora (3)**, 1548 m (1.15 Std.), weist. Den rotweißen Markierungen nach steigen wir zur allein stehenden, aussichtsreichen Kirche hinauf. (Achtung, der auf der Karte eingetragene Weg von der Kirche rechts ist falsch, er führt nur zur Sagna Rotonda und endet danach.) Der Wegweiser S5 Colle Intersile leitet uns von der Kirche über einen steilen Pfad durch Wiesengelände östlich zu einem Sträßchen, das uns in zahlreichen Kehren erst durch Wald, dann mit viel Aussicht in den südöstlich gelegenen **Colle Sud Intersile (del Monte Festa; 4)**, 2089 m (1.30 Std.), führt. Vom Pass folgen wir noch gut zwei Kilometer der Naturstraße bis zur **Grange Chiot (5)**, 1987 m (0.25 Std.). Rote Markierungen leiten dann auf der linken Seite des Baches zu einem frei stehenden Haus. Dahinter links in der Wiesensenke hinunter und an den Ruinen einer Alphütte vorbei. Bei 1775 m überqueren wir auf Brettern den Bach Bedale Intersile, folgen weiter dem Flusslauf talauswärts und wechseln bei einem Felsbrocken, 1575 m, wieder ans linke Ufer. Der Pfad zieht nun flacher durch Laubwald zum verlassenen Weiler **Grange Torre (6)**, 1438 m (1 Std.). Auf einer alten Mulattiera steigen

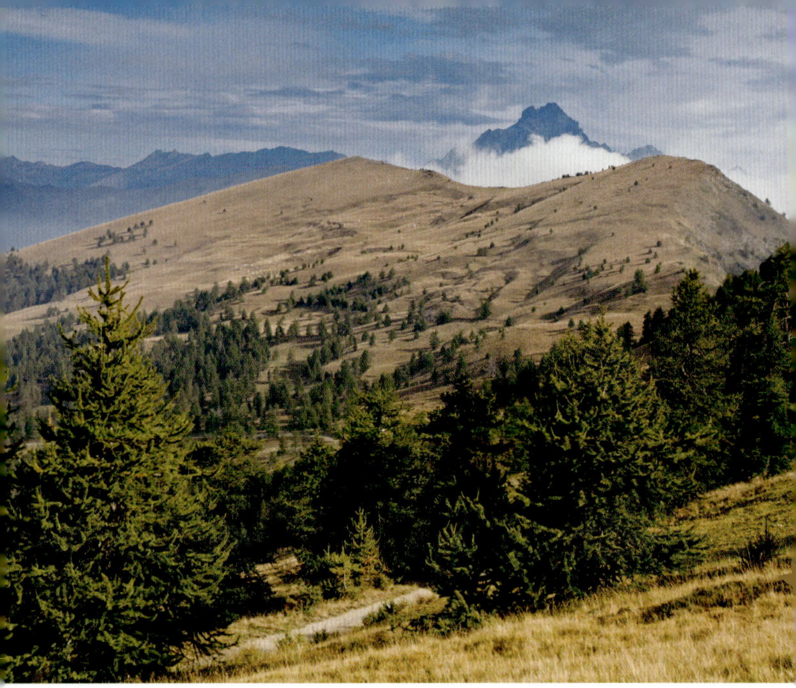

Monte Buch mit Monviso.

wir rechts talabwärts, nehmen dann aber nach etwa 10 Minuten links den Pfad zum Weiler **Garini (7)**, 1348 m (1 Std.). Dort treffen wir auf den gelb markierten P.O. (Mairaweg, Tour 16), der uns nördlich nach **Colletto (8)**, 1414 m, dann westlich nach **Palent (9)**, 1480 m (0.50 Std.), leitet.

2. Tag: Palent, 1480 m – Vernetti, 1223 m

3.30 Std., 300 m im Aufstieg, 560 m im Abstieg.

An den Genepiplantagen von Matteo Laugero vorbei folgen wir dem P.O. in die bewaldete Nordseite des Monte Buch. Bei zwei Holzbänken hat man den höchsten Punkt erreicht. Absteigend erreichen wir den **Abzweig (10)**, 1611 m, nach Bassura (1.45 Std.) und setzen unsere Route links fort auf der »Strada Napoleonica« (Der Wegebau zwischen Bassura und dem Marmora-Tal geht auf Napoleon und seine Truppen zurück), die uns südlich in den Weiler **Borgata superiore (2)**, 1524 m (1.10 Std.), führt. Dem Wegweiser am Brunnen neben der Kapelle folgend steigen wir dann ab nach **Vernetti (1)** (0.35 Std.).

3.00 Std.

Punta Tempesta, 2679 m, und Monte Tibert, 2647 m

27

Gratroute zwischen Maira- und Grana-Tal

Die Passstraße zum Colle d'Esischie ist landschaftlich ungemein reizvoll, egal ob vom Grana-Tal oder, vielleicht noch schöner, vom Maira-Tal aus. Hell leuchtende Kalkgipfel türmen sich westlich des Übergangs, während östlich endlose Graskämme den Horizont begrenzen, die zu einer fantastischen, sehr ausbaufähigen Panoramawanderung einladen. Blickfang ist vor allem die markante Pyramide des Monviso.

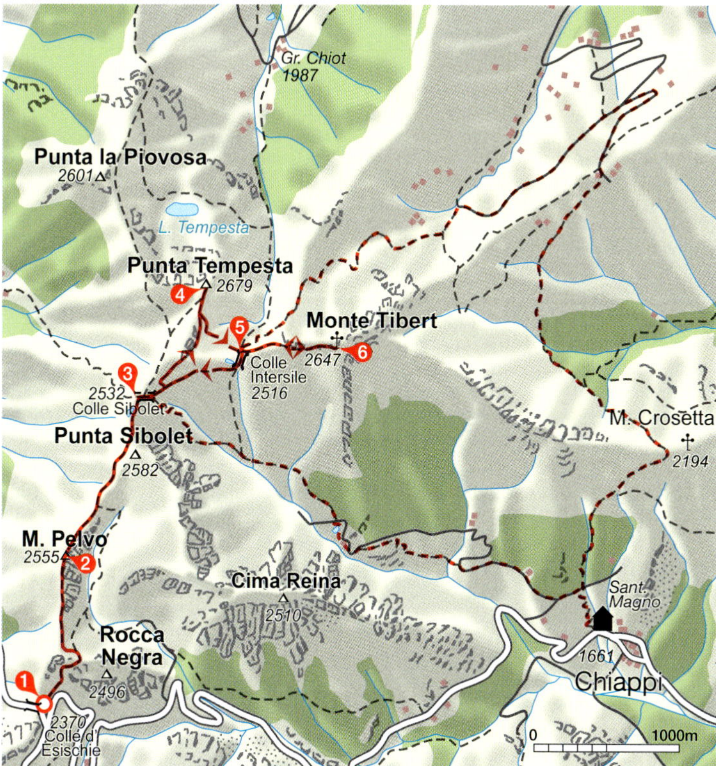

Ausgangspunkt: Colle d'Esischie, 2370 m, Passübergang zwischen Maira- und Grana-Tal.
Markierung: Rot-weiß, Hinweisschilder, Steinmännchen.
Höhenunterschied: 570 m.
Anforderungen: Bis zum Colle Intersile leichte Kammwanderung, die Gipfelabstecher verlangen Trittsicherheit. Leider ist der Kamm dafür bekannt, die Wolken anzuziehen – nicht umsonst heißt Punta Tempesta »stürmischer Gipfel«. Bei Nebel erschwert sich die Orientierung, und die Aussicht ist sowieso dahin. Also entweder einen klaren Tag abwarten oder sehr früh starten.
Beste Jahreszeit: Juni bis Oktober, am schönsten zur Herbstfärbung.
Unterkunft: Maira-Tal: Pensione Ceaglio in Vernetti, empfehlenswerte Küche, geschmackvolle Zimmer, Tel. +39/347/7839466 oder +39/338/5907044, ceaglio-vallemaira.it. Grana-Tal: Hotel La Font, gleich unterhalb des Santuario San Magno, das älteste Hotel der Region bietet eine vorzügliche Küche, es werden auch Kochkurse für okzitanische Spezialitäten veranstaltet, Tel. +39/0171/986241, relaislafont.it; Posto tappa Santuario San Magno, nur Juli/Aug. geöffnet, Tel. +39/0171/986178; Hotel La Meiro, Frazione Chiappi, Tel. +39/338/6261222 oder +39/335/6931946, terredicastelmagno.com, der Betrieb produziert und verkauft auch den Castelmagno-Käse.
Variante: Vom Grana-Tal lässt sich die Kammwanderung zu einer reizvollen Runde ausbauen: Wir starten am Santuario San Magno, 1761 m, und steigen vom Kloster nördlich über die Gias Sibolet zum Kamm am Colle Sibolet (2.30 Std.). Vom Colle Intersile quert dann ein Pfad die nördlichen Flanken des Monte Tibert und zieht südöstlich zur Monte Crosetta, 2194 m (1.30 Std.), von wo man auf der GTA-Route südwestlich zum Kloster zurückkehrt (1 Std.).
Hinweis: Castelmagno wird gerne als der »König der Käse« gefeiert. Mit dem etwas säuerlich schmeckenden, bröseligen Käse lassen sich hervorragende Gerichte zubereiten.
Karte: L'Escursionista 1:25.000, Valle Maira oder Fraternali editore 1:25.000, Blatt 11 Alta Val Maira.

Vom **Colle d'Esischie (1)** folgen wir östlich etwas unterhalb des Passes dem weiß-rot markierten Pfad, der durch den Hang leicht ansteigend nach Norden zieht. Wir erreichen einen Sattel und steigen links in wenigen Minuten auf den Kamm, der uns nach rechts auf den Grasgipfel des **Monte Pelvo (2)**, 2555 m, führt. Die markierte Route zieht westseitig etwas unterhalb des Gipfels durch und ist dadurch auch etwas weniger aussichtsreich. Wir erreichen sie wieder nach einer kurzen Felspassage, die etwas Trittsicherheit verlangt. Etwa 10 Minuten geht es den Kamm entlang, dann weicht der Pfad der Punta Sibolet nach Westen aus und erreicht den **Colle Sibolet (3)**, 2532 m.

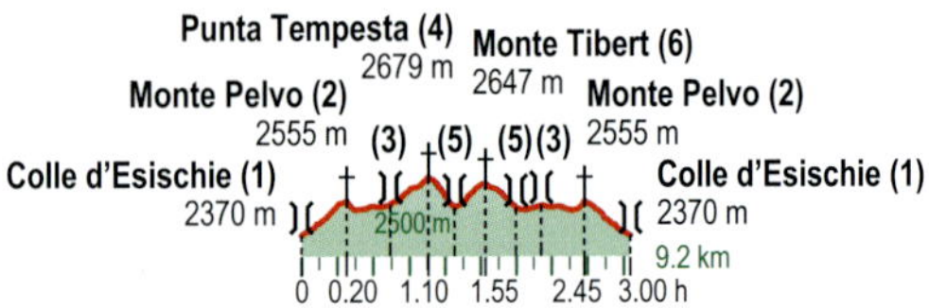

Nun haben wir die Wahl, entweder gleich rechts ohne Anstrengung zum Colle Intersile zu queren (0.15 Std.) oder den lohnenswerten Gipfel der Punta Tempesta zu besteigen. Dazu folgen wir weiterhin dem Gratpfad, der erst im allerletzten Stück sehr steil zur **Punta Tempesta (4)**, 2679 m (0.30 Std.), hinaufklettert. Der Gipfel bricht nach Norden schroff ab und vermittelt schöne Tiefblicke auf den Lago Tempesta. Vom Kamm unterhalb des Gipfelaufbaus zweigen wir links in den Pfad, der südlich zum **Colle Intersile (5)** absteigt (0.15 Std.). Von dort nehmen wir, den Kamm nach Osten aufsteigend, nun den Gipfel des **Monte Tibert (6)**, 2647 m (0.30 Std.), in Angriff. Wieder zurück am **Colle Intersile (5)**, 2516 m (0.15 Std.), queren wir nun nach links unterhalb des Kammes zurück in den südwestlich liegenden Colle Sibolet (0.15 Std.) und gelangen auf dem Hinweg wieder zurück zum **Colle d'Esischie (1)** (0.30 Std.).

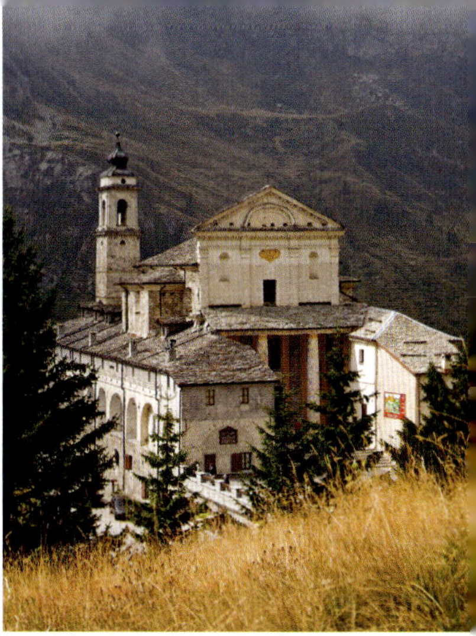

Santuario San Magno.

Santuario San Magno

San Magno (Sankt Mang), 699 geboren, war Mönch im schweizerischen Sankt Gallen, später Apostel im Allgäu und im ganzen Alpenraum populär. Seit sechs Jahrhunderten ist das Kloster in Chiappi nach ihm benannt, dem Freund der Armen und Patron der Haustiere. Kein Wunder, wüten doch die Unwetter gerne am Monte Tibert und versetzen die Kühe in Angst und Schrecken. Vor allem der Hagel setzt den Tieren zu, die ihre großen Augen schließen müssen und, von den groben Eiskörnern wie von Peitschenhieben gequält, nicht selten voller Angst in den Abgrund springen.

Alljährlich am 19. August findet zum Namenstag des Schutzpatrons ein großes Fest statt. In einer feierlichen Prozession wird die Statue von San Magno um die Kirche getragen. Dazu steuert die Musikkapelle kräftige Töne bei, und die Bauern genießen die Gelegenheit, sich auszutauschen.

Bereits im 15. Jahrhundert stand eine Kapelle auf dem Alpgebiet von Castelmagno, gestiftet von Allamandi, einem reichen Bauernsohn aus dem Maira-Tal, anlässlich seiner silbernen Hochzeit. Im 16. Jahrhundert wurde das Gotteshaus erweitert, im 18. Jahrhundert zur prächtigen Barockkirche ausgebaut. Erst ein Jahrhundert später kamen die Pilgerunterkünfte dazu. Besonders sehenswert sind die farbenfrohen und lebensechten Fresken von Pietro da Saluzzo in der Allamandi-Kapelle, in die man rechts vom Altar der Hauptkirche gelangt.

Seealpen

Die Seealpen (Alpi Marittime) sind der letzte Abschnitt des südlichen Alpenbogens, der noch überwiegend alpinen Charakter ausstrahlt, bevor es mit den Ligurischen Alpen deutlich mediterraner wird. Die Seealpen erstrecken sich vom Stura-Tal bis zum Vermenagna-Tal, tief eingeschnittene Täler mit schroffen 3000ern, die von der 3297 Meter hohen **Cima Argentera** überragt werden. Hier treffen Gletscher und mediterrane Klimaphänomene aufeinander und bringen eine außergewöhnlich vielfältige Flora hervor, darunter viele endemische Pflanzen. So werden besonders im Bergfrühling Wanderungen zu botanischen Exkursionen durch alle Vegetationsstufen von mediterran bis arktisch-alpin. Nach Schätzungen sollen 2600 Spezies allein in den Seealpen vorkommen – also die Hälfte aller Pflanzenarten ganz Italiens.

Unter dem Motto »Berge ohne Grenzen« arbeiten die zwei großen Naturschutzzonen – der Nationalpark **Mercantour** auf der französischen Seite und der Naturpark **Seealpen** auf der italienischen – schon seit Jahren eng zusammen. Unter anderem fördern sie einen grenzüberschreitenden umweltverträglichen Wandertourismus. Aus dieser Idee heraus sind auch die hervorragenden IGN-Karten »Montagnes sans Frontières« hervorgegangen, die die Talschlüsse auf beiden Seiten erfassen, nun aber leider nicht mehr neu aufgelegt werden.

Die beiden Naturschutzgebiete umfassen den zentralen Teil der Seealpen zwischen dem Maddalena- und dem Tenda-Pass, einst das ehemalige Jagdrevier von König Vittorio Emanuele II., dem ersten König Italiens. Eine Reise führte ihn 1855 in die wilde Gebirgsregion des Gesso-Tals im Herzen des heutigen Parco Naturale delle Alpi Marittime, dessen Schönheit ihn ergriff. Die Bürgermeister von Valdieri und Entracque sahen eine Chance, ihre Gemeinden aus der bitteren Armut zu führen und traten die Jagd- und Fischereirechte an den König ab. So verlegte die königlichen Familie ihre Sommerresidenz ins Gesso-Tal, mehrere Jagdhäuser und komfortable Unterkünfte wurden gebaut, ein bescheidener wirtschaftlicher Aufschwung zog in die Seealpen ein. Weil nur der König mit seinem Gefolge jagen durfte, war ein hoher Tierbestand gewährleistet. Und so ist es geblieben: In den Seealpen

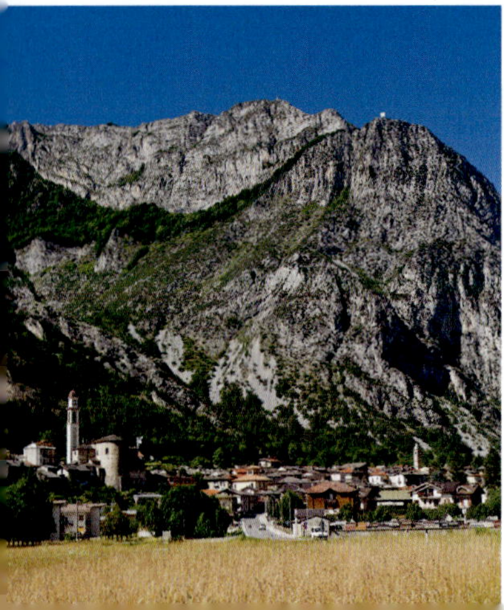

Valdieri.

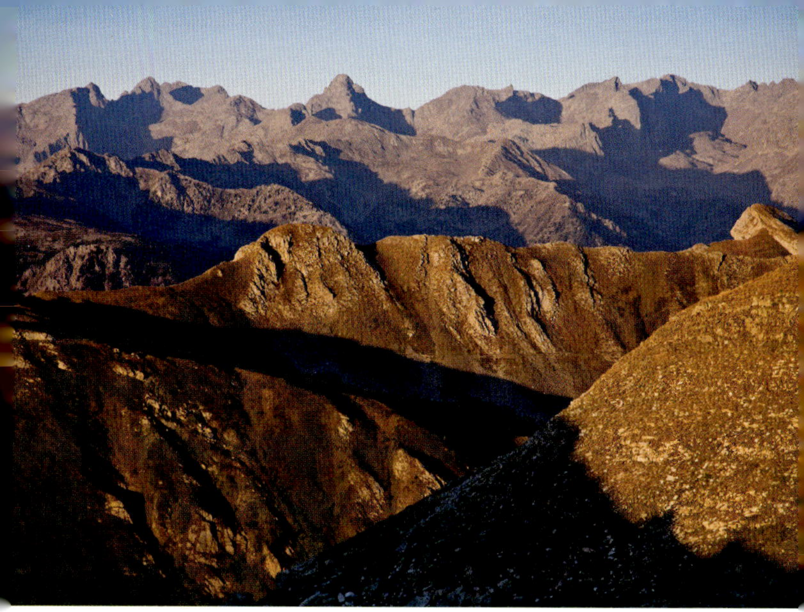

Paradies für Mensch und Tier: die Seealpen.

tummelt sich heute eine der größten Gämsenpopulationen der ganzen Alpen; auch die in den 1920er-Jahren durch König Vittorio Emanuele III. wieder eingeführten Steinböcke haben sich gut vermehrt.

Der Tierreichtum kann hautnah miterlebt werden: Neben Murmeltieren, Hermelinen, Schneehühnern, Mufflons und Steinadlern hat man vielleicht auch das Glück, den seit Ende des 19. Jahrhunderts ganz aus den Alpen verschwundenen Bartgeier wieder zu sichten. Seit 1993 wurden in den Seealpen mit Erfolg 26 der stolzen Greifvögel wieder angesiedelt. Auch der Wolf ist Anfang der 1990er-Jahre aus dem Apennin selbstständig in die Seealpen eingewandert. Doch bei einem Revierumfang von 300 Quadratkilometern ist es relativ unwahrscheinlich, eines der scheuen, für Wanderer übrigens gänzlich ungefährlichen Tiere des Rudels zu sichten. Bei Entracque ermöglicht ein Wolfspark, sich mit dem faszinierenden Thema auseinanderzusetzen.

Geologisch sind die Seealpen aus hartem Kristallin, zum größten Teil aus Gneis und Granit, aufgebaut und dank der geringen Durchlässigkeit des Unterbodens voller Bäche, Wasserfälle und Seen – im Gegensatz zu den sich anschließenden Ligurischen Alpen. Der Übergang zu weicheren Sedimenten und porösem Kalk findet bereits im noch zum Naturpark gehörenden **Vallone del Sabbione** (Tour 34) statt.

TOP **28**

Rund um den Monte Ténibres

4 Tage

Auf Schmugglerpfaden und Militärwegen zu einem Seenidyll jenseits der französischen Grenze

Der Monte Ténibres im italienisch-französischen Grenzkamm ist der höchste Gipfel der westlichen Seealpen. Sein Massiv zu umrunden, ist wegen der landschaftlichen Vielfalt ein echtes Highlight: auf der italienischen Seite die rauen Gebirgsfalten des Stura-Tals, die aufgrund der zahlreichen Militärwege bequemer zu bewältigen sind, als es auf den ersten Blick erscheinen mag; auf der französischen Seite der Haute Tinée, des oberen Tinée-Tals, Gletscherschliffe, in denen sich Seen betten, die zu den schönsten des Nationalparks Mercantour zählen. Die Lacs de Vens sind mit dem Lac de Rabuons durch den »Chemin de l'Energie« verbunden, einen Höhenweg, der wie mit dem Lineal in den Fels gezogen scheint und dank mehrerer Tunnels stets eben bleibt. Bei solch flachem Schlendern hat man viel Muße, das weite Panorama zu genießen, das vom Col de la Bonette – über seinen Scheitel zieht die höchste Alpenstraße – bis zum Mont Mounier reicht. Der »Energie-Weg« war ursprünglich für eine Druckleitung angelegt worden, denn die staatliche französische Elektrizitätsgesellschaft (EDF) plante in den 1930er-Jahren ein Wasserkraftwerk, das aufgrund der geologischen Schwierigkeiten jedoch nie realisiert worden ist – zum Glück.

Die Grenzübergänge, auf denen wir uns bewegen, sind über Jahrhunderte auch von Schmugglern genutzt worden. Im ehemaligen Schmugglernest Ferrere, dem höchsten Dorf des Val Stura, ist zu diesem Thema ein kleines Museum eingerichtet worden.

Ausgangspunkt: Parkplatz am Rifugio Talarico, 1720 m, im Vallone di Pontebernardo bzw. Prati del Vallone, 5 km von Pontebernardo (Busverbindung nur bis Pietraporzio, 1,5 km vor Pontebernardo).

Markierung: Rot-weiß, gelb, Hinweisschilder, Steinmännchen.

Höhenunterschied: 2820 m.

Anforderungen: Militärwege und Bergpfade, die aufgrund des rauen Geländes Trittsicherheit verlangen. Schlüsselstelle ist der Passo d'Ischiator. Eine westseitige Rinne ist oft noch im Juli mit Schnee gefüllt, der bei frühem Start vom Refuge de Rabuons eisig glatt sein kann. Dann braucht man Steigeisen – oder man wählt die Variante über den Becco Alto d'Ischiator, die allerdings geübten Berggehern vorbehalten ist (kurze Passagen mit leichter Kletterei). Ohne den anspruchsvollen Abschnitt über den Becco Alto d'Ischiator am 3. Tag wäre es eine rote Route.

Beste Jahreszeit: Juni bis Oktober.

Einkehr und Unterkunft: Rifugio Prati del Vallone, 1720 m, Mitte Juni bis Mitte Sept., 25 Zi., Tel. +39/333/3339678 oder +39/0171/964700, rifugivallestura.it. Das Rifugio Talarico nebenan ist unbewirtschaftet, Schlüssel bei Gianfranco Caforio (Tel. +39/331/8372201), ebenso für das unbewirtschaftete Rifugio Zanotti im Nachbartal. Refuge de Vens, bewirtschaftet Mitte Juni bis Ende Sept., 45 Plätze, Winterraum, Tel. +33/6/37679174, Reservierung: refugedevens.ffcam.fr/reservation.html; Refuge de Rabuons, bewirtschaf-

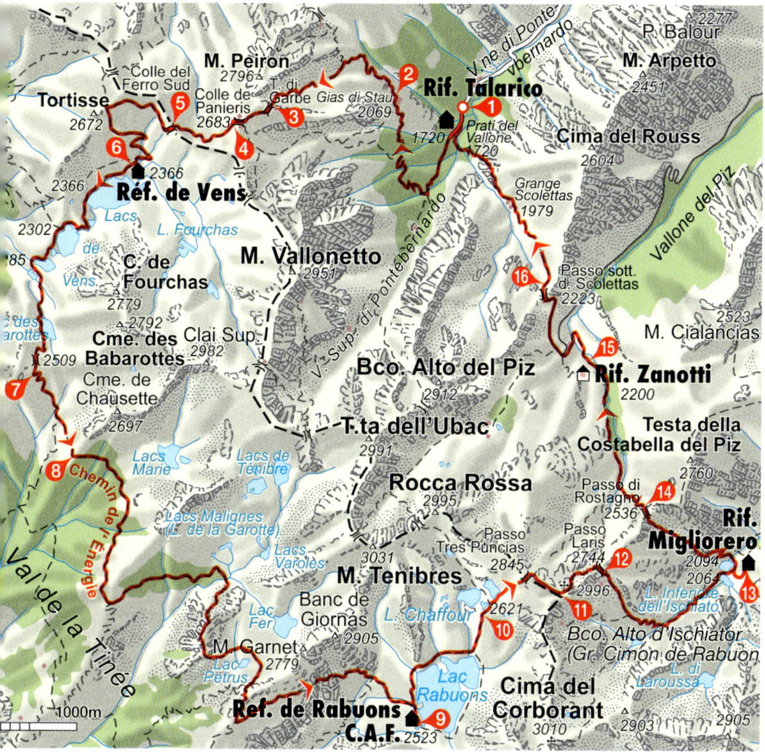

tet Mitte Juni bis Mitte Sept., 36 Plätze, Winterraum, Tel. +33/4/93230411, refugederabuons.ffcam.fr/reservation.html; Rifugio Migliorero, 2094 m, Oscar Bagnis, März bis Mitte Nov., 100 Plätze, Tel. +39/0171/95802 oder +39/338/8009474.

Tipp: Das Stura-Tal ist berühmt für seine Schafzucht. Interessante Einblicke bietet das »Ecomuseo della Pastorizia« in Pontebernardo, Sa/So 15–18 Uhr sowie von Juli bis September Di bis So 15–18 Uhr.

Karte: IGC 1:25.000, Blatt 112 Valle Stura oder IGN Alpes sans Frontières 1:25.000, Blatt 6 Haute Tinée. Alta Val Stura.

1. Tag: Rifugio Talarico, 1720 m – Refuge de Vens, 2366 m

3.30 Std., 1000 m im Aufstieg, 350 m im Abstieg.

Vom Parkplatz in **Prati del Vallone (1)** folgen wir dem Fahrweg weiter talein. Kurz nach dem Rifugio Prati del Vallone steigt der Fahrweg, mit der rot-weiß markierten GTA identisch, steil an und schraubt sich in Serpentinen durch

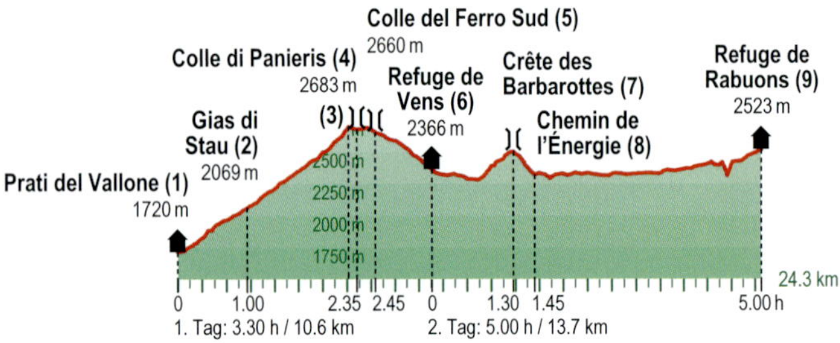

das Alpgelände von Prati di Vallone, vor allem Ende Juni ein botanisches Kleinod. Am Wegrand leuchten Feuerlilien, Affodill und Türkenbund. Im Bogen nach Norden wird die **Gias di Stau (2)**, 2069 m (1 Std.), erreicht und in das Vallone di Stau aufgestiegen. Etwas oberhalb der Geländemulde Garbe di Stau verlassen wir in einer scharfen Rechtskurve die GTA-Route und folgen westlich ohne Markierung einem Militärweg, der zunächst eine Jesusstatue in einer Nische passiert und dann die Hänge unter dem Monte Peiron quert. Zuletzt in ein paar steilen Kehren – die Trasse ist hier zum Teil verschüttet und nur noch ein schmaler Pfad – zur schon von Weitem sichtbaren **Festung an der Testa di Garbe (3)**, 2704 m (1.30 Std.). Die Gegend ist voll von Militäranlagen aus der Mussolini-Zeit.

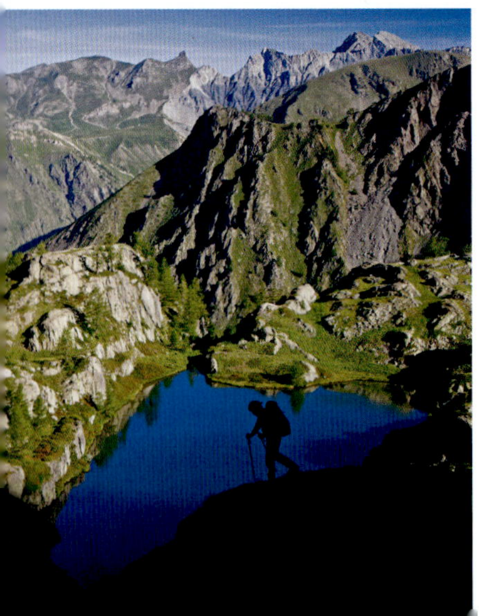

In einer leicht abwärtsführenden Querung wandern wir nun vom Bunker am Gratzug in den südwestlich gelegenen **Colle di Panieris (4)**, 2683 m (5 Min.) und genießen dabei schöne Blicke südöstlich zu Monte Matto und Argentera-Massiv und ab dem Pass nördlich zum Oronnaye und zu den Schneegipfeln des Écrins-Nationalparks. Wir folgen dem Pfad, der die Höhenlinie hält, durch wüstenähnliches Kammgelände gegen bizarre Erosionsformen. Bald schiebt sich auch der Monviso in den Gipfelreigen. Am **Colle del Ferro Sud (5)**, 2660 m

Lacs de Vens.

(10 Min.), liegt uns unser Tagesziel zu Füßen: die Seenpalette der Lacs de Vens. Wir wechseln auf die südwestliche Seite des Kamms und wandern westlich durch eine Mulde mit meist ausgetrockneten Tümpeln gegen die markante Erhebung der Aiguilles de Tortisse. Dabei stoßen wir auf einen gut ausgetretenen Wanderweg, den wir nach links Richtung Refuge de Vens einschlagen. Die Route quert unter erodierten Felsgebilden – darunter auch ein natürlicher Triumphbogen, der Arc de la Tortisse – und zickzackt dann steil in den Seenkessel zum **Refuge de Vens (6)**, 2366 m (0.45 Std.), hinunter.

2. Tag: Refuge de Vens, 2366 m – Refuge de Rabuons, 2523 m

5 Std., 670 m im Aufstieg, 520 m im Abstieg.

Vom **Refuge de Vens (6)** nordwestseitig an den Seen entlang bis zum Wegkreuz am dritten großen See, 2285 m (0.30 Std.). Hier halten wir uns links, Richtung »Chemin de l'Énergie«. Der Pfad zieht zwischen zwei Seen hindurch und steigt dann steil durch einen Hang zum nächsten Seekessel mit dem **Lac des Babarottes**, 2413 m (30 Min.). Wir passieren ihn westlich und erreichen nach einer Steilpassage die **Crête des Babarottes (7)**, 2509 m (30 Min.). Ein kurzer steiler Abstieg führt uns südöstlich durch ein Blockfeld zu einer Weggabelung, wo nach links die gelbe Markierung des **»Chemin de l'Énergie« (8)** startet. Nach wenigen Minuten ist bequemes Spazierengehen angesagt. Völlig flach zieht der Weg durch den Steilhang über dem Tinée-Tal und nach zwei Tunnels durch die Moorterrasse **Plan de Ténibre** (1 Std.) – ein beliebter Picknickplatz. Nach Umgehung eines Gratzugs wird das Kar mit dem Lac Pétrus ausgegangen, schließlich ein felsiges Eck erreicht, wo das Refuge de Rabuons ins Blickfeld taucht. Noch geht es eine Weile flach durch spektakuläre Felsabstürze, bis der Weg an einer EDF-Ruine ein paar Höhenmeter gewinnen muss, um das **Refuge de Rabuons (9)**, 2523 m (2.30 Std.), zu erreichen, das auf einem Hügel über dem gleichnamigen See thront. Die Hütte, 1905 erbaut, hat noch ihren nostalgischen Charme beibehalten.

3. Tag: Refuge de Rabuons, 2523 m – Rifugio Migliorero, 2094 m

4 Std., 550 m im Aufstieg, 980 m im Abstieg.

Die Normalroute über den Passo d'Ischiator ist sehr gut markiert, allerdings weglos. Vor allem beim Abstieg fordern die ersten 200 Höhenmeter durch rutschiges Geröll. Dazu stellen wir eine Alternativroute vor, die etwas schwerer zu finden und zu bewältigen ist. Sie führt durch abenteuerliches Gelände über den Gipfel des Becco Alto d'Ischiator, der mit seiner Aussicht sogar dem viel bestiegenen Monte Tenibres die Schau stiehlt.

Vom **Refuge de Rabuons (9)** folgen wir dem gelb markierten Weg west-, dann nordseitig dem See entlang bis zu einem Wegkreuz. Rechts setzt sich die Route zum Colle d'Ischiator fort, wir biegen jedoch nach links auf den Normalweg zum Monte Tenibres. Wir erreichen das Seenplateau mit den **Lacs Chaffour (10)**, 2621 m (0.45 Std.), und halten uns rechts zum zweiten

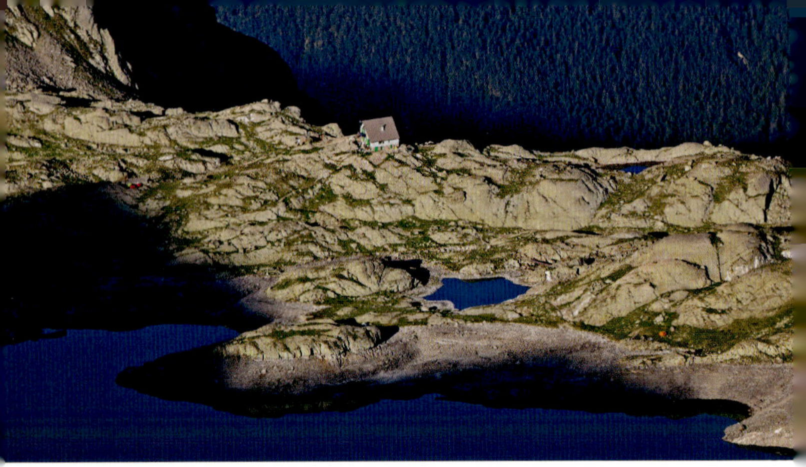

Refuge de Rabuons.

See, um durch eine Rinne, dann den Steinmännchen folgend nordöstlich in den **Passo Tres Puncias**, 2845 m (0.45 Std.), aufzusteigen. Wegspuren führen uns südlich unter dem Grat entlang auf den Gipfel des **Becco Alto d'Ischiator (11)**, 2996 m (0.30 Std.). Glücklich, wer hier schon zum Sonnenaufgang steht. Der Abstieg nach Italien durch die breite Ostflanke ist bestens rot markiert. Ein paar exponierte Passagen sind in leichter Kletterei problemlos zu überwinden. Nach einer Querung nördlich zu einer Scharte leiten die Markierungen steil in ein Kar, in dem sich oft noch Schneefelder befinden. Je nach den Verhältnissen können wir durch das Kar oder oberhalb davon nach rechts nur wenige Höhenmeter in den **Passo Laris (12)**, 2744 m (0.45 Std.), aufsteigen. Der Lago Ischiator di Mezzo liegt zu Füßen. Ein Serpentinenweg führt hinunter, passiert den See dann aber außer Sichtweite und zieht in den Talschluss auf das **Rifugio Migliorero (13)**, 2094 m (1.15 Std.), zu, das wie ein schottisches Schloss fotogen auf einem Hügel über einer idyllischen Seenterrasse thront.

4. Tag: Rifugio Migliorero, 2094 m – Rifugio Talarico, 1720 m

4 Std., 600 m im Aufstieg, 970 m im Abstieg.

Dieser Wandertag findet wieder auf einem Abschnitt der GTA statt. Wir überqueren die »Passerelle« (Brücke) westlich am Fuß des Hüttenhügels und steigen den gut sichtbaren Pfad durch den steilen Osthang des Ischiator-Tals in den **Passo di Rostagno (14)**, 2536 m (1.30 Std.). Am Pass wechselt die bisher orange-gelbe Markierung in die rot-weiße GTA-Markierung. Der erste Abschnitt des Abstiegs ist unangenehm steil und durch den Schutt auch etwas rutschig. Haben wir den Bach erreicht, folgen wir seinem Lauf

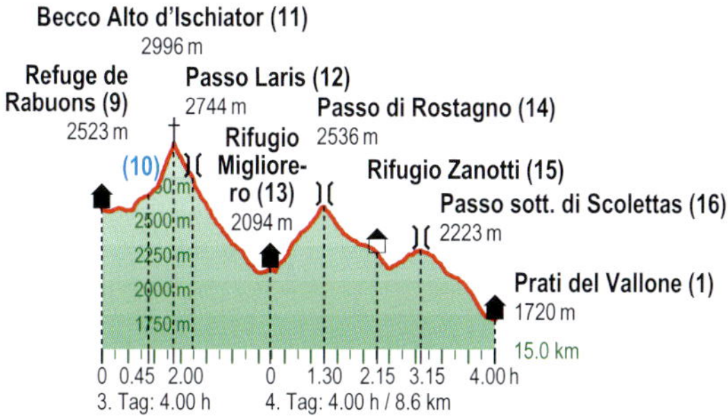

bald eben durch ein hübsches Hochtal. Am Ende der flachen, durch kleine Hügel abgegrenzten Talstufe, halten wir uns linksufrig und steigen durch einen Graben zum unbewirtschafteten **Rifugio Zanotti (15)**, 2200 m (0.45 Std.), ab. An der nächsten Weggabelung unterhalb der Hütte nehmen wir links den rot markierten Pfad, der zu einem Militärweg auf die andere Talseite wechselt. In bequemer Wegführung zieht die alte Kriegsstraße in den mit einer Festungsruine versehenen **Passo sottano di Scolettas (16)**, 2223 m (1 Std.). Das bisher recht steinige Landschaftsbild wechselt zu üppigem Grün. Durch prächtige Wiesen geht es das Vallone delle Scolettas talauswärts, wo es sich nach einer waldigen Steilstufe mit dem Vallone di Pontebernardo vereint. Dort im Talgrund halten wir uns rechts zurück zum Ausgangspunkt in **Prati del Vallone (1)** (0.45 Std.).

Rifugio Migliorero.

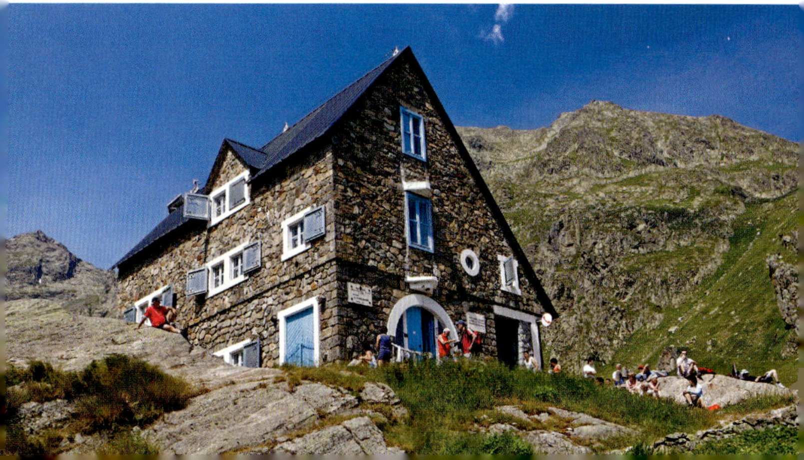

29 Lago di San Bernolfo, 1913 m, und Lago di Mezzo, 2282 m

4.00 Std.

Ein wildromantischer Talschluss

Berühmt ist das Vallone dei Bagni, ein Seitental des Val Stura, vor allem wegen seines Mineralwassers und dem Thermalbad Terme di Vinadio. Schon die Römer haben das belebende Thermalwasser, das bei Bagni aus dem Fels sprudelt, genutzt. Eine Talstufe höher vermittelt der archaische Weiler San Bernolfo den Zugang ins Collalunga-Hochtal, das mit zwei hübschen Bergseen bezaubert.

Ausgangspunkt: Parkplatz, 1663 m, kurz vor San Bernolfo, 1702 m, letzter Weiler im Vallone dei Bagni, einem Seitental des Val Stura, 16 km von Vinadio.
Markierung: Gelb, Hinweisschilder.
Höhenunterschied: 640 m.
Anforderungen: Leichte Wanderung, zur Hälfte auf einer Naturstraße, bis zum Lago di San Bernolfo familientauglich.
Beste Jahreszeit: Juni bis Oktober.
Einkehr und Unterkunft: Rifugio de Alexandris Foches al Laus, 1910 m, 20 Betten, Tel. +39/349/7481478 oder +39/338/8727984, rifugiolaus.it. Mehrere Hotels in Bagni di Vinadio, 6 km talabwärts. Charmant liegt das Albergo Strepeis in der Frazione Strepeis, auch Posto Tappa GTA, Tel. +39/0171/95831. Sehr empfeh-

Lago di San Bernolfo.

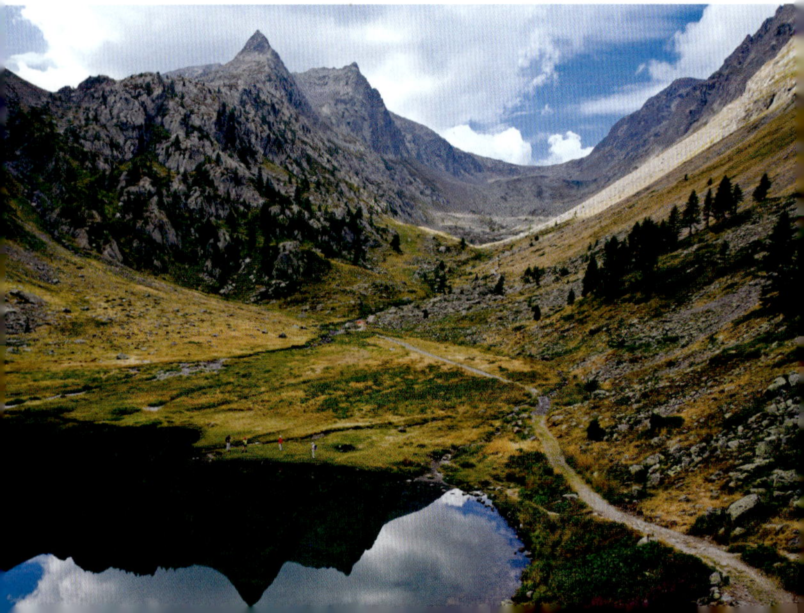

lenswert auch das Hotel Corborant in Bagni di Vinadio mit eigenem Schwimmbad und ausgezeichneter Küche, Tel. +39/ 0171/95841, hotelcorborant.com.

Variante: Wer es anspruchsvoller mag, kann weiter zum Grenzpass aufsteigen, nordwestlich zum Colle Seccia und Lago di Seccia, 2490 m, queren und eine Runde über die Guglia di San Bernolfo schlagen, ca. 2.30 bis 3 Std. zusätzlich.

Karte: Fraternali editore 1:25.000, Blatt 13 Alta Valle Stura di Demonte oder IGN Alpes sans Frontières 1:25.000, Blatt 6 Haute Tinée. Alta Val Stura.

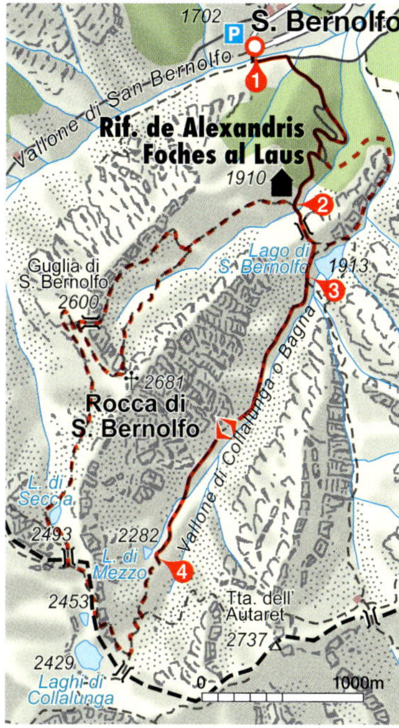

San Bernolfo (1) hat die Wissenschaftler zum Grübeln gebracht, denn die Häuser sind, völlig untypisch für die Gegend, in Blockbauweise ähnlich den Walsersiedlungen im Norden Piemonts erbaut. Leider wurden die ehemaligen Strohdächer mittlerweile durch Blechdächer ersetzt. Seit 1959 wird San Bernolfo nur noch im Sommer bewohnt. Vom Parkplatz an der Rechtskurve vor dem Ort biegen wir links in den Fahrweg, der uns über die Brücke und dann leicht abwärts zu einer Weggabelung führt. Dort steigen wir rechts bergwärts durch Wald voller Himbeerbüsche, die im August zum Naschen verführen. Sobald sich der Wald lichtet, passieren wir das **Rifugio de Alexandris-Foches al Laus (2)**, 1910 m. Nach wenigen Metern erreichen wir einen kleinen Sattel, und der idyllische **Lago di San Bernolfo (3)**, 1913 m (0.45 Std.), liegt uns zu Füßen. Man kann aber auch schon in der letzten Rechtskurve vor der Hütte links auf den grün markierten Sentiero Naturalistico abbiegen, der direkt zum Lago di San Bernolfo führt. Wir passieren den See an seiner Westseite und steigen dann steil talaufwärts zum **Lago di Mezzo (4)**, 2282 m (1.30 Std.). Der Rückweg nach **San Bernolfo (1)** erfolgt auf derselben Route.

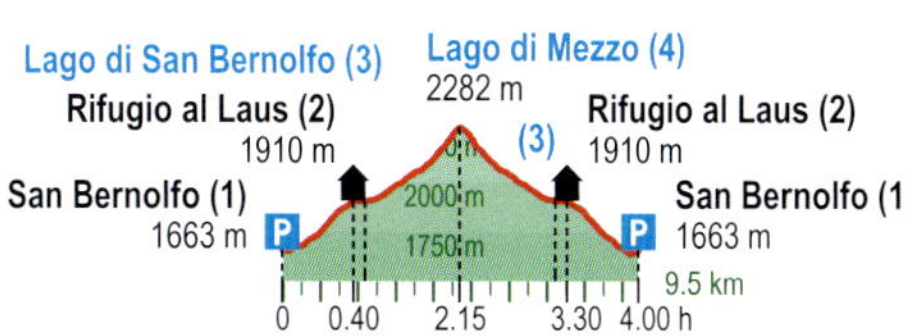

30 Rifugio Migliorero, 2094 m

3.00 Std.

Wie ein Schloss über dem Moorsee

Fast fühlt man sich nach Schottland versetzt, umso mehr, wenn vom Tal Nebelfetzen heraufziehen, die den schlossähnlichen Steinbau und das Moorgelände zu seinen Füßen mystisch verhüllen. Die Hütte, von einem reichen Gönner erbaut, thront auf einem glazialen Hügel über dem Lago inferiore dell'Ischiator und ist ein beliebtes Ausflugsziel an Wochenenden. Der Zustieg ist leicht und kurz, man kommt zum Essen, Bummeln, Liegen, Sonnenbaden und Relaxen und träumt in den Himmel, der von wuchtigen Berggestalten, darunter der markante Grenzgipfel des Becco Alto d'Ischiator, umsäumt ist.

Ausgangspunkt: Parkplatz, 1580 m, am Ende der öffentlich zugänglichen Straße im Vallone dell'Ischiator. Zufahrt von Vinadio über Bagni 15 km.
Markierung: Rot-weiß, Hinweisschilder.
Höhenunterschied: 510 m.
Anforderungen: Familienfreundliche Wanderung auf meist breitem Weg.
Beste Jahreszeit: Juni bis Oktober.
Einkehr und Unterkunft: Rifugio Migliorero, 2094 m, bewirtschaftet Mitte Juni bis Mitte Nov., Tel. +39/0171/95802 oder +39/338/8009474, HP nur für Weitwanderer, ansonsten muss man sich selbst versorgen.

Variante: Wer mehr im Sinn hat als einen gemütlichen Spaziergang, dem sei der Becco Alto d'Ischiator empfohlen. Der Gipfel, der den Talschluss dominiert, bietet eine gewaltige Rundsicht von den Seealpen bis zum Monviso und den Schneegipfeln des Écrins. Seine Besteigung ist durchaus anspruchsvoll, beinhaltet aber keine Kletterei. Vom Rifugio benötigt man 2.30 Std. bis zum Gipfel.
Karte: Fraternali editore 1:25.000, Blatt 13 Alta Valle Stura di Demonte oder IGN Alpes sans Frontières 1:25.000, Blatt 6 Haute Tinée.

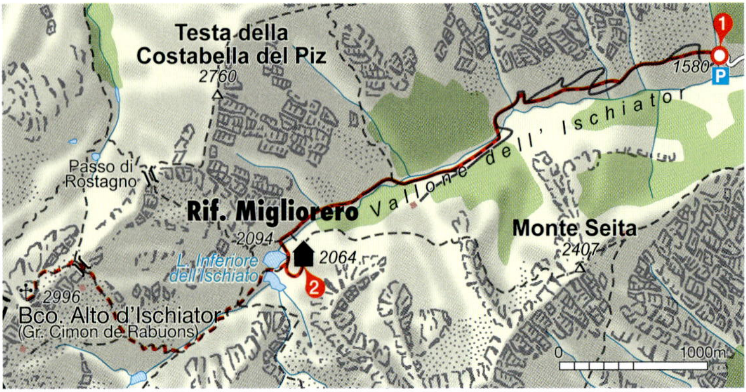

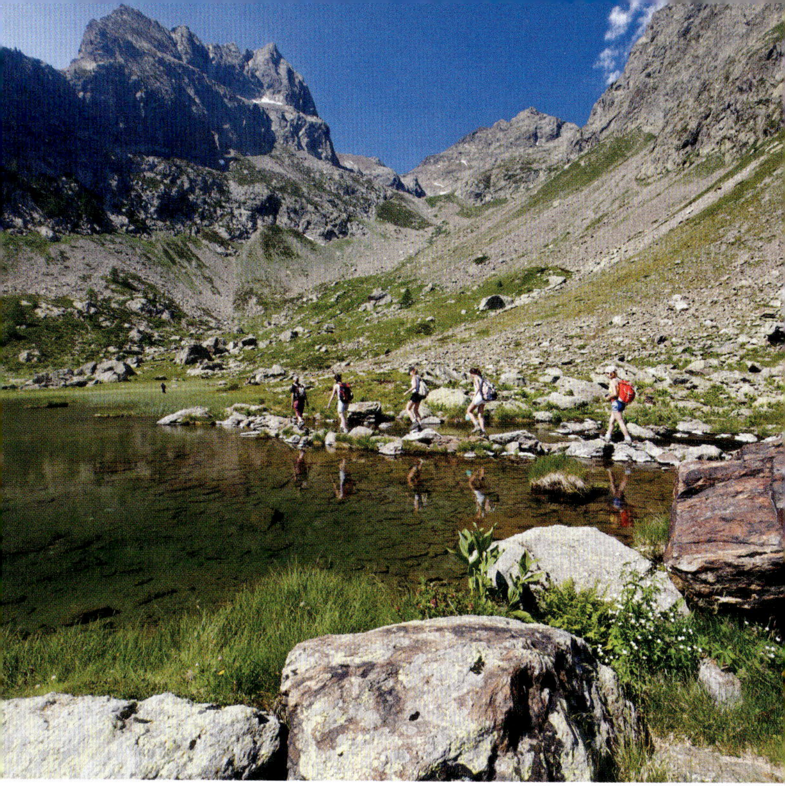

Lago inferiore dell'Ischiator direkt am Rifugio Migliorero.

Vom **Parkplatz (1)** am Ende der Talstraße folgen wir der weiß-rot markierten Fahrpiste zunächst in sanfter Steigung und weiten Kehren talaufwärts. Ein Wanderweg kürzt immer wieder die Kehren ab. Wir passieren den hübschen Wasserfall **Cascata del Pisciai** und erreichen nach einer Brücke das Ende des Fahrweges. Der Wanderweg P 26 zieht sich nun in unmittelbarer Bachnähe weiter bergwärts zum **Rifugio Migliorero (2)**, 2094 m (1.45 Std.), hinter dem sich der idyllische Talboden mit See ausbreitet.

Auf dem Hinweg geht es zurück zum Ausgangspunkt.

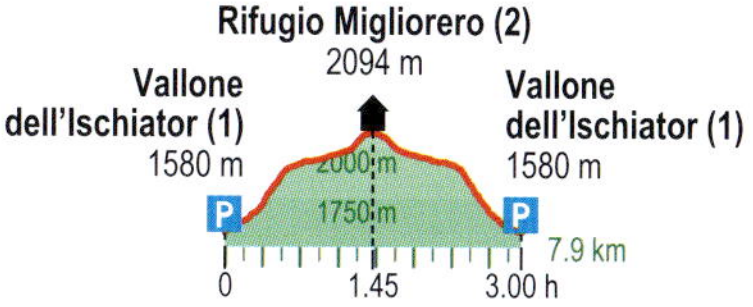

TOP **31**

Sant'Anna di Vinadio – Colle Saboulé, 2460 m

3.45 Std.

Historische Wege überm Wallfahrtsort

Das Santuario Sant'Anna di Vinadio, der höchstgelegene Wallfahrtsort Europas, bettet sich in eine bezaubernde Hochgebirgslandschaft. Ein Ort, an dem man Kraft schöpfen kann, innere Einkehr findet, Menschen aus aller Welt für anregende Gespräche trifft, wo man aber auch in aller Stille herrliche Spaziergänge unternehmen kann. Eine der schönsten Wanderungen führt auf alten Kriegswegen zu historischen Passübergängen und zahlreichen Seen. Dabei umrundet man die Cimes du Lausfer im Grenzkamm und hat somit nicht nur Weitblick bis zum Monviso, sondern auch über die französischen Seealpen Richtung Mittelmeer.

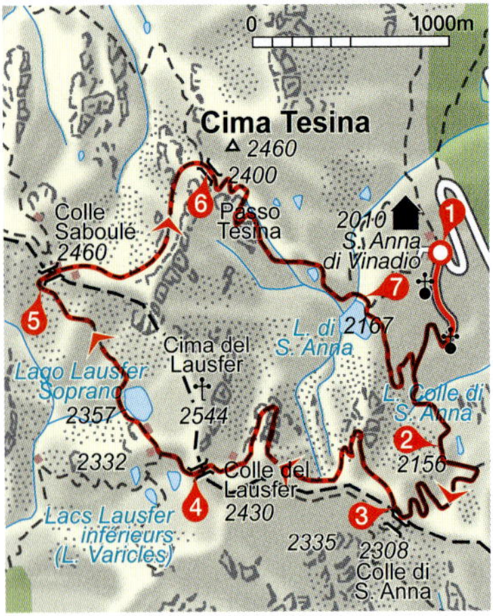

Ausgangspunkt: Sant'Anna di Vinadio, Wallfahrtsort an der Passstraße zum Colle della Lombarda, 17 km von Vinadio im Val Stura. Auffallend bei der Anfahrt sind die vielen Steinmännchen: Eine alte Tradition der Pilger, die zu Fuß unterwegs sind, an der Stelle einen Stein zu legen, an dem sie das Kloster zum ersten Mal erblicken.
Markierung: Rot-weiß, Hinweisschilder.
Höhenunterschied: 540 m.
Anforderungen: Überwiegend Militärwege, die wegen der groben Pflasterung eine gewisse Trittsicherheit verlangen.
Beste Jahreszeit: Juli bis Oktober, am schönsten zur Herbstfärbung.
Einkehr und Unterkunft: Posto tappa im Santuario Sant'Anna di Vinadio, Tel. +39/0171/959125, santannadivinadio.it.
Karte: Fraternali editore 1:25.000, Blatt 13 Alta Valle Stura di Demonte.

Vom Santuario in **Sant'Anna di Vinadio (1)** folgen wir der Teerstraße ca. 500 m nach Süden bis zu ihrem Ende am heiligsten Punkt im Gelände, dem einzeln stehenden Felsblock mit der Marienstatue, 2066 m. Wir passieren den mit einer Treppe versehenen Stein auf einem grob gepflasterten Militärweg. Am **Lago del Colle di Sant'Anna (2)**, 2156 m, vorbei leitet uns die breite Piste in weiten Kehren auf den Grenzkamm, der am **Colle di Sant'Anna (3)**, 2308 m, erreicht wird. Das Sträßchen zieht weiter auf italienischer Seite, nun als bequemer Panoramaweg, durch die Gesteinswüste. Mit herrlichen Tiefblicken auf das Santuario und den Lago di Sant'Anna erreichen wir

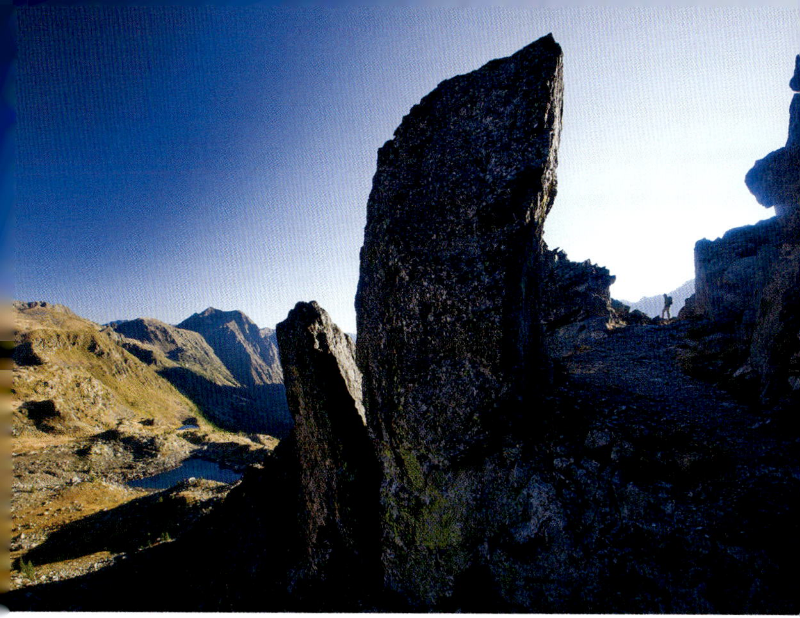

Lago di Sant'Anna – Blick vom Höhenweg zum Col du Lausfer.

weiter westlich den **Colle del Lausfer (4)**, 2430 m. Wir wechseln auf die französische Seite, steigen nun auf schmalem Pfad leicht ab, links von uns die drei Seelein Lacs Lausfer inférieurs, dann geht es rechts über einen Wiesensattel zum **Lago Lausfer Soprano** (Lac Lausfer supérieur), 2357 m. Der Pfad führt an seinem Westufer entlang und steigt dann in den **Colle Saboulé (5)**, 2460 m (0.45 Std.), von wo sich bei klarer Sicht im Norden der Monviso zeigt. Wir stoßen wieder auf ein Militärsträßchen, das nordöstlich in leichtem Abstieg in den **Passo Tesina (6)**, 2400 m, zieht. Weiter südöstlich zum **Lago di Sant'Anna (7)**, 2167 m, hinunter und zurück nach **Sant'Anna di Vinadio (1)**.

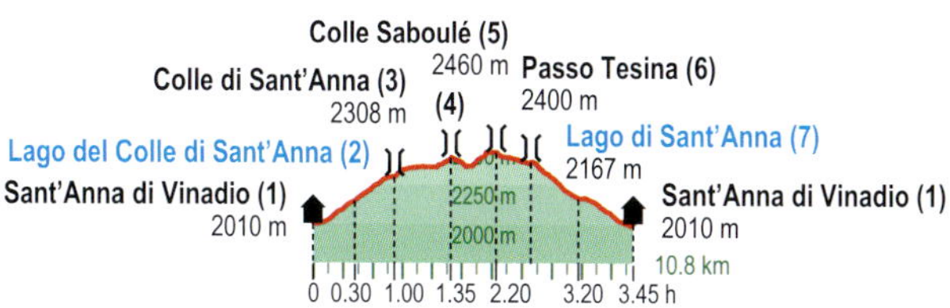

32 Gorgie della Reina, 1180 m

2.00 Std.

Aufregende Schlucht über Entracque

Entracque, abgeleitet vom lateinischen »inter aquas«, liegt »zwischen den Wassern« des Rio Bousset und Gesso della Barra. Das charmante Dorf ist ein guter Ausgangspunkt für Touren in den nahen Parco Naturale delle Alpi Marittime. Doch auch schon die dolomitenähnlichen Felsformationen über dem Ort lassen sich auf spannende Weise erkunden. Wanderer zieht es zur wilden Schlucht der Gorgie della Reina hinauf, und Ferrata-Fans können mit den angrenzenden Wandfluchten auf Tuchfühlung gehen (Tour 33).

Ausgangspunkt: Entracque, 904 m, im Gesso-Tal. Täglich Bus von/nach Cuneo.
Markierung: Gelb, blau, Hinweisschilder.
Höhenunterschied: 300 m.
Anforderungen: Leichte Bergwanderung. Nach Regenfällen ist wegen Steinschlag und Überflutungsgefahr von einer Begehung der Schlucht abzuraten.
Beste Jahreszeit: April bis November, am schönsten zur Frühlingsblüte Mai/Juni.
Einkehr und Unterkunft: Entracque: Hotel Miramonti, Tel. +39/0171/978222; Hotel Trois Etoiles, Tel. +39/0171/978283, hoteltroisetoiles.com; Albergo Pagari, Tel. +39/0171/978056. Tipp: Locanda del Sorriso im Weiler Trinità, 5 km von Entracque, Tel. +39/0171/978388, locandadelsorriso.com.
Hinweis: Entracque ist berühmt für seine Kartoffeln, die nirgends so gut gedeihen wie hier. Alljährlich am ersten Wochenende im Sept. findet die »Festa della Patate«, ein großes Kartoffelfest, statt.
Tipp: Das Centro Uomini e Lupi (Mensch und Wolf) bietet zwei interaktive Shows (eine in Entracque neben dem Tourismusbüro und eine im nahen Wolfspark), bei denen Besucher auf spannende Weise in die brisante Thematik eingeführt werden. Eintritt 10 Euro, Shows mit Kopfhörern auch auf französisch und englisch, centrouominielupi.it.
Karte: Wanderkarte Blu Edizioni 1:25.000, Cartoguida 1 Parco Naturale delle Alpi Marittime oder Fraternali editore 1:25.000, Blatt 15 Valle Gesso. Parco Naturale delle Alpi Marittime.

Wir schlagen in **Entracque (1)** an der Kirche **San Antonio** am östlichen Dorfrand den markierten Wanderweg zur Gorgie della Reina ein und steigen

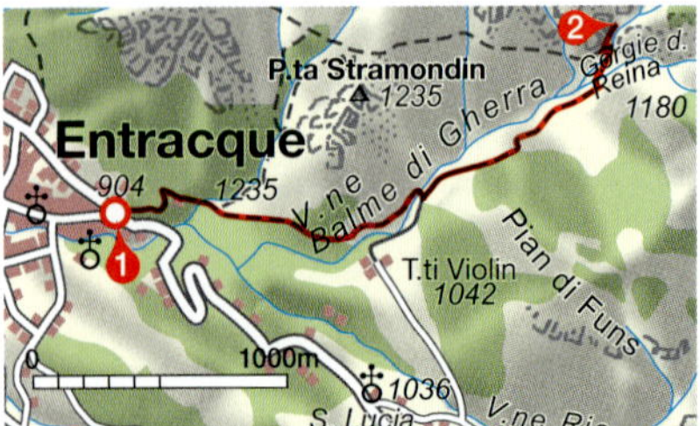

gegen Osten den Hang auf. Nach einer Rechtskurve wird der Weg flacher. Wir halten uns geradeaus (abzweigende Pfade ignorieren), überqueren zuerst eine Steinbrücke und nach etwa 15 Minuten eine Holzbrücke. Der Weg geht in eine Schotterpiste über, auf der wir uns nach links wenden und wenige Minuten später an der nächsten

Wegkreuzung rechts wieder in einen Pfad einbiegen. Durch Wiesen und Buschwerk geht es leicht aufwärts; der Abzweig Pian di Funs/Via Ferrata bleibt rechts liegen. Wir müssen nur noch ein kurzes Waldstück durchqueren, um an den Fuß der senkrechten Felswände und zum Einschnitt der **Gorgie della Reina (2)** zu gelangen. Jenseits des Baches kann die Schlucht ein kurzes Stück begangen werden – der eindrücklichste Part der Wanderung, der jedoch auch Trittsicherheit voraussetzt. Pfadspuren führen durch das fast trockene Bachbett (nicht nach Regenfällen!) und enden nach etwa 10 Minuten in einem wildromantischen Kessel mit Wasserfällen. Auf dem Hinweg kehren wir zurück zum Ausgangspunkt.

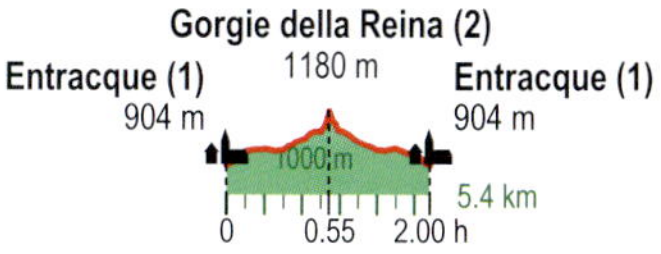

Entracque.

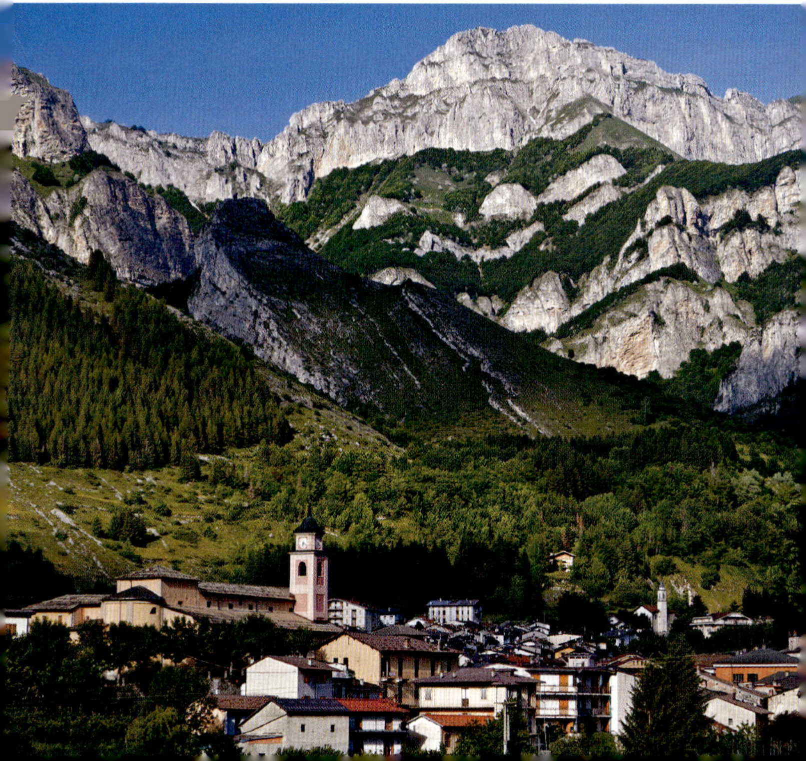

33 *Funs di Entracque, 1605 m*

4.00 Std.

Sportklettersteig auf einen feinen Aussichtsgipfel

Das Gesso-Tal wird gegen Osten durch einen mächtigen Kalkriegel abgeschlossen. Durch die eindrucksvollen Wandfluchten über Entracque zieht sich ein spannender Klettersteig. Die Route ist sehr abwechslungsreich, mit anspruchsvollen Senkrechten und einer schwindelnden Hängebrücke gewürzt, aber auch mit leichten Varianten, Wanderpassagen – und vor allem mit jeder Menge grandioser Ausblicke.

Ausgangspunkt: Parkplatz an der Kirche Santa Lucia, 1036 m, zwischen Entracque und Trinità. Anfahrt von Cúneo über Borgo San Dalmazzo und Valdieri. Von Entracque weiter Richtung Trinità, bis links die Kirche Santa Lucia auftaucht.
Markierung: Gelb, Hinweisschilder.
Höhenunterschied: 580 m.

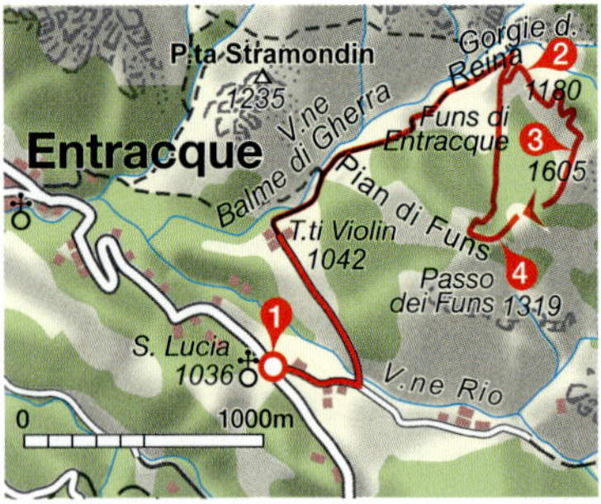

Anforderungen: KS 3/KS 5-B, fast schon zu üppig gesichert. Über zwei leichtere Varianten lassen sich die Überhänge umgehen. Ausstiegsmöglichkeit (Querung zum Passo dei Funs) nach dem ersten Abschnitt. Vormittags zum großen Teil im Schatten.
Beste Jahreszeit: April bis November.
Einkehr und Unterkunft: Entracque: Hotel Miramonti, Tel. +39/0171/978222; Hotel Trois Etoiles, Tel. +39/0171/978283, hoteltroisetoiles.com; Albergo Pagari, Tel. +39/0171/978056. Tipp: Locanda del Sorriso im Weiler Trinità, 5 km von Entracque, Tel. +39/0171/978388, locandadelsorriso.com.
Tipp: Gorgie de la Reina: eindrückliche Klamm am Fuß des Klettersteigs.
Karte: Wanderkarte Blu Edizioni 1:25.000, Cartoguida 1 Parco Naturale delle Alpi Marittime oder Fraternali editore 1:25.000, Blatt 15 Valle Gesso, Parco Naturale delle Alpi Marittime.

Von **Santa Lucia (1)**, 1036 m, folgt man dem Sträßchen zur Häusergruppe von **Tetti Violin**, 1042 m. Auf einem Waldweg erreicht man in Kürze eine erste Schautafel und folgt rechts den Hinweisschildern Richtung Reina-Schlucht. Bald zweigt der Ferratazustieg rechts ab und leitet zum **Einstieg (2)** am Wandfuß, 1236 m. Die rund 150 Meter hohe Senkrechte hat es in sich, doch vor den anspruchsvollen Überhängen kann auf eine etwas leichtere Variante ausgewichen werden. Auf ihr geht es in kräftigem Anstieg einen Waldhang hinauf und zum nächsten Wandfuß (15 Min.). Der Pfad nach rechts bietet einen Zwischenausstieg. Der zweite Klettersteigabschnitt beginnt relativ leicht und verzweigt sich dann. Route 2 nach links führt in leich-

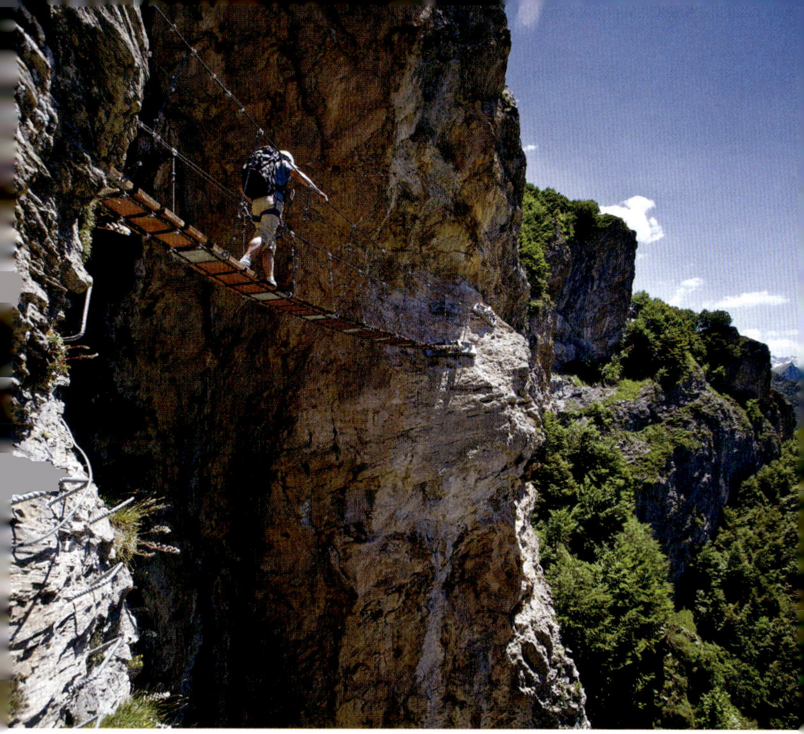

Via ferrata dei Funs di Entracque – Klettersteig oberhalb Entracque.

ter Kletterei zum **Vorgipfel**, Route 1 nach rechts kann als schwierig eingestuft werden: In der senkrechten ersten Partie beansprucht ein Überhang die Nerven, dann folgt eine luftige Querung zu einer Hängebrücke, kurz danach um ein felsiges Eck und leicht hinauf zum Vorgipfel, 1575 m. Ein Pfad zieht dann weiter den waldigen Kamm entlang zum Hauptgipfel der **Funs di Entracque (3)**, 1605 m.

Rückweg: Westseitig über gesicherte Felsstufen und Grasbänder, zuletzt auf einem Waldpfad zum **Passo dei Funs (4)**, 1319 m. Der gelb markierte Wanderpfad quert rechts zum Zustieg. Anschließend auf bekanntem Weg zurück nach **Santa Lucia (1)**.

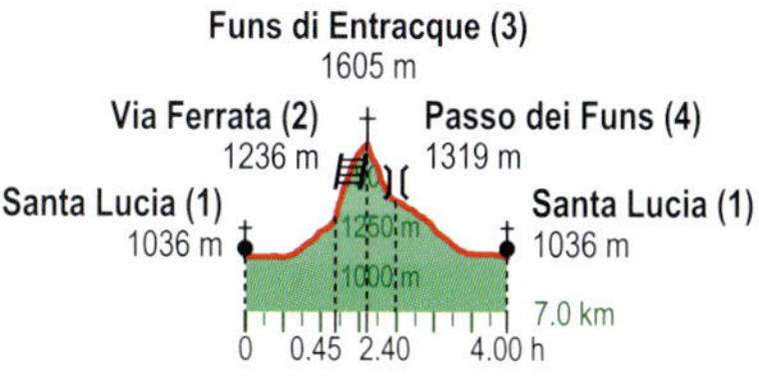

34 Lago della Vacca, 2263 m

6.15 Std.

Einsames Tal mit Wasserfällen und See

Trinità, ein kleiner Weiler der Gemeinde Entracque, wurde vom Orden der Reiter der Heiligen Dreieinigkeit ursprünglich als Pilgerstation gegründet – durch das Sabbione-Tal verlief eine der Jakobsrouten nach Santiago de Compostela. Der Weg durch das ursprüngliche Tal, das sich an der Gias d'Ischiator mit dem Vallone del Bousset vereint, wurde lange Zeit auch als »Via del Sale« genutzt. Heimliche Salzstraßen gab es in der Gegend viele, um den zollpflichtigen Übergang am Tenda-Pass zu umgehen. Heute trifft man hier nur ein paar einsame Wanderer und, besonders im Bergfrühling, eine unglaubliche botanische Vielfalt. Nicht zuletzt ist die Locanda del Sorriso eine äußerst angenehme Wanderherberge mit feiner lokaler Küche.

Ausgangspunkt: Parkplatz an der Ponte di Porcera, 1083 m, oder Locanda del Sorriso, Trinità, 1091 m, 1,5 km davor. Im Sommer besteht Navette-Verbindung mit Entracque.
Markierung: Rot, Hinweisschilder.
Höhenunterschied: 1220 m.
Anforderungen: Bis zu den Ischietto-Wasserfällen leichte Familienwanderung, dann steilerer Pfad, im letzten Abschnitt kurz vor dem See auch etwas ausgesetzt.
Beste Jahreszeit: Juni bis Oktober.
Einkehr und Unterkunft: Unterwegs keine; Locanda del Sorriso im Weiler Trinità, 5 km von Entracque, Tel. +39/0171/978388 oder +39/346/8720800, locandadelsorriso.com.
Variante: In 10 Min. kann am Colle Ovest del Sabbione, 2328 m, der Fuß auf französischen Boden gesetzt werden.
Karte: Wanderkarte Blu Edizioni, 1:25.000, Cartoguida 1 Parco Naturale delle Alpi Marittime oder IGN Alpes sans Frontières 1:25.000, Blatt 4 Vallée des Merveilles. Val Vermenagna oder IGC 1:25.000, Blatt 114 Limone Piemonte.

Vom Parkplatz an der **Ponte di Porcera (1)** wandern wir auf breitem Weg taleinwärts zur **Ponte del Suffiet (2)**, 1185 m, eine vermutlich römische Steinbrücke, die sich fotogen über die mit Strudeltöpfen modellierte Bachschlucht wölbt. Wir überqueren diese, folgen durch Buchenwald weiter dem Forstweg an der orografisch rechten Seite des Bousset-Baches und erreichen die **Gias d'Ischietto (3)**, 1360 m (0.40 Std.), mit ihrem fantastischen

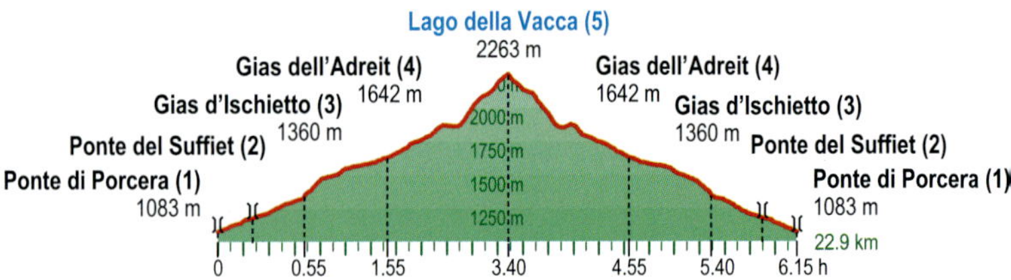

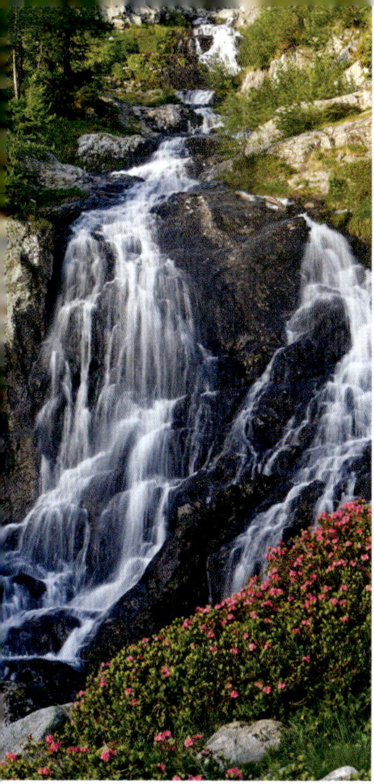

Wasserfall oberhalb des Lago della Vacca.

Blick auf die Ischietto-Wasserfälle. Der Forstweg biegt noch vor den Alpgebäuden nach links, steigt steiler an und verengt sich bald zu einem Pfad. Dem Bachlauf entlang, vorbei an der Gias Valera, 1517 m, danach wechseln wir das Ufer und erreichen die **Gias dell'Adreit (4)**, 1642 m. Weiter das Vallone del Sabbione hinauf in einen weiten Alpboden. Dort überqueren wir den Bach erneut, um jenseits, südlich, in steilen Kehren aufzusteigen, wo die alte Handelsroute kunstvoll in den Fels gehauen ist. Fast eben quert sie hier unter dem italienisch-französischen Grenzkamm zum idyllischen **Lago della Vacca (5)**, 2263 m.
Der Rückweg erfolgt auf dem Hinweg.

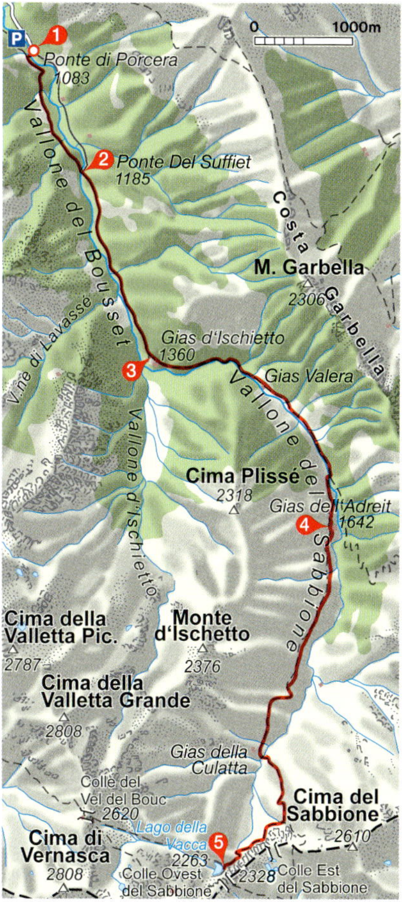

35 Rifugio Pagari – Rifugio Soria-Ellena

2 Tage

Mit den südlichsten Gletschern auf Tuchfühlung

Auf den Nordseiten der Grenzgipfel zwischen Monte Gelas und Monte Clapier, den südlichsten Dreitausendern, fristen die südlichsten Gletscher des Alpenbogens – nur 60 Kilometer Luftlinie vom Mittelmeer entfernt – wohl ihre letzten Jahre. Die Klimaerwärmung hat ihnen bereits arg zugesetzt. Neben wenigen Firnfeldern überwiegen die »Ghiacciai neri« (schwarzen Gletscher): mit Blockwerk und Moränenschutt bedecktes Eis und daher als Gletscher nicht sofort erkennbar. Ein alpiner Höhenweg führt durch diese faszinierende Hochgebirgslandschaft; er verbindet nicht nur zwei der Gesso-Täler, sondern auch zwei besuchenswerte Hütten, in denen die kulinarischen Genüsse nicht zu kurz kommen.

Vallone del Gesso della Barra mit Gelas.

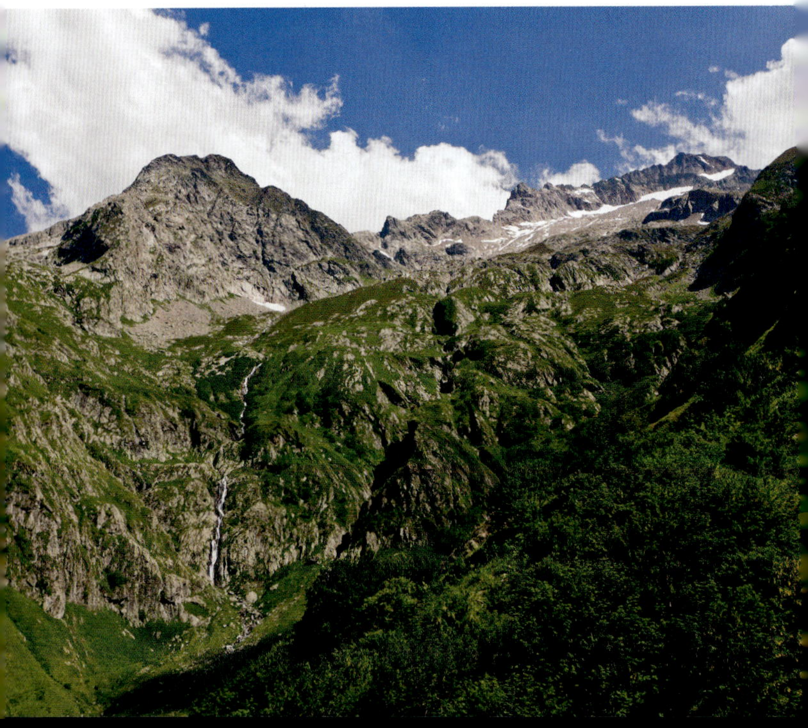

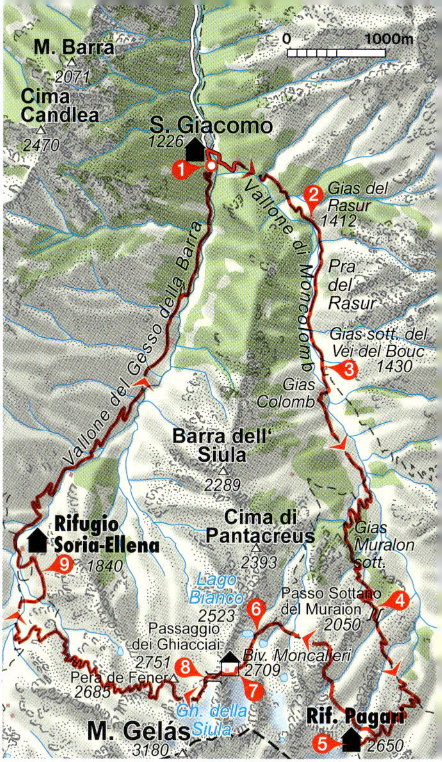

Ausgangspunkt: San Giacomo, 1226 m, im Vallone del Gesso della Barra, 9 km von Entracque. Busverbindung (Servizio Navette) Juni bis Anfang Sept.
Markierung: Rot, Hinweisschilder, Steinmännchen.
Höhenunterschied: 1860 m.
Anforderungen: Problemlose Hüttenwege. Steilaufstieg zum Rifugio Pagari, nicht nur die höchstgelegene Hütte der Seealpen, sondern auch die mit dem längsten Zustieg. Der Höhenweg zwischen dem Rifugio Pagari und dem Rifugio Soria-Ellena ist eine alpine Route über Blockfelder und Gletscherreste, weglos, jedoch gut markiert. Bei Nebel Orientierungsschwierigkeiten, bei Kälte Vereisungen, die Steigeisen notwendig machen. Man sollte sich im Rifugio Pagari vorher unbedingt über die Verhältnisse erkundigen.
Beste Jahreszeit: Ende Juni bis September.
Einkehr und Unterkunft: Rifugio Pagari, 2650 m, Mitte Juni bis Mitte Sept., 24 Plätze, Winterraum, Tel. +39/0171/978398 oder +39/380/7108075, rifugiopagari.com; Bivacco Moncalieri, 2709 m, immer offen, 8 Betten mit Matratzen und Decken; Rifugio Soria-Ellena, 1840 m, Mitte Juni bis Mitte Sept., Mai bis Okt. an Wochenenden, 70 Plätze, Winterraum, Tel. +39/0171/978382 oder 351/6743073, rifugiosoria.com; Rifugio San Giacomo, Parkhütte mit Abendessen nebenan in der Baita Monte Gelas, Ostern bis Spätherbst, Slow-Food, Tel. +39/0171/978704 oder +39/333/4173912, bmgelas.com.
Karte: Wanderkarte Blu Edizioni 1:25.000, Cartoguida 1 Parco Naturale delle Alpi Marittime oder Fraternali editore 1:25.000, Blatt 15.

1. Tag: San Giacomo, 1226 m – Rifugio Pagari, 2650 m

4.30 Std., 1440 m im Aufstieg, 10 m im Abstieg.

Vom Parkplatz oder der Albergo von **San Giacomo (1)** etwa 100 Meter talauswärts (nördlich) biegen wir rechts in das Sträßchen, das über die Brücke führt und östlich in das Vallone di Moncolomb aufsteigt. An den königlichen Jagdhäusern geht der Teer- in einen Karrenweg über. Nach der **Gias del Rasur (2)**, 1412 m, durchwandern wir den flachen Talboden der Pra del Rasur (botanische Vielfalt), passieren die **Gias sottano del Vei del Bouc (3)**,

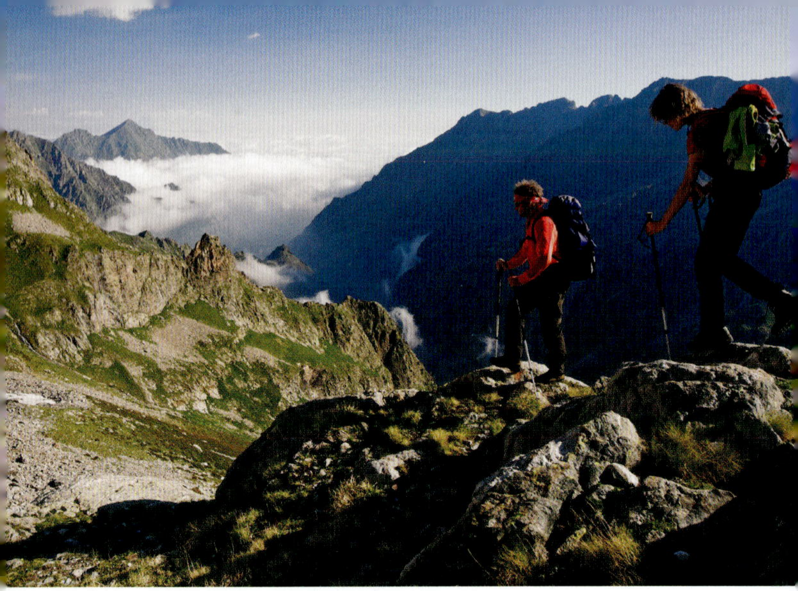

Höhenweg vom Rifugio Pagari zum Lago Bianco.

1430 m, und gehen an der nächsten Weggabelung rechts. Nach Überquerung einer Brücke an der Gias Colomb geht es noch eine Weile in angenehmer Steigung der orografisch linken Talseite entlang, bevor der Pfad dann rechts südwestlich über die Gias Muraion sottano, 1843 m, in steilen Kehren den **Passo sottano del Muraion (4)**, 2050 m, gewinnt. Noch sind weitere 600 Höhenmeter zu meistern. Nach einer etwa dreiviertelstündigen Querung Richtung Südosten knickt die Route nach Südwesten (Abzweig zum Lago

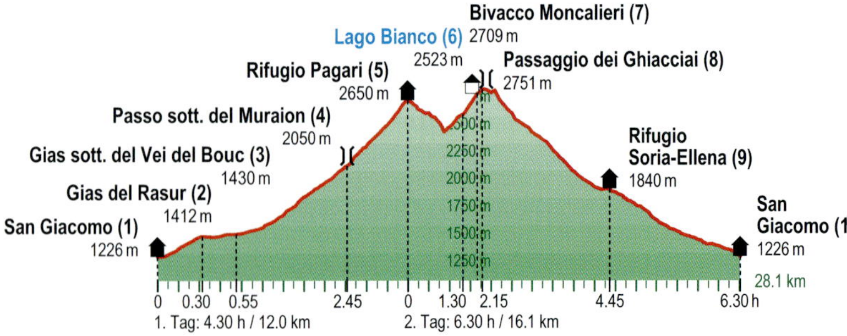

Bianco dell'Agnel ignorieren) und zickzackt hinauf zum **Rifugio Pagari (5)**, 2650 m, das aussichtsreich am Rande der Karmulde unter der Cima della Maledia thront. Ein Krug Gerstensaft sei hier empfohlen, denn der Hüttenwirt Aladar braut sein Bier tatsächlich selbst. Auch das Abendessen sorgt mit vollwertigen Zutaten für angenehme Überraschung. Direkt neben der Hütte hält sich eine Steinbockkolonie auf.

2. Tag: Rifugio Pagari, 2650 m – San Giacomo, 1226 m

6.30 Std., 420 m im Aufstieg, 1850 m im Abstieg.

Von der Weggabelung an der Hütte nehmen wir den linken Pfad, der rot markiert in einer Querung nordwestlich leicht abwärts zu einem felsigen Eck führt. Wir überqueren weiter leicht abwärts einen zweiten (Passo sopr. del Muraion, 2430 m) und dritten Ausläufer. Kurz dahinter bei ca. 2400 m zieht die Route links einen Alpenrosenhang hinauf, dann über Gletscherschliffe zum ersten See und rechts über ein Blockfeld westlich hoch zum zweiten See der **Laghi Bianci (6)**, 2523 m (1.30 Std.). Wir ignorieren das Wegkreuz rechts nach San Giacomo und folgen vom Ausfluss links der Markierung durch einen Moränenhang (evtl. Schneefelder) auf die Felsterrasse mit dem **Bivacco Moncalieri (7)**, 2709 m (0.30 Std.). Schnell ist von dort der **Passaggio dei Ghiacciai (8)**, 2751 m, gewonnen. Nun geht es die Cresta Ghiacciai (Nordgrat der Cima Chafrion) entlang bis kurz vor den Gipfelaufbau. Dann wechselt die Markierung auf die Westseite, wo wir zu Firnfeldern absteigen und diese westlich zu einem Moränensattel queren. Es folgt ein steiler und rutschiger Abstieg durch dessen westseitigen Schutthang. Wir steuern den auf einer Terrasse liegenden markanten Felsblock **Pera de Fener**, 2685 m, an (1 Std.), wo wir wieder auf einen gut sichtbaren Pfad stoßen, der uns in vielen Serpentinen in das Vallone del Gesso della Barra zum **Rifugio Soria-Ellena (9)**, 1840 m, führt (1.45 Std.). Wie eine Pagode thront das hohe Haus über dem Piano del Praiet; auf Vorbestellung gibt's hier sogar asiatische Gerichte. Zurück nach **San Giacomo (1)** (1.45 Std.) führt ein für den öffentlichen Verkehr gesperrter Fahrweg talauswärts durch prächtige Wiesenhänge, die im Juni mit Feuerlilien übersät sind. Bus: um 16 Uhr Servizio Navette nach Entracque.

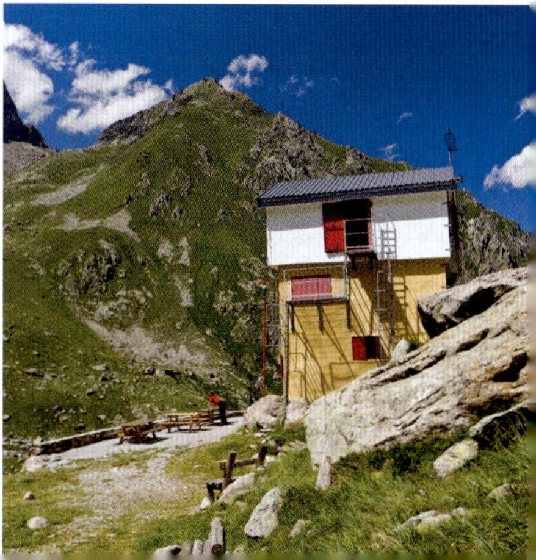

Rifugio Soria-Ellena.

36 Rifugio Dante Livio Bianco, 1890 m

5.00 Std.

Auf königlichen Jagdsteigen zu den Sella-Seen

In Sant'Anna di Valdieri steht noch die alte Sommerresidenz des Königs Vittorio Emanuele II. Wir wollen seinen Spuren folgen, durch das Valle della Meris hinauf zu den Sella-Seen, wo sich seine Gemahlin, Königin Helena, gerne zum Angeln aufhielt, während die Herren auf Jagd gingen. Direkt am unteren See lädt das Rifugio Dante Livio Bianco zur Rast ein.

Ausgangspunkt: Sant'Anna di Valdieri, 963 m. Von Juni bis Anfang Sept. Busverbindung (Servizio Navette) mit Entracque.
Markierung: Rot, Hinweisschilder und Steinmännchen.
Höhenunterschied: 940 m.
Anforderungen: Gut markierte Mulattiera mit ein paar steileren Abschnitten.
Beste Jahreszeit: Ende Juni bis September; im Frühsommer muss mit Altschneefeldern gerechnet werden.
Einkehr und Unterkunft: Albergo Balma Meris, Tel. +39/0171/97459 oder +39/371/3565914, balmameris.com; Rifugio Dante Livio Bianco, 1890 m, bewirtschaftet Mitte Juni bis Mitte Sept., 62 Plätze, Winterraum, Tel. +39/0171/97328, rifugioliviobianco.com.
Variante: Versierte Berggänger starten vom Rifugio zur Besteigung des Monte Matto. Dazu folgt man der gelb markierten Mulattiera zum Lago soprano della Sella (1.15 Std.). Dann ostseitig des Sees Richtung Colle Valmiana bis zu einem kleinen Pass, wo nach links Steinmännchen südöstlich zum Laghetto del Matto, 2538 m, leiten, dann nordöstlich zum obersten See der Laghi del Matto. Die Route steigt südöstlich in die Forcella del Matto, 3035 m, dort links zum Ostgipfel des Monte Matto, 3088 m (3 Std.).
Hinweis: In Sant'Anna drehte sich einst alles um den Roggen. Um die Geschichte wieder lebendig zu machen, wurde das Ökomuseum des Roggens eingerichtet – mit einem ansprechenden Rundlehrpfad (ca. 1.30 Std.) zu den heute verlassenen Weilern Tetti Bartola und Tetti Bariau. Außerdem findet jedes Jahr am zweiten Sonntag im August die Festa della segale, das Roggenfest, statt.
Karte: Wanderkarte Blu Edizioni 1:25.000, Cartoguida 1 Parco Naturale delle Alpi Marittime oder Fraternali editore 1:25.000, Blatt 15.

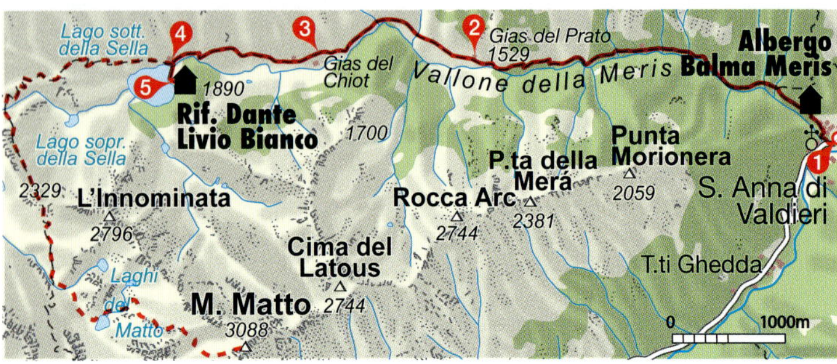

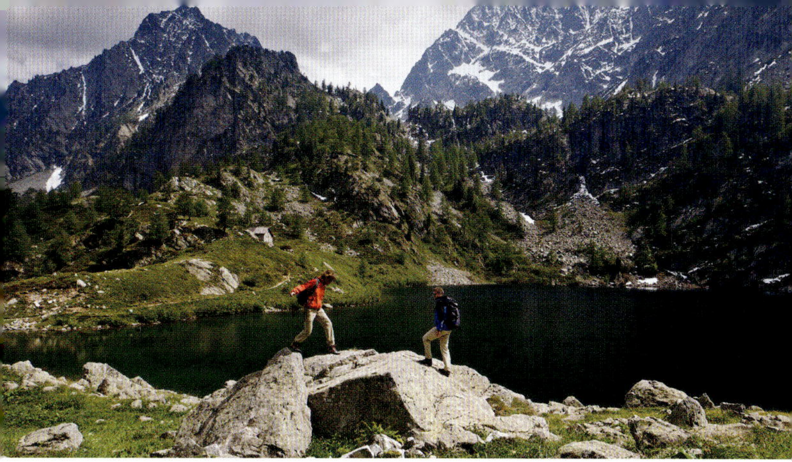

Lago sottano della Sella.

Am südwestlichen Dorfeingang von **Sant'Anna di Valdieri (1)** biegen wir in die Straße bergwärts vorbei am Albergo Balma Meris. Nach den letzten Häusern geht die Straße in einen wildromantischen Karrenweg über, der hoch über einem wildschäumenden Bach in das Vallone della Meris aufsteigt. Nach einer Waldpartie wird der Weg flacher, und wir wandern durch die offenen Alpgründe (voller Murmeltiere) an der **Gias del Prato (2)**, 1529 m, vorbei. Eine Talstufe höher passieren wir die **Gias del Chiot (3)**, 1700 m, das ehemalige königliche Jagdhaus und heutige Parkverwaltungsgebäude, und erreichen nach einem weiteren Anstieg gegen Westen den **Lago sottano della Sella (4)**, 1882 m, der sich in eine wilde Gebirgsszenerie bettet. Im Sommer bilden die blühenden Alprosenkissen am Ufersaum einen herrlichen Farbkontrast. Wir überqueren den Abfluss über eine Brücke, um das **Rifugio Dante Livio Bianco (5)**, 1890 m, zu erreichen, das erhöht über dem Ostufer des Sees thront. Auf dem Hinweg kehren wir zum Ausgangspunkt zurück.

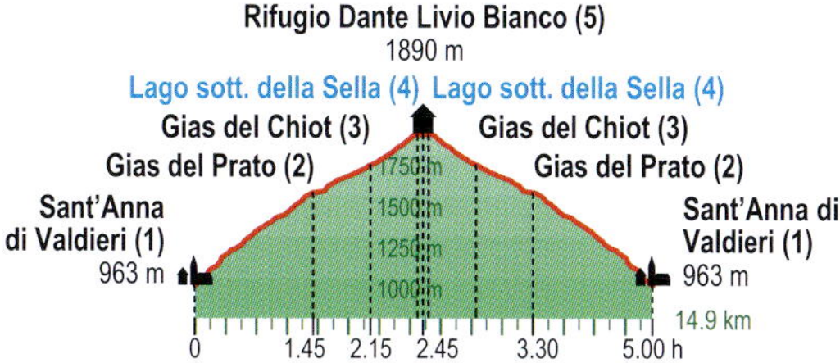

TOP **37**

Rifugio Emilio Questa, 2388 m

2 Tage

Seenrunde durchs königliche Jagdrevier

Schwefel- und bromhaltige Thermalquellen haben den Ort Terme di Valdieri berühmt gemacht. Die schon den Römern bekannten Heilquellen wurden später von der Königsfamilie rege genutzt. Das Hinaufkommen zu Fuß und mit Mulis war damals noch höchst beschwerlich, doch nach dem Bau einer Fahrstraße Mitte des 19. Jahrhunderts kamen adelige Gäste aus aller Welt. Auch heute noch lässt es sich in den dampfenden Badebecken wunderbar relaxen, wobei die Anlage noch den Charme der Belle-Epoque verströmt.

In den steilen Gebirgsflanken darüber verbergen sich herrliche Hochtäler, in denen das königliche Gefolge einst jagte. Zwischen den Weltkriegen wurden zahlreiche Militärwege angelegt, die den Wanderer heute in bequemer Steigung durch das steile Gelände führen. Die hier beschriebene Route führt durch das traumhafte Hochtal von Valasco mit dem restaurierten königlichen Jagdhaus hinauf zu mehreren Bergseen, die sich in farbig leuchtende Gebirgskessel betten.

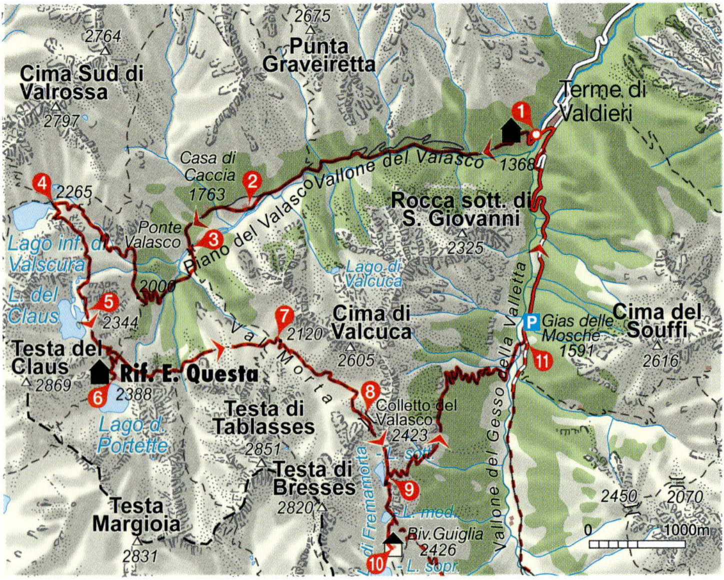

Ausgangspunkt: Terme di Valdieri, 1368 m, 16 km von Valdieri. Bus von Cuneo (Piazza Galimberti) Mo–Sa einmal tgl. Juli/Aug. zweimal tgl. 8.10/14.30 Uhr, Fahrplan: benese.it. Außerdem verkehrt ca. Ende Juli bis Ende Aug. zweimal tgl. ein Pendelbus zwischen Terme di Valdieri und Entracque.
Markierung: Rot-weiß, rot, Hinweisschilder.
Höhenunterschied: 1510 m.
Anforderungen: Bequeme Militärwege und Bergpfade, die etwas Trittsicherheit voraussetzen. Kräftige Höhenunterschiede. Anstatt sich eine stressige Tagestour anzutun, empfiehlt sich eine Aufteilung in zwei Etappen. Was gibt es Schöneres, als ein Bad oder eine lange Siesta an einem weltabgeschiedenen Bergsee?
Beste Jahreszeit: Juni bis Oktober, am schönsten im Frühling und im Herbst.
Einkehr und Unterkunft: Hotel Royal Terme Reali di Valdieri, Mitte Juni bis Mitte Sept., Tel. +39/0171/97106, termerealidivaldieri.it; Albergo Turismo, Anfang Mai bis Ende Sept., Tel. +39/0171/97334 oder +39/340/1423408, albergo-turismoterme-valdieri.it; Rifugio Valasco (königliches Jagdhaus), 1763 m, Anfang Mai bis Ende Sept., Tel. +39/0171/1935229, rifugiovalasco.it; Rifugio Emilio Questa, 2388 m, CAI, 15. Juni bis 15. Sept., 45 Betten, Winterraum, Tel. +39/0171/97338 oder +39/351/5835607, rifugioquesta.it.
Hinweis: Das Thermalbad (9–18 Uhr, halber Tag 20 €; inbegriffen bei Übernachtung im Hotel Royal) am Ausgangspunkt ist ideal, um seinen Muskeln nach ausgiebigen Wandertouren Entspannung zu gönnen.

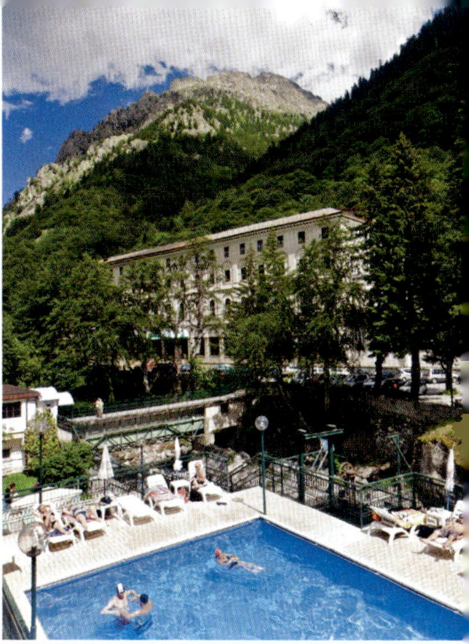

Terme di Valdieri.

Information: Besucherzentrum des Naturparks Alpi Marittime gegenüber vom Albergo Turismo mit Ausstellung, Film, Infos und Internet, Tel. +39/0171/97208, parcoalpimarittime.it.
Tipp: Auf dem Gelände des ehemaligen Englischen Gartens von Terme di Valdieri befindet sich heute der Botanische Garten Valderia, der einen interessanten Einblick in die Pflanzenwelt der Seealpen vermittelt. Geöffnet Mitte Juni bis Mitte Sept., 10–18 Uhr, 5 €.
Karte: Wanderkarte Blu Edizioni 1:25.000, Cartoguida 1 Parco Naturale delle Alpi Marittime oder Fraternali editore 1:25 000, Blatt 15.

1. Tag: Terme di Valdieri, 1368 m – Rifugio E. Questa, 2388 m

5.30 Std., 1080 m im Aufstieg, 60 m im Abstieg.

Etwas oberhalb des Thermalbads in **Terme di Valdieri (1)** befinden sich eine Park-Infostelle und ein botanischer Garten. Dort folgen wir der Schotterpiste westwärts hinauf in das Hochtal von Valasco. Nach einem steilen Anstieg wandern wir durch die flache Hochebene **Piano del Valasco** auf das mit zwei Türmen versehene Jagdhaus **Reale Casa di Caccia (2)**, 1763 m

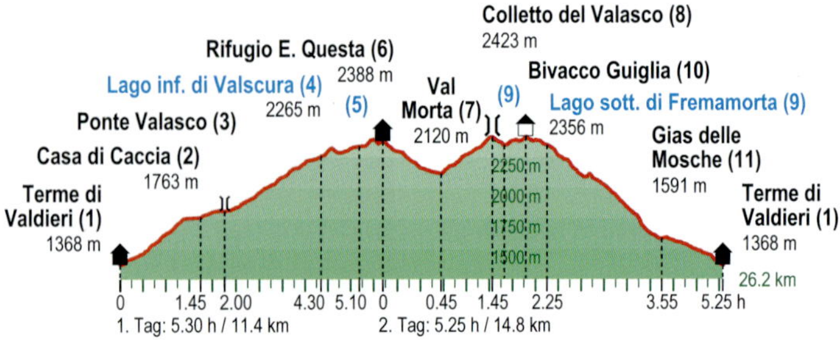

(1.45 Std.), zu, das König Vittorio Emanuele II. im Jahre 1868 errichten ließ. Das Fort-ähnliche Gebäude ist 1993 einem Brand zum Opfer gefallen und kürzlich durch einen Privatunternehmer renoviert worden. Die Piste steigt dann die südliche Talseite auf. Wir überqueren eine **Brücke** über einem Wasserfall, die **Ponte Valasco (3)**, halten uns am Wegkreuz Piano sup. del Valasco, 1813 m (0.15 Std.), rechts, und folgen einem Militärweg den Osthang des oberen Talkessels aufwärts. Nach 30 Minuten lassen wir den Direktzustieg zum Rifugio E. Questa links liegen. Der Militärweg quert den Hang nach Norden, zieht in einer ausholenden Kehre südwestlich durch einen Tunnel, dann nordwestlich durch das Valscura-Tälchen in den Gebirgskessel mit dem **Lago inf. di Valscura (4)**, 2265 m (2 Std.). An seinem Ostufer geht es links einen Hang hinauf. Als breiter Boulevard zieht die sorgfältig gepflasterte Militärstraße eben durch ein großes Blockfeld und erreicht nach einem kurzen Gegenanstieg den **Lago del Claus (5)**, 2344 m (0.40 Std.). Wir passieren ihn an seinem Ostufer und steigen am nächsten Wegkreuz rechts zum **Rifugio E. Questa (6)**, 2388 m (0.20 Std.), auf. Die Hütte thront in ausnehmend schöner Panoramalage über dem Lago delle Portette. Im Nordosten liegt uns die Valasco-Hochebene zu Füßen, über der sich eindrucksvoll der Monte Matto auftürmt.

2. Tag: Rifugio E.Questa, 2388 m – Terme di Valdieri, 1368 m

5.25 Std., ohne Gipfel: 430 m im Aufstieg, 1450 m im Abstieg.

Von der Hütte steigen wir kurz auf bekanntem Weg zur Weggabelung ab und queren nun nach rechts aussichtsreich den Nordhang des Valasco-Kessels bis zum Taleinschnitt des Val Morta (0.45 Std.). Hier könnte man links wieder ins Valasco-Hochtal absteigen (2.30 Std. bis Terme di Valdieri). Doch schon einmal auf der Höhe, wäre es schade, die nächste Seenparade zu verpassen, von der wir nur durch einen verhältnismäßig kurzen Aufstieg getrennt sind. So steigen wir südostwärts durch das **Val Morta (7)** in angenehmer Wegführung zum **Colletto del Valasco (8)**, 2423 m (1 Std.), auf, wo uns der erste See schon entgegenglitzert. In nur 10 Minuten sind wir zum **Lago**

sottano di Fremamorta (9), 2356 m, abgestiegen. Bequem lässt es sich auf der Höhe zum mittleren und oberen Fremamortasee, 2371 m, wandern. Dazwischen liegt die rote Blechschachtel des **Bivacco Guiglia (10)**, 2426 m, das mit Matratzen und Decken ausgestattet ist. Für Selbstversorger lohnt es sich, dort zu übernachten, allein schon, um die Cima di Fremamorta, 2731 m (1.30 Std., Tour 38), in der besten Morgenstimmung zu besteigen und nicht im grellen Mittagslicht.
Für den Abstieg bieten sich zwei Möglichkeiten an. Die längere Route zieht vom mittleren Fremamortasee südöstlich zum Piano della Casa del Re (1.30 Std.) hinunter, die kürzere, steilere vom **Lago sottano di Fremamorta (9)** nordöstlich ins Valletta-Tal zur **Gias delle Mosche (11)**, 1591 m (1.30 Std.), und – leider – auf der Teerstraße zurück nach **Terme di Valdieri** (**1**; 1.30 Std.).

Lago del Claus.

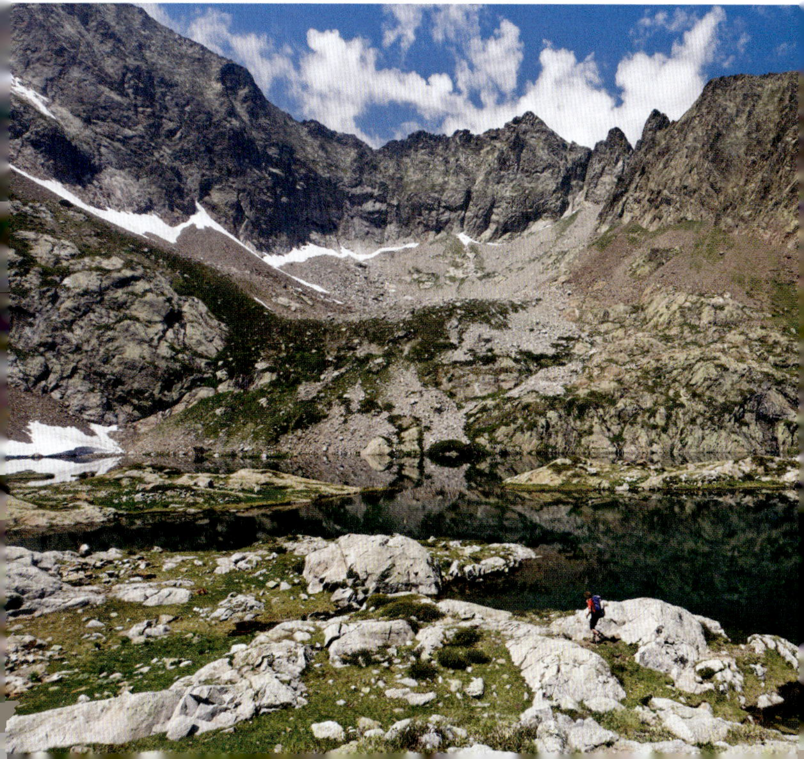

38 Cima di Fremamorta, 2731 m

7.00 Std.

Grenzgipfel mit umfassender Rundsicht

Hoch über dem Vallone della Valletta, einem der vielleicht schönsten Gesso-Täler, bieten die Laghi di Fremamorta eine Seenpromenade par excellence. Die schroff wirkende Cima di Fremamorta im Grenzkamm zur französischen Haute Tinée lässt sich dank der gut angelegten alten Militärwege verhältnismäßig leicht besteigen. Die Gegend ist reich an Gämsen, Steinböcken und Hermelinen.

Ausgangspunkt: Parkplatz Gias delle Mosche, 1591 m, ca. 7 km südlich von Terme di Valdieri, Busverbindung mit Cuneo, Fahrplan: benese.it. Außerdem von Ende Juli bis Ende Aug. zweimal tgl. Pendelbus zwischen Terme di Valdieri und Entracque.
Markierung: Rot, Hinweisschilder.
Höhenunterschied: 1280 m.
Anforderungen: Steile Bergpfade, die Trittsicherheit verlangen.
Beste Jahreszeit: Juni bis Oktober.
Unterkunft: Bivacco Guiglia, 2426 m, 9 Plätze mit Matratzen und Decken; Rifugio Regina Ellena, 1834 m, Selbstversorgerhütte der Alpini, die von mehreren Personen ehrenamtlich betreut wird, geöffnet Mitte Juni bis Anfang Sept., Tel. +39/0171/97559; Hotel Royal Terme Reali di Valdieri, Tel. +39/0171/97106, termerealidivaldieri.it; Albergo Turismo, Anfang Mai bis Ende Sept., Tel. +39/0171/97334 oder +39/340/1423408, albergo-turismo-terme-valdieri.it.
Variante: Tour 37.
Karte: Wanderkarte Blu Edizioni 1:25.000, Cartoguida 1 Parco Naturale delle Alpi Marittime oder Fraternali editore 1:25.000, Blatt 15.

Von der Straße bei der **Gias delle Mosche (1)** zieht rechts der Wanderweg zum Fluss hinunter. Wir überqueren ihn, folgen noch kurz seinem Lauf und steigen dann steil zum **Lago sottano di Fremamorta (2)**, 2356 m, auf. Ganz bequem lässt es sich jetzt eine Höhenterrasse entlang zum mittleren Fremamortasee, 2380 m, wandern und weiter zum dritten See. Links, etwas oberhalb des Weges, liegt die rote Biwakschachtel des **Bivacco Guiglia (3)**, 2426 m; sie bietet einen aussichtsreichen Rastplatz. Wir passieren nun den

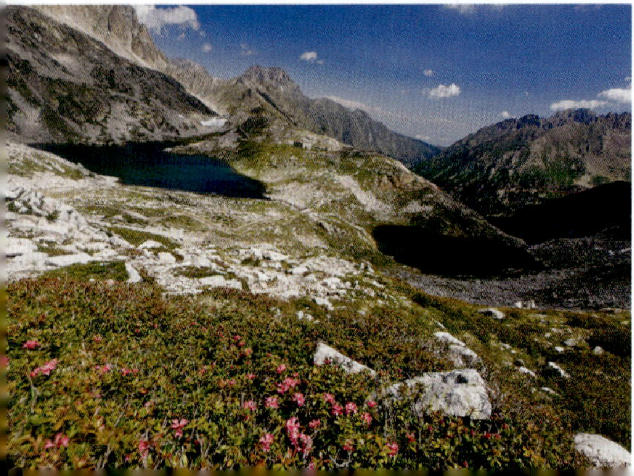

Laghi di Fremamorta.

Lago soprano di Fremamorta, 2371 m, und gehen an einer Kasernenruine rechts vorbei zwischen zwei Seen hindurch. Den Abzweig zum Colletto di Bresses lassen wir rechts liegen und steigen einen alten Militärweg auf, östlich vorbei an einem weiteren See, in den **Colle di Fremamorta (4)**, 2615 m. Rechts ist eine Festung in den Berg gebaut, davor zieht ein deutlich sichtbarer Pfad etwas unterhalb des Kammverlaufs durch die steinige Ostseite auf den Gipfel der **Cima di Fremamorta (5)**, 2731 m. Der Blick kann hier weit über die französischen und italienischen Seealpen schweifen. Aus der Tiefe glitzern die Seen herauf. Mit hoher Wahrscheinlichkeit trifft man im Passbereich auch auf Steinböcke. Wir nehmen denselben Weg zurück bis zum obersten See, wo wir an einem kurzen ebenen Stück rechts eine mit Steinmännchen markierte Wegspur einschlagen, die östlich steil abwärtsführt. Wir erreichen ein Wegkreuz, 2120 m, auf einem lärchenbewachsenen Vorsprung. Links mündet der direkte Abstieg vom Bivacco Guiglia ein. Wir halten uns rechts, steigen südöstlich weiter ab zur nächsten Weggabelung, lassen den Abzweig zum Colle di Ciriegia rechts liegen und gelangen Richtung Norden in den idyllischen Talboden Pian della Casa. Nach Überquerung des Gesso della Valletta leitet uns ein Fahrweg talauswärts zurück zum Ausgangspunkt an der **Gias delle Mosche (1)**.

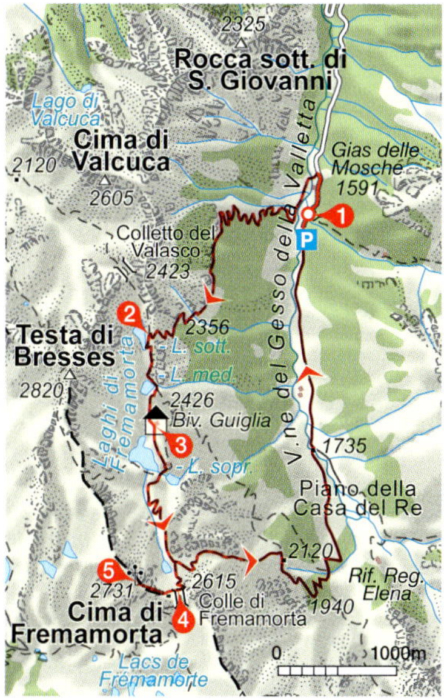

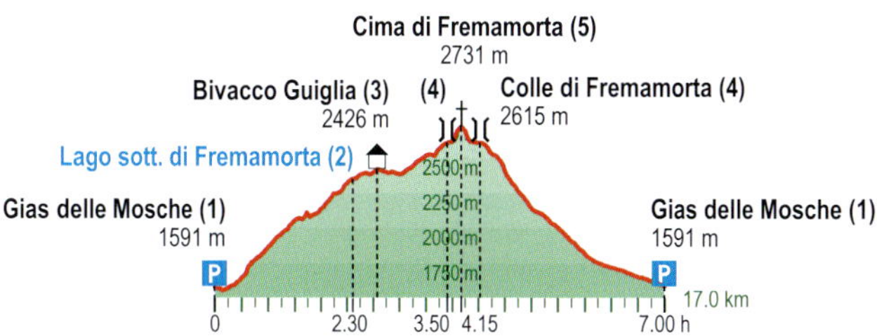

39 »Alta Via« durch die Seealpen

8 Tage

Steinböcke, Wallfahrtsort und urige Hütten

Eine »Alta Via« oder »Haute Route« ist ein Höhenweg durch alpines Gelände mit viel Panorama und Landschaftsgenuss, dem man meist über längere Zeit folgen kann, ohne mit der Zivilisation der Täler in Berührung zu kommen. Tage fernab von Verkehr, Lärm, Hektik und Konsum: Das Zusammenspiel aus körperlicher Anstrengung, Natur und Stille bringt echte Erholung. Dank ihrer Hüttendichte sind die Seealpen, sowohl auf italienischer wie auf französischer Seite, prädestiniert für ein Trekkingabenteuer fernab vom Alltag. Auf dieser Runde lernt man gleich zwei Naturschutz-Juwelen kennen, den Parco Naturale delle Alpi Marittime und den Nationalpark Mercantour, beide voller Bergseen, wildromantischer Hochtäler, botanischer Raritäten und gelassener Steinböcke, die sich nicht einmal aus der Ruhe bringen lassen, wenn ein Wanderer sachte auf Tuchfühlung geht. Vielleicht trifft man auch auf Spuren des Wolfes, der sich seit 1992 wieder in der Gegend angesiedelt hat. Doch um eines der scheuen Tiere zu sichten, braucht es schon eine große Portion Glück. Ein kultureller Höhepunkt ist der Wallfahrtsort Madone de Fenestre, um den sich zahlreiche Legenden ranken.

Ausgangspunkt: Terme di Valdieri, 1368 m, 16 km von Valdieri und Entracque. Bus von Cuneo (Piazza Galimberti) Mo–Sa einmal tgl., Juli/August zweimal tgl. 8.10/14.30 Uhr, Fahrplan: benese.it. Außerdem ca. Ende Juli bis Ende Aug. zweimal tgl. Pendelbus zwischen Terme di Valdieri und Entracque.

Markierung: Rot-weiß, rot, Hinweisschilder, Steinmännchen.

Höhenunterschied: 6180 m.

Anforderungen: Eine gute körperliche Fitness sowie Trittsicherheit, Orientierungssinn und Schwindelfreiheit sind Voraussetzung. Der 3. und der 5. Tag sind am anspruchsvollsten. Die Passage vom

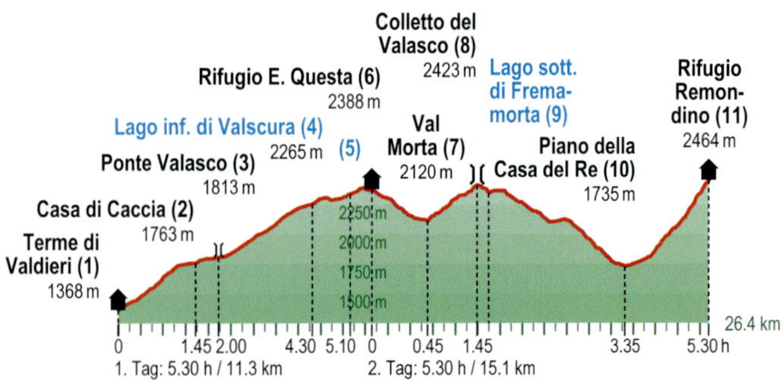

Rifugio Remondino zum Refuge de la Cougourde ist weglos, jedoch gut markiert. Bei Nebel ist die Orientierung erheblich erschwert. Die Route zwischen dem Rifugio Pagari und dem Rifugio Soria Elena führt über letzte Gletscherreste. Die im Sommer normalerweise harmlosen Firnfelder können allerdings auch vereist sein. Man sollte sich vorher im Rifugio Pagari über die Verhältnisse erkundigen. Sollten für den Übergang Steigeisen benötigt werden und man hat keine dabei, muss nach San Giacomo abgestiegen werden.

Beste Jahreszeit: Juli bis September.

Einkehr und Unterkunft: Terme di Valdieri und Rif. E. Questa (Tour 37); Rif. Remondino (Tour 41); Refuge de la Cougourde, 2110 m, bewirtschaftet Juni bis Anfang Nov., 47 Plätze, Tel. +33/9/78233159, refugedelacougourde.ffcam.fr; Refuge Madone de Fenestre, 1903 m, bewirtschaftet Mitte Juni bis Mitte Sept., 62 Plätze, Winterraum, Tel. +33/6/09178958, chaletmadonedefenestre.ffcam.fr; Refuge de Nice, 2232 m, Mitte Juli bis Ende Sept., 80 Plätze, Tel. +33/6/61975938, refugedenice.ffcam.fr; Rifugio Pagari, Rif. Soria-Ellena (Tour 35); Rifugio Genova, 2009 m, bewirtschaftet 15. Juni bis 15. Sept., 60 Plätze, Winterraum, Tel. +39/0171/978138, rifugiogenova.it; Rifugio Morelli-Buzzi (Tour 41).

Variante: Man kann sich die Route leicht kürzer oder länger gestalten – beispielsweise von Terme di Valdieri direkt zum Rifugio Remondino aufsteigen oder vom Refuge de Nice aus noch eine Runde durch das wegen seiner prähistorischen Felszeichnungen so bekannte Vallée des Merveilles (Tour 40) dranhängen.

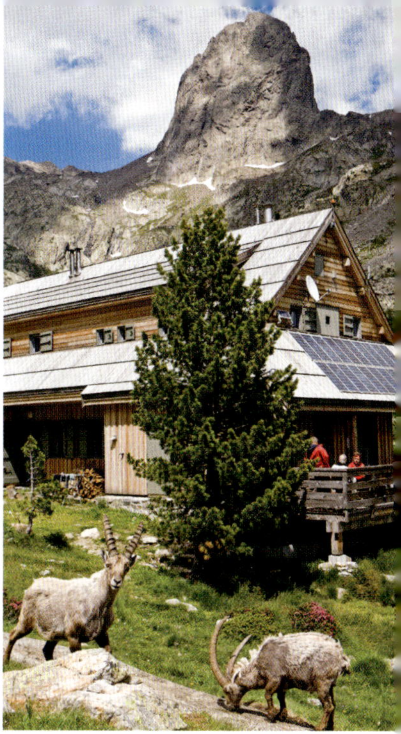

Refuge de la Cougourde (3. Tag).

Karte: Fraternali editore 1:25 000, Blatt 15 Valle Gesso, Parco Naturale delle Alpi Marittime.

1. Tag: Terme di Valdieri, 1368 m – Rifugio E. Questa, 2388 m

5.30 Std., 1080 m im Aufstieg, 60 m im Abstieg.

Eine genaue Beschreibung findet sich bei Tour 37.

2. Tag: Rifugio E. Questa, 2388 m – Rifugio Remondino, 2464 m

5.30 Std., 1070 m im Aufstieg, 1000 m im Abstieg.

Bis **Piano della Casa del Re (10)** ist die Route bei Tour 37 beschrieben. Aus dem Talschluss des Vallone di Valletta steigen wir dann vom Ende der Schotterpiste den Hüttenweg östlich auf zum **Rifugio Remondino (11)**.

3. Tag: Rifugio Remondino, 2464 m – Refuge de la Cougourde, 2110 m

5 Std., 560 m im Aufstieg, 910 m im Abstieg.

Vom **Rifugio Remondino (11)** steigen wir östlich durch einen steilen Schutthang, dann rechts eines Wasserfalls über Gletscherschliffe auf eine Höhenterrasse. Durch Blockfelder südlich der roten Markierung nach Richtung Colle di Brocan bis zu einem mit gelbem Kreis markierten Stein (1.15 Std.). Hier biegen wir rechts ab und folgen den Steinmännchen südlich durch einen Graben auf einen Rücken. Leicht absteigend zieht die Route über einen Sattel, dann ein Blockfeld hinunter an die Felswand des von der Cima di Brocan herabziehenden Westgrats. Am Fuß der Felswand entlang erreichen wir eine Höhenterrasse. Durch kupiertes Gelände, westlich an einem Tümpel vorbei, über einen Rücken und in den **Col Guilié / Colle di Mercantour Est (12)**, 2639 m (1.15 Std.). Vom Pass steigen wir südlich in die erste Mulde, dann östlich aufwärts in den Sattel unter der **Cime de Baissette** (0.30 Std.).

Nun gibt es zwei Möglichkeiten: Die eine Route steigt südlich auf der rechten Seite durch das Vallon de Baissette und quert dann vom oberen Vallon Sangue südöstlich, dann östlich zum Refuge de la Cougourde. Die andere, mit Steinmännchen markierte und vielleicht landschaftlich reizvollere Route zieht vom Lac de Baissette, dem kleinen See unterhalb des Sattels, südöstlich zu den **Lacs Bessons (13)**, 2545 m (0.30 Std.). Man passiert den Ausfluss und hält sich vom Ostufer weiterhin südöstlich unter der Tête des Lac Bessons entlang über Gletscherschliffe, Schrofen und Blockfelder hinab zum **Lac des Sagnes (14)**, 2205 m (1.15 Std.), am Fuße des markanten Obelisken Cougourde, der laut seinem Namen an einen Kürbis erinnern soll. Am See treffen wir auf einen gut sichtbaren Pfad, der an einer Steilstufe mit Wasserfall abwärts auf ein kleines Hochplateau führt. Die Feuchtwiesen, durch die ein lieblicher Bach mäandert, sind im Bergfrühling voller Orchideen – ein Traumplatz, wo sich zwischen lichten Lärchenbeständen auch das **Refuge de la Cougourde (15)**, 2110 m, befindet. Vor allem gegen Abend tummeln sich direkt an der Hütte jede Menge Gämsen und Steinböcke.

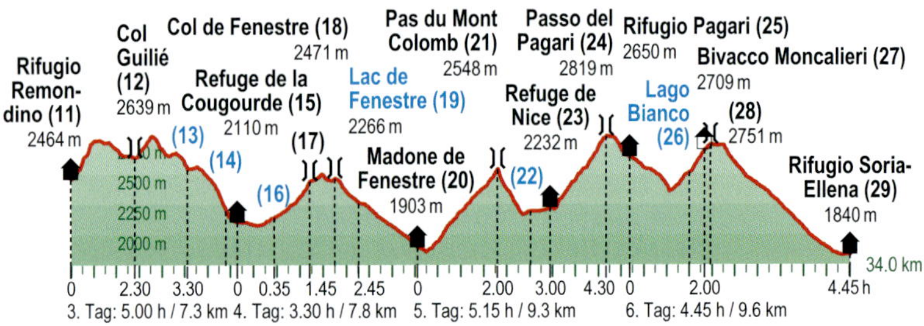

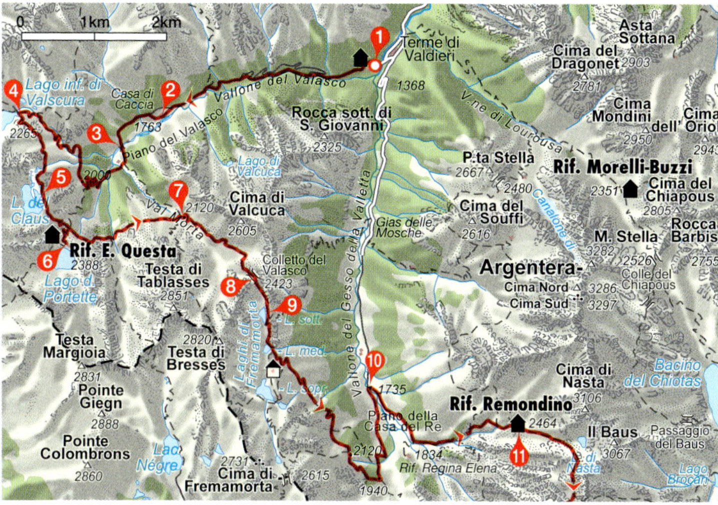

4. Tag: Refuge de la Cougourde, 2110 m – Madone de Fenestre, 1903 m

3.30 Std., 450 m im Aufstieg, 660 m im Abstieg.

Vom **Refuge de la Cougourde (15)** nehmen wir den Pfad nach Osten, der erst durch die linke Talseite des Val du Haut Boreon quert und dann in eine Talfalte zum **Lac de Trécolpas (16)**, 2150 m, aufsteigt. Wieder so ein Traumplatz, an dem man sich nicht sattsehen kann. Über dem See mit fotogener Insel drapieren sich die Berge des Mercantour Nationalparks, je höher man steigt. Wir folgen auf dem GR 52 einer alten Schmugglerroute in den **Pas des Ladres (17)**, den Pass der Diebe, 2448 m (1.45 Std.). Vom Sattel queren wir links unter schroffen Felswänden in den **Col de Fenestre (18)**, 2471 m (0.30 Std.). Man könnte vom Pas des Ladres auch direkt nach Madone de Fenestre absteigen, was jedoch weniger attraktiv ist. Am Col de Fenestre/Colle di Finestra treffen sich mittags Italiener und Franzosen zum Picknick und Fotoshooting mit Steinböcken, die an dem militärisch befestigten Übergang träge in der Sonne liegen.

Um den historischen Pass ranken sich viele Legenden und Schicksale. So wurde beispielsweise der Übergang während der Nazizeit 1943 als Fluchtweg von einer großen Gruppe jüdischer Familien genutzt, die jedoch auf ihrem vermeintlichen Weg in die Freiheit Richtung Borgo San Dalmazzo in die Fänge der vorrückenden Truppen gerieten und nach Auschwitz deportiert wurden. Die Route ist heute als einer der Freiheitspfade des italienischfranzösisch-schweizerischen Gemeinschaftsprojekts »Gedächtnis der Alpen« dem tragischen Ereignis gewidmet (Percorso Ebraici / chemin des Juifs). Wir steigen südlich am **Lac de Fenestre (19)**, 2266 m (Badeplatz!), vorbei auf der alten Pilgerroute nach **Madone de Fenestre (20)**, 1903 m (1.15 Std.), ab.

5. Tag: Madone de Fenestre, 1903 m – Rifugio Pagari, 2650 m

5.15 Std., 1350 m im Aufstieg, 600 m im Abstieg.

Bis zum Refuge de Nice folgen wir dem GR 52. Dieser zieht von der Kirche Madone de Fenestre kurz zum Bach hinunter, um jenseits links den Hang aufzusteigen. Auf eine Wiesenterrasse folgt eine etwas mühsame Schutthalde, die weiter oben nach links gequert wird. Eine Felsstufe wird dabei in leichter Kletterei überwunden. Durch Blockfelder erreichen wir ein Kar, gehen rechts an einem See vorbei und ackern uns durch den steilen Schutthang mit Resten von Schneefeldern in die schmale Scharte des **Pas du Mont Colomb (21)**, 2548 m (2 Std.). Genauso steil wie der Aufstieg ist auch

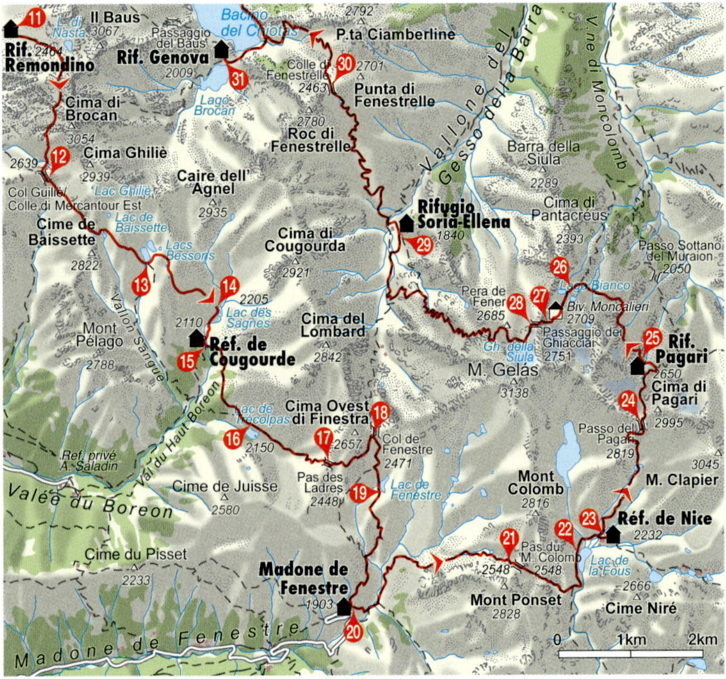

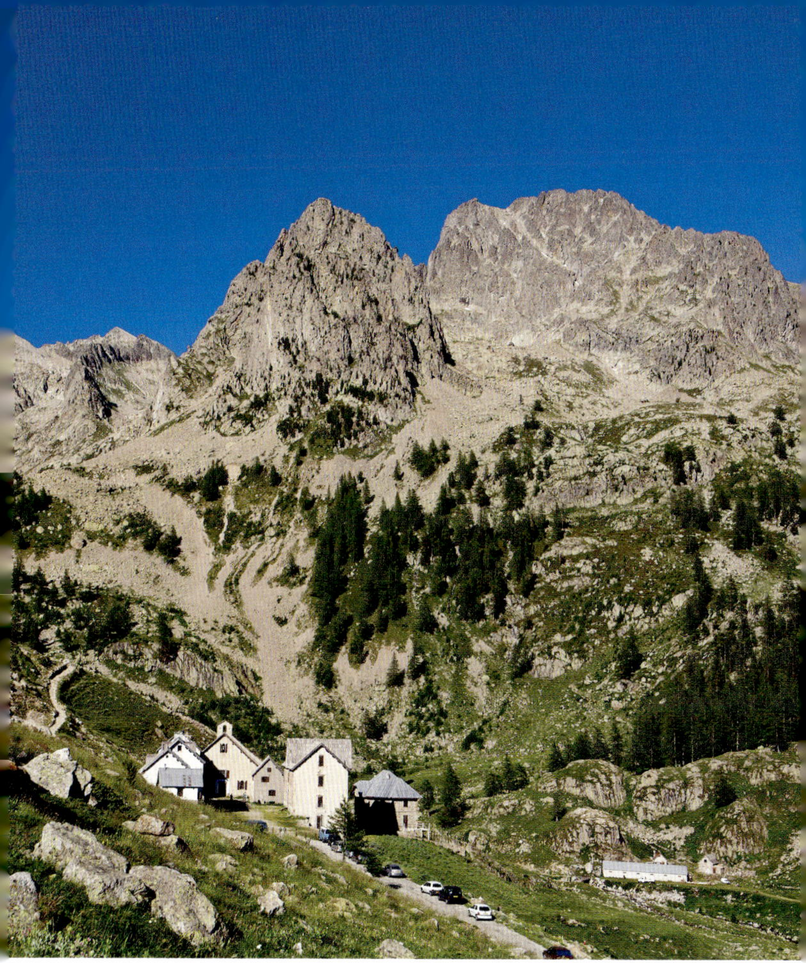

Der Wallfahrtsort Madone de Fenestre.

der Abstieg. Weiter unten über Blockfelder zum Bach und links in kurzem Gegenanstieg zum gestauten **Lac de la Fous (22)**, 2200 m, dessen westlichem Ufer wir folgen. Kurz bevor der Weg zum **Refuge de Nice (23)** (1 Std.) aufsteigt, biegen wir am Bach links ab. Ein Pfad steigt steil nördlich den Hang auf und führt uns zu den **Lacs du Mont Clapier**, 2537 m (0.45 Std.).

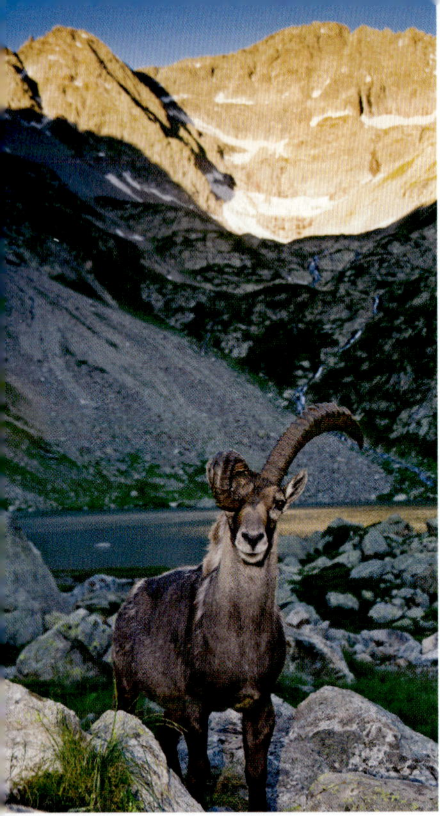

Steinbock am Lago Brocan (7. Tag).

Zwischen den zwei Seen hindurch wird eine nächste Höhenterrasse angesteuert, wo wir uns an zwei kleinen Seelein links halten. Ein Grashang wird in steilem Zickzack genommen, dann quert der Pfad den Hang über einer Felswand nordöstlich in den **Passo del Pagari (24)**, 2819 m (0.45 Std.). In der Ferne taucht der Monviso ins Blickfeld. Wir steigen kurz in eine Mulde ab, um im Gegenanstieg nordöstlich einen Gratausläufer der Cima Pagari zu gewinnen. Nach einem Stück am Grat entlang zieht der rot markierte Pfad durch dessen Ostseite zum **Rifugio Pagari (25)**, 2650 m (0.45 Std.), hinunter.

6. Tag: Rifugio Pagari, 2650 m – Rifugio Soria-Ellena, 1840 m

4.45 Std., 390 m im Aufstieg, 1200 m im Abstieg.

Die hochalpine Route unter den südlichsten Gletscher des Alpenbogens ist bis zum **Rifugio Soria-Ellena (29)** bei Tour 35 beschrieben. Kondi-

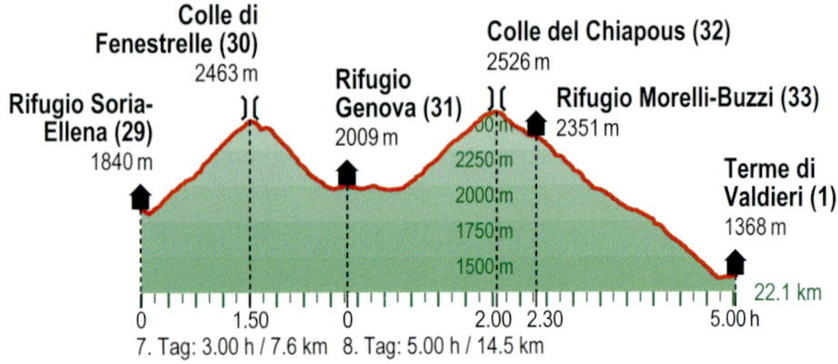

tionsstarke können die verhältnismäßig kurze Strecke des 7. Tages dranhängen, doch werden sich die Knie nach dem heftigen Abstieg von der Pera de Fener zum Rifugio Soria-Ellena wahrscheinlich nicht darüber freuen.

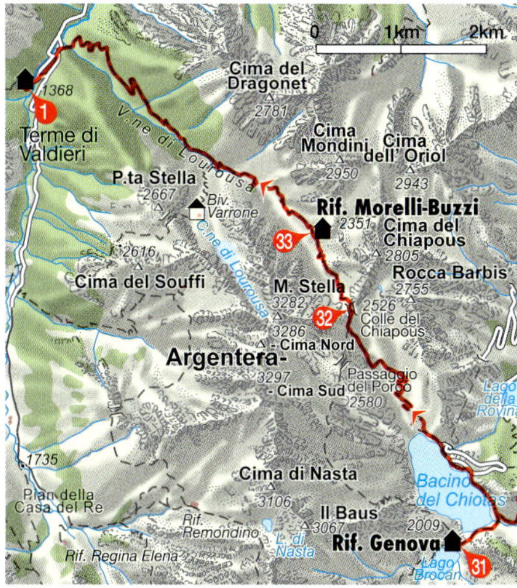

7. Tag: Rifugio Soria-Ellena, 1840 m – Rifugio Genova, 2009 m

3 Std., 690 m im Aufstieg, 520 m im Abstieg.

Vom **Rifugio Soria-Ellena (29)** queren wir die Hochebene Piano del Praiet in nördlicher Richtung und biegen am Wegkreuz links in die GTA-Route ein. Steil zickzackt der Pfad nordwestlich in den **Colle di Fenestrelle (30)**, 2463 m (1.50 Std.). Im Seelein vor der Passhöhe spiegelt sich der imposante Monte Gelas, dessen vergletscherte Nordseite wir gestern gequert haben. Mit eindrücklichem Blick auf das Argentera-Massiv und das Chiotas-Staubecken steigen wir nordwestlich ans Ufer hinunter, dort links zum **Rifugio Genova (31)**, 2009 m, das hübsch zwischen dem Stausee und dem natürlichen Lago Brocan liegt. Den Neubau finanzierte die staatliche Elektrizitätsgesellschaft ENEL, da die alte Hütte vom See verschluckt wurde.

8. Tag: Rifugio Genova, 2009 m – Terme di Valdieri, 1368 m

5 Std., 590 m im Aufstieg, 1230 m im Abstieg.

Vom **Rifugio Genova (31)** umwandern wir den Stausee Bacino del Chiotas ostseitig, bevor es wieder steil zur Sache geht. Wir folgen der GTA über den **Colle del Chiapous (32)**, 2526 m (2 Std.), bis zum **Rifugio Morelli-Buzzi (33)**, 2351 m, und weiter durch das Vallone di Lourousa nach **Terme di Valdieri (1)** (3 Std.) hinunter.

Die Route begeistert durch die Schau auf den Zwillingsgipfel der Argentera, der 1879 von dem britischen Bergsteiger William A. Brevoort Coolidge und seinen Schweizer Führern Christian Almer, Vater und Sohn, erstbestiegen wurde.

TOP **40**

Hüttentrek ins Tal der Wunder

6 Tage

Zu den berühmten Felsgravuren am Mont Bego

Ein Aufenthalt in den Seealpen wäre ohne den Besuch der berühmten Felsgravuren im französischen Mercantour-Nationalpark unvollständig. Doch anstatt mit dem Auto einen weiten Umweg auf sich zu nehmen, lohnt sich die landschaftlich sehr reizvolle Überschreitung des Grenzkamms. Die prähistorischen Fundstellen liegen im Tal der Wunder, dem Vallée des Merveilles, im südöstlichen Zipfel des Nationalparks zwischen Roya- und Vésubie-Tal. Hier breitet sich rund um den Mont Bego eine faszinierende Landschaft aus Gletscherschliffen aus, die sich wie ein Geschichtsbuch lesen lässt. Die Urbevölkerung nutzte die rot oxidierten Schieferplatten als Schreibtafeln, um in das weiche Gestein ihre Mitteilungen einzuritzen. Seit der britische Naturforscher Clarence Bicknell im Jahre 1881 auf die Felsgravuren gestoßen ist, wandern viele an den Fuß des heiligen Berges. Doch sind es hauptsächlich die Wochenenden im Juli und August, an denen man zwischen Casterino, Fontanalba- und Merveilles-Tal mit einer größeren Besucheranzahl rechnen muss, was sich hauptsächlich in überfüllten Hütten bemerkbar macht. Die Annäherung aus Italien findet dagegen in aller Stille statt.

Ausgangspunkt: Limonetto, 1293 m, letztes Dorf im Vermenagna-Tal am Fuß des Tenda-Passes. Bahnverbindung bis Limone Piemonte, 5 km entfernt. Im Sommer Pendelbus nach Limonetto.
Endpunkt: Entracque, 904 m, im Gesso-Tal. Tägl. Busverbindungen mit Cuneo.
Markierung: Gelb-grün, gelb, rot-weiß, Hinweisschilder, Steinmännchen.
Höhenunterschied: 3760 m im Aufstieg, 4150 m im Abstieg.
Anforderungen: Kondition und Trittsicherheit sind Voraussetzung. Für eine Überschreitung des Mont Bego braucht es zusätzlich Schwindelfreiheit und eine gewisse Bergerfahrung; man kann den Berg aber auch umgehen, was sich bei instabiler Wetterlage in jedem Fall empfiehlt. In der Zone der Felsgravuren im Mercantour-Nationalpark dürfen die Wanderwege nicht verlassen werden!
Beste Jahreszeit: Juni bis Oktober.
Einkehr und Unterkunft: Limonetto: Posto Tappa und B&B L'Abric, Tel. +39/348/2902263 (Walter spricht auch Englisch, Reservierung über WhatsApp möglich) oder Tel. +39/347/5441408 (Anja spricht Deutsch), colleditenda.com. Casterino: Auberge Marie Madeleine, 1543 m, bewirtschaftet Mai bis Okt., 33 Plätze, Tel. +33/4/93046593, casterino.com; Hotel Chamois d'Or, ganzjährig, Tel. +33/6/17543809, hotelchamoisdor.net; Hotel Les Mélèzes, Tel. +33/4/93049595; Refuge de Fontanalbe, 2018 m, bewirtschaftet Mitte Juni bis Mitte Sept., 25 Plätze, Tel. +33/4/93048919, refugedefontanalbe.com; Refuge des Merveilles, 2111 m, bewirtschaftet Mitte Juni bis Ende Sept., 79 Plätze, Tel. +33/4/93046464, refugedesmerveilles.ffcam.fr; Refuge de Valmasque, 2221 m, bewirtschaftet Mitte Juni bis Ende Sept. sowie die ersten zwei Wochenenden im Okt., 52 Plätze, kein Hüttentelefon, refugedevalmasque.ffcam.fr. Jeweils Online-Reservierung erbeten. Es empfiehlt sich, das Refuge des Merveilles und das Refuge de Fontanalbe lange im Voraus zu buchen.
Variante: Lohnend ist es, von Entracque

auf der GTA in zwei Etappen (Übernachtung in der Locanda del Parco L'Albergh in Palanfrè, Tel. +39/340/6973954) nach Limonetto zurückzuwandern. Alternativ könnte man am 5. Tag im Abstieg vom Lago della Vacca aus dem Sabbione-Tal über den Passo della Mena zum Lago degli Alberghi und dann über den Passo di Ciotto Mien nach Limonetto zurückkehren, doch der Abschnitt bis zum Passo della Mena ist nicht gerade die pure Freude: zugewachsen, außerdem schlecht markiert und eine Krallerei durch steilstes Gelände.

Karte: Ideal sind die IGN-Karten Alpes sans Frontières 1:25.000, Blatt 4 Vallée des Mervelles. Val Vermenagna und Blatt 5 Argentera. Mercantour oder IGN 1:25.000, Blatt 3841 OT sowie Blatt 3741 OT und für den letzten Tag Fraternali editore 1:25.000, Blatt 15 Valle Gesso, Parco Naturale delle Alpi Marittime.

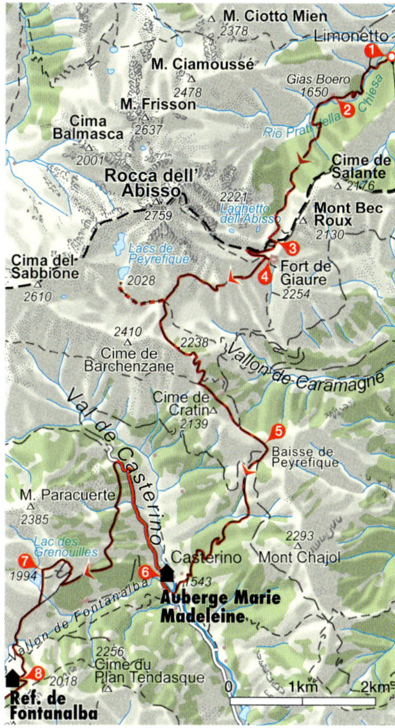

1. Tag: Limonetto, 1293 m – Casterino, 1543 m

5.40 Std., 1090 m im Aufstieg, 840 m im Abstieg.

Von **Limonetto (1)** bis zum **Fort de Giaure (4)** (3.10 Std.) ist die Route bei Tour 43 beschrieben. Um Casterino zu erreichen, gibt es zwei Möglichkeiten. Ein Wanderweg führt südlich den Wiesenhang hinunter auf eine Fahrpiste, der man dann rechts bis zum Wiesenrücken der Baisse de Peyrefique folgt. Der weitaus schönere, etwas längere Weg zieht, in der Höhe bleibend, weiter westlich im Bogen zum Wiesenkamm, erlaubt mehr Aussicht und auch einen Abstecher zu den reizvollen Lacs de Peyrefique. Dazu folgen wir vom Fort de Giaure dem gelb markierten Höhenweg nach Westen. Wir steigen dann in ein Seitental ab und queren den Hang zwischen zwei Moränenplateaus auf kunstvoll gepflasterter Weganlage. An einer Wiese stoßen wir auf eine Weggabelung, 2120 m (0.45 Std.). Der Abstecher rechts hoch zu den Seen würde insgesamt etwa 1 Std. in Anspruch nehmen. Ansonsten halten wir uns südlich. Nach einer Hangquerung durch lichten Wald erreichen wir den von der Cime de Barchenzane herabziehenden Bergrücken, 2238 m (0.15 Std.), und ge-

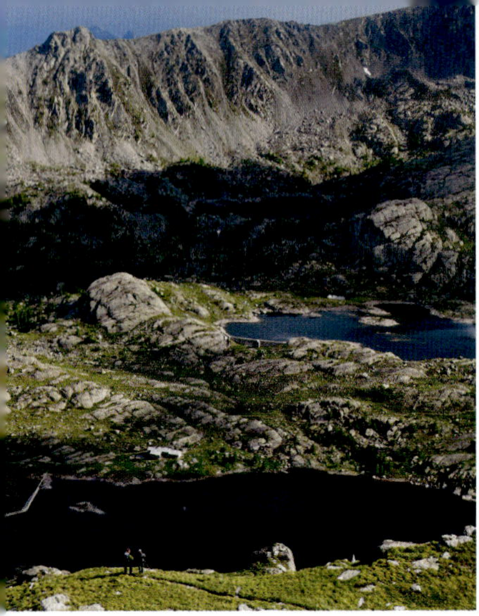

Vallée des Merveilles.

nießen einen herrlichen Blick ins Casterino-Tal und den Mercantour Nationalpark. Wir steigen östlich des Rückens auf das Wiesenplateau der **Baisse de Peyrefique (5)**, 2028 m, ab und stoßen weiter südöstlich auf den schon erwähnten Fahrweg der ersten Variante. Von diesem zweigt der Weg nach **Casterino (6)**, 1543 m (1.30 Std.), ab, der uns südwestlich in den Talgrund bringt und zu einer Ansammlung von Unterkünften. Die **Auberge Marie Madeleine** ist die älteste, sie besteht seit 1880. Damals führte hier eine Salzroute durch. Auf dem Col Sabion konnte man die hohen Zölle am Tenda-Pass umgehen.

2. Tag: Casterino, 1543 m – Refuge de Fontanalbe, 2018 m

3.30 Std., 730 m im Aufstieg, 250 m im Abstieg.

Ein ruhiger Tag im Idyll der Alp von Fontanalbe, der Zeit lässt, eine geführte Besichtigung der öffentlich nicht zugänglichen Felsgravuren mitzumachen. Von der **Auberge Marie Madeleine** folgen wir dem Fahrweg nordwestlich taleinwärts, bis dieser sich gabelt. An einer Informationstafel halten wir uns links. Der breite Weg gewinnt in südlicher Richtung an Höhe und zieht dann ins Fontanalba-Tal. Unterwegs weist ein Schild rechts zum Froschsee hin,

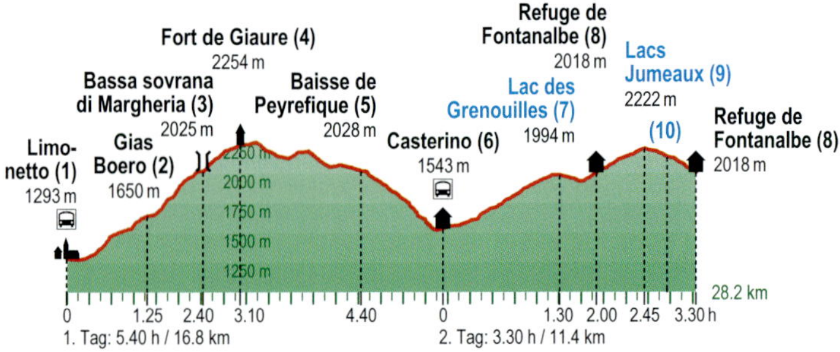

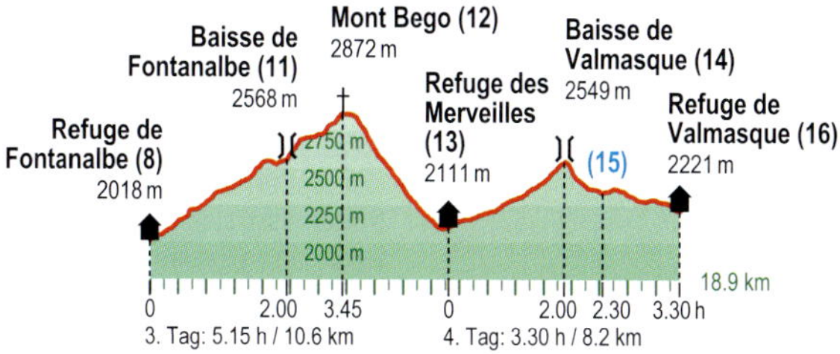

ein hübscher Abstecher, der in einer Viertelstunde zu bewältigen ist. Vom Ausfluss des **Lac des Grenouilles (7)**, 1994 m, zieht dann ein Pfad zurück zur Fahrpiste. Nach Überquerung einer Brücke gehen wir rechts und erreichen nach kurzem Anstieg das **Refuge de Fontanalbe (8)**, 2018 m. Hier können wir unser Gepäck deponieren, um einen Rundgang (insg. 1.30 Std.) über den **Lacs Jumeaux (9)**, einen der schönsten Plätze im Mercantour-Nationalpark, und den **Lac Vert (10)** zu unternehmen.

3. Tag: Refuge de Fontanalbe, 2018 m – Refuge des Merveilles, 2111 m

5.15 Std., 890 m im Aufstieg, 800 m im Abstieg.

Vom **Refuge de Fontanalbe (8)** steigen wir auf dem schon bekannten Weg zur Weggabelung (0.30 Std.) vor der Brücke südöstlich unter dem Lac Vert auf und halten uns links Richtung Baisse de Fontanalbe / Baisse de Vallaurette. Mit schönem Blick auf den Lac Vert treffen wir eine Viertelstunde später auf ein nächstes Wegkreuz. Hier müssen wir uns entscheiden für den normalen Wanderweg über die Baisse de Vallaurette (0.15 Std.) zum Refuge des Merveilles (2 Std.) oder für die anspruchsvolle Überschreitung des Mont Bego von der Baisse de Fontanalba aus. Letztere ist bei guten Wetterverhältnissen ein einmaliges Erlebnis. Ein guter Pfad, im ersten Teil als Militärtrasse, zieht westlich hinauf zur **Baisse de Fontanalbe (11)**, 2568 m (1.15 Std.), von wo wir einen schönen Blick auf den Lac du Basto haben. An dem breiten Übergang verlassen wir den markierten Wanderweg und folgen den Steinmännchen nach links südlich durch Blockwerk und Felsen auf die Cime Pollini (0.30 Std.) und queren links in die Senke, wo wir auf den von der Baisse de Valmasque heraufziehenden Pfad treffen. In mäßiger Steigung quert der schmale Pfad exponiert die Westflanke des Mont Bego und steigt dann steil an. Die markanten Felstürme des Nordgrats werden leicht absteigend gequert. Es folgt ein Steilaufstieg auf den Grat, wo wir auf die Ostseite wechseln. Im kurzen Abstieg geht es zu einer Rinne. Hier verliert sich der Weg etwas. Durch die Rinne klettern wir auf eine Schulter und treffen wieder auf einen sichtbaren Weg, der uns durch die westliche Seite zum Gipfel des **Mont Bego (12)**, 2872 m (1.15 Std.), führt. Bei klarer Sicht können wir deut-

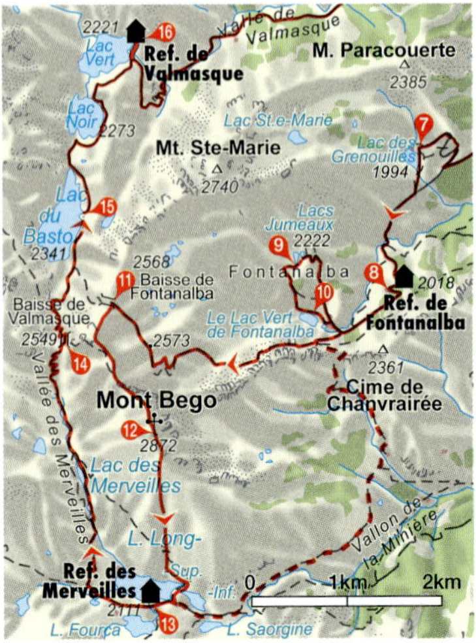

lich den Verlauf der Mittelmeerküste erkennen und weit draußen die Insel Korsika. Überwältigend ist der Tiefblick auf die ungezählten Seen des Vallée des Merveilles.

Für den Abstieg folgen wir kurz dem Grat, dann gehen wir rechts hinunter und in einer Querung zu einem Plateau. Kurz vor Erreichen des Plateaus zweigt rechts ein Weg ab, der sich in vielen Kehren durch den Südhang ins Tal der Wunder windet. Zuletzt über die Staumauer des Lac Long zum **Refuge des Merveilles (13)**, 2111 m (1.30 Std.).

4. Tag: Refuge des Merveilles, 2111 m – Refuge de Valmasque, 2221 m

3.30 Std., 480 m im Aufstieg, 370 m im Abstieg.

Auch dieser Tag lässt einem Zeit, sich einer geführten Tour zu den sehenswerten Felsgravuren anzuschließen.

Vom **Refuge des Merveilles (13)** folgen wir den Wegweisern zur Baisse de Valmasque, erst flach nach Westen, dann an der Weggabelung (0.15 Std.) rechts gegen Norden zum Lac des Merveilles hinauf. Kurz vor dem See kann die Nachbildung der Gravur des Stammeshäuptlings »Chef de Tribu« besichtigt werden. Wegen Vandalismus ist das Original im Museum von Tende (museedesmerveilles.departement06.fr) ausgestellt. Vom hintersten, stark verlandeten Seenplateau steigt die Route steil an und gewinnt die **Baisse de Valmasque (14)**, 2549 m (1.45 Std.).

Genauso steil geht es wieder hinunter. Den **Lac du Basto (15)**, 2341 m, passieren wir an seinem Ostufer, ebenso die folgenden Seen Lac

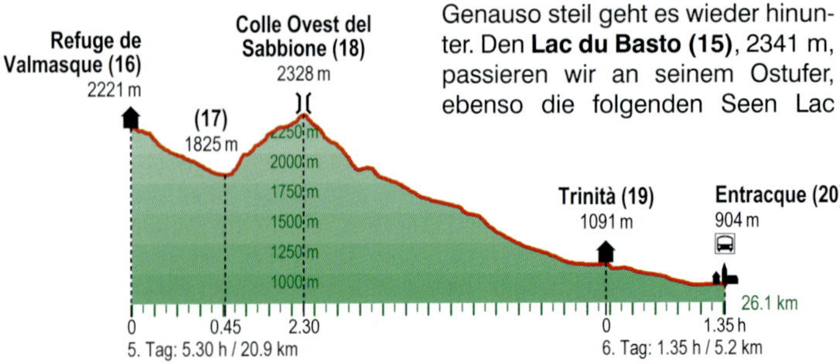

Noir und Lac Vert. Aufmerksame und kundige Beobachter können im Juli in den Felsen am Wegrand vielleicht den endemischen Argentera-Steinbrech (Saxifraga florulenta) entdecken, der nur ein einziges Mal blüht – und zwar am Ende seines 30-jährigen Pflanzenlebens.

Für alle zu sehen ist dagegen die Alpenvereinshütte **Refuge de Valmasque (16)**, 2221 m, die über dem Ostufer des Lac Vert thront. Sie wird am schnellsten über die offiziell gesperrte Staumauer erreicht.

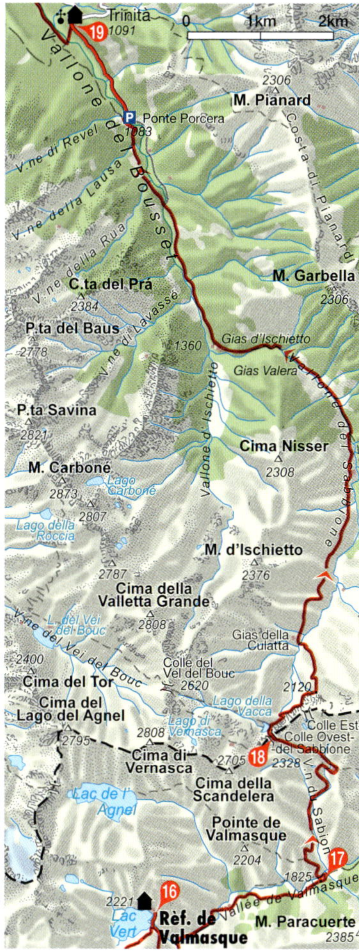

5. Tag: Refuge de Valmasque, 2221 m – Trinità, 1091 m

5.30 Std., 550 m im Aufstieg, 1680 m im Abstieg.

Jenseits der Staumauer steigen wir auf dem GR 52 an Wasserfällen vorbei in den Talboden des **Vallée de Valmasque (17)** ab. An einer ausgeschilderten Weggabelung, nach etwa einer Dreiviertelstunde, schlagen wir links den Weg Richtung Lac de l'Agnel ein. Wir überqueren kurz darauf eine Brücke und halten uns rechts an den gelb markierten Pfad, der bald steiler wird. Nach 15 Minuten zweigen wir vor einer Linkskurve rechts in den Pfad, der nördlich ins Vallon du Sabion steigt.

An einer kleinen Ebene wechseln wir die Talseite und erreichen ein weites Grasplateau mit See. Hier stoßen wir auf einen mit Randsteinen gesäumten grasigen Militärweg, der uns links in den nordwestlich gelegenen **Col Sabion West/Colle Ovest del Sabbione (18)**, 2328 m (1.30 Std.), führt. Nur einen Katzensprung unter uns liegt der hübsche Lago della Vacca, von dem wir wie in Tour 34 beschrieben durch das italienische Vallone del Sabbione nach **Trinità (19)** absteigen.

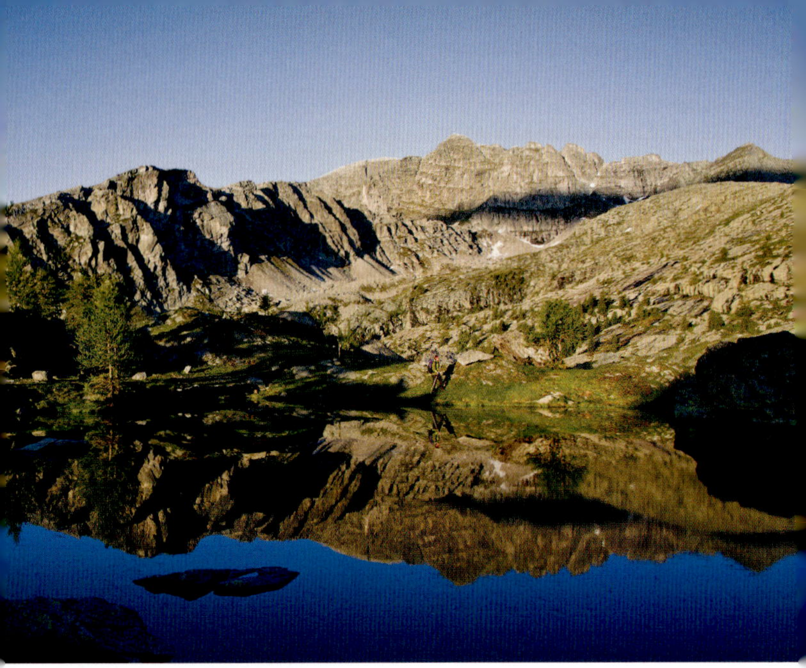

Lacs Jumeaux, Mont Bego.

6. Tag: Trinità, 1091 m – Entracque, 904 m

1.35 Std., 20 m im Aufstieg, 210 m im Abstieg.

Zwischen **Trinità (19)** und Entracque besteht im Sommer ein Pendelservice, der Servizio Navette, sodass dieser Tag auch abgekürzt werden kann.

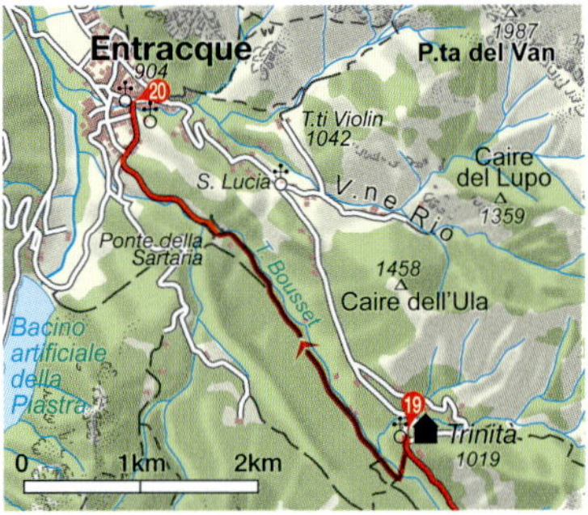

Von der Locanda del Sorriso gehen wir auf der Teerstraße ein kurzes Stück zurück, bis wir an einem Torbogen auf die GTA-Markierung stoßen. Durch den Torbogen und hinunter zum Bousset-Bach. Jenseits zu einem Schottersträßchen, wo wir die GTA nach rechts verlassen. Wir folgen der Piste am Bach entlang, dann über die Ponte della Sartaria und am Sportplatz vorbei nach **Entracque (20)**.

4 Tage

Giro dell'Argentera 41

Rund um die Königin der Seealpen

Imposant überragt die Argentera die Gesso-Täler. Ihr von Nord nach Süd ziehender Kamm besteht aus vier Hauptgipfeln, von denen der südlichste mit 3297 Metern der höchste Spitz auch der gesamten Seealpen ist. kaum bekannt ist, dass es einen Rundweg gibt. Er bietet sensationelle Einblicke in die schroffen Falten und bezaubernden Hochterrassen des Argentera-Massivs. Doch der Weg stellt auch höchste Ansprüche, vor allem an die Trittsicherheit. Blockgelände, Schutthänge und exponiertes Gelände verlangen vollste Aufmerksamkeit und klare Sicht. Man sollte die Runde also nur bei guten Wetterverhältnissen angehen! Mit der Überschreitung des Passo del Detriti ergibt sich dabei die Möglichkeit, auch einmal ganz oben zu stehen, am höchsten Punkt zwischen Monviso und Mittelmeer; vom Pass aus ist die Besteigung der Argentera Süd nur noch eine kurze Kletterpartie, teilweise an Fixseilen.

Ausgangspunkt: Parkplatz Gias delle Mosche, 1591 m, ca. 7 km südlich von Terme di Valdieri (Busverbindung mit Cuneo, Fahrplan: benese.it. Außerdem von Ende Juli bis Ende Aug. zweimal tgl. Pendelbus zwischen Terme di Valdieri und Entracque).

Markierung: Rot, Hinweisschilder und Steinmännchen.

Höhenunterschied: 2590 m.

Anforderungen: Alpine Route nur für routinierte Berggänger. Mehrere exponierte Passagen, teilweise wegloses Gelände, aber gut markiert. Bei Nebel Orientierungsschwierigkeiten. Auch bei Schnee erschweren sich natürlich die Bedingungen, Pickel und Steigeisen sind dann notwendig. Am besten informiert man sich vorher in der Hütte.

Die Besteigung der Argentera Sud ist eine leichte Kletterroute (II).

Beste Jahreszeit: Nach schneearmen Wintern schon ab Mitte Juni möglich.

Einkehr und Unterkunft: Rifugio Bozano, 2453 m, CAI, Marco Quaglia, bewirtschaftet Mitte Juni bis Mitte Sept., 40 Betten, Winterraum, Tel. +39/0171/97351, rifugiobozano.it; Rifugio Morelli-Buzzi, 2351 m, CAI, bewirtschaftet Mitte Juni bis Mitte Sept., 54 Betten, Winterraum, Tel. +39/0171/97394 oder +39/-348/3399722, rifugiomorellibuzzi.com; Rifugio Remondino, 2430 m, CAI, bewirtschaftet Mitte Juni bis Mitte Sept., übrige Zeit nach Absprache, 60 Betten, Winterraum, Tel. +39/389/6364622 oder +39/0171/97327, rifugioremondino.it. Selbstversorgerhütten: Bivacco Varrone, 2235 m, 8 Betten; Bivacco del Baus, 2630 m, 9 Betten.

Variante: Bergwanderern empfiehlt sich die Umrundung auf den regulären Wanderwegen, also von Terme di Valdieri auf der GTA durch das Vallone di Lourousa zum Rifugio Morelli-Buzzi und weiter zum Rifugio Genova.

Der Colle di Brocan ist der anspruchsvollste Part im Übergang zum Rifugio Remondino. Von dort kehrt man dann durch das Vallone Gesso della Valletta zurück zum Ausgangspunkt.

Karte: Wanderkarte Blu Edizioni 1:25.000, Cartoguida 1 Parco Naturale delle Alpi Marittime oder Fraternali editore 1:25.000, Blatt 15 Valle Gesso, Parco Naturale delle Alpi Marittime.

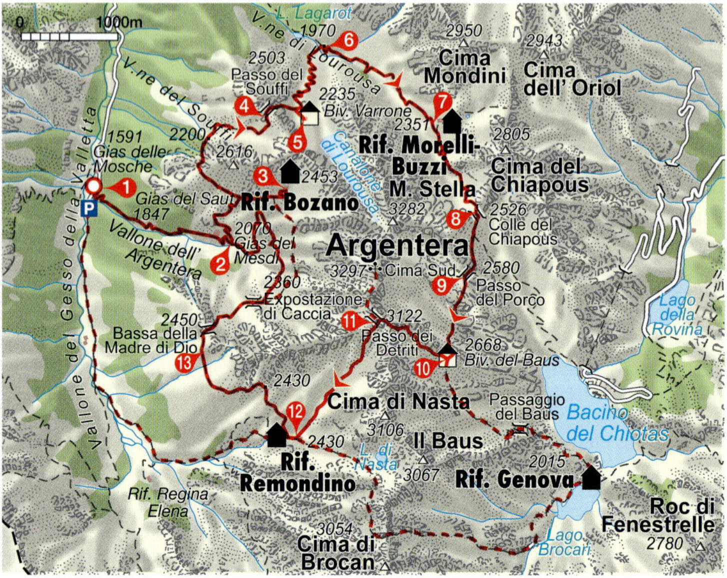

1. Tag: Gias delle Mosche, 1591 m – Rifugio Bozano, 2453 m

2.30 Std., 860 m im Aufstieg.

Vom Parkplatz **Gias delle Mosche (1)** folgen wir dem Hüttenweg zum Rifugio Bozano, der südöstlich in steilen Kehren durch Wald ansteigt. Nach etwa 300 Höhenmetern öffnet sich uns der idyllische Talboden des Vallone dell'Argentera, über dem sich eindrücklich die Westabstürze des Argentera-Massivs aufbäumen. Bei der **Gias del Mesdi (2)**, 2070 m, steigen wir zunächst nördlich, später östlich weiter zum **Rifugio Bozano (3)**, 2453 m, auf, das wie ein Schiff in der Schuttbrandung unter dem berühmten Kletterfelsen der Corno Stella wogt. Die Umrisse der Hütte sind tatsächlich einem Schiffsbug nachempfunden, die Terrasse als Reling inklusive Rettungsringattrappe.

2. Tag: Rifugio Bozano, 2453 m – Rifugio Morelli-Buzzi, 2351 m

5.15 Std., 750 m im Aufstieg, 850 m im Abstieg.

Vom **Rifugio Bozano (3)** steigen wir auf dem Hüttenweg kurz ab, bis uns ein Schild nach rechts weist. Nach etwa 50 m Aufstieg nordöstlich geht es der Höhenlinie entlang durch mehrere Talfalten. Tief unten liegt Terme di Valdieri.

Rifugio Bozano.

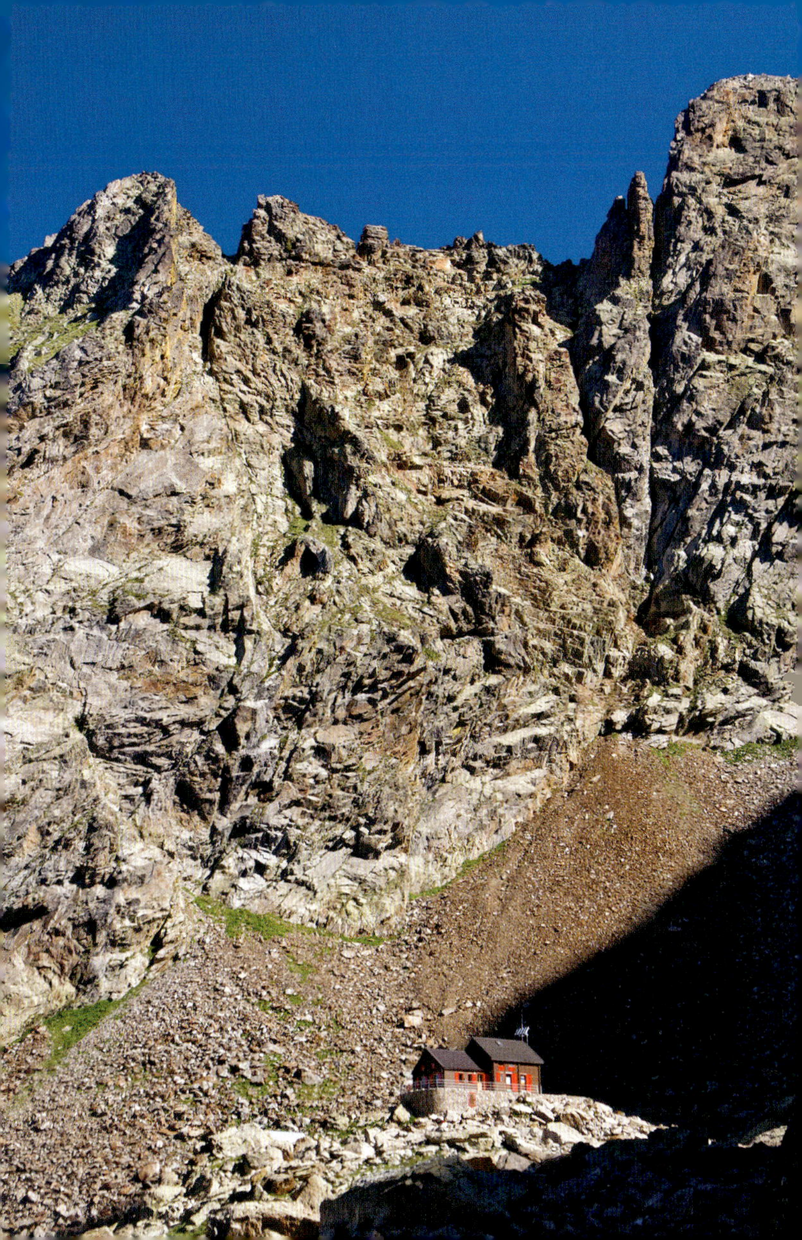

Nach dem niedrigsten Punkt, 2200 m, betreten wir das Vallone del Souffi und steigen ostwärts auf. Nach rund einer halben Stunde passieren wir einen großen beschrifteten Fels. Die Flugzeugtrümmer, die sich hier finden lassen, stammen von der 1963 abgestürzten Maschine eines arabischen Königs. Eindrücklich ist die Schau vom **Passo del Souffi (4)**, 2503 m (3.15 Std.), auf die Corno Stella, die die Gestalt einer schmalen Felsnadel angenommen hat. Im Nordwesten fällt der Monte Matto und bei klarer Sicht auch der Monviso ins Auge. Im Abstieg südöstlich lässt sich das Eiscouloir Canalone di Lourousa bestaunen, die berühmte Direktroute zur Cima Nord Argentera. Nahe dem **Bivacco Varrone (5)**, 2235 m (0.25 Std.), knickt die Route nördlich ab und stößt nach vielen Kehren östlich des kleinen Lago Lagarot, 1970 m, auf die GTA (0.35 Std.), der wir nach rechts durch das **Vallone di Lourousa (6)** zum **Rifugio Morelli-Buzzi (7)**, 2351 m (1 Std.), folgen.

3. Tag: Rifugio Morelli-Buzzi, 2351 m – Rifugio Remondino, 2430 m

5.20 Std., 790 m im Aufstieg, 710 m im Abstieg (ohne Gipfel).

Vom **Rifugio Morelli-Buzzi (7)** nehmen wir die GTA südöstlich zum **Colle del Chiapous (8)**, 2526 m (0.30 Std.). Wir steigen kurz ab und biegen dann von der Hauptroute rechts in den Pfad, der zu einem Grat aufsteigt, den wir an der **Passo del Porco (9)**, 2580 m (0.20 Std.), überschreiten. Weiter geht es, mehr oder weniger flach, zum **Bivacco del Baus (10)**, 2668 m (1 Std.). Bei Schlechtwetter ist es ratsam, südöstlich über die Passaggio del Baus zum Rifugio Genova B. Figari abzusteigen (1 Std.). Die Fortsetzung der Runde führt nordwestlich am Fuße des von der Cima Sud Argentera herabziehenden Südostgrats steil in den **Passo dei Detriti (11)**, 3122 m (2 Std.). Wild sieht der von hier aus mögliche Gipfelzustieg zur Cima Sud Argentera aus, doch das luftige Band durch die Ostwand lässt sich besser begehen, als es anfangs aussieht. Die letzten 100 Meter durch eine Verschneidung werden in leichter Kletterei genommen, Fixseile entschärfen die heiklen Stellen. Der Rundblick von der **Cima Sud Argentera**, 3297 m (0.30 Std.), entschädigt für alle Mühen.

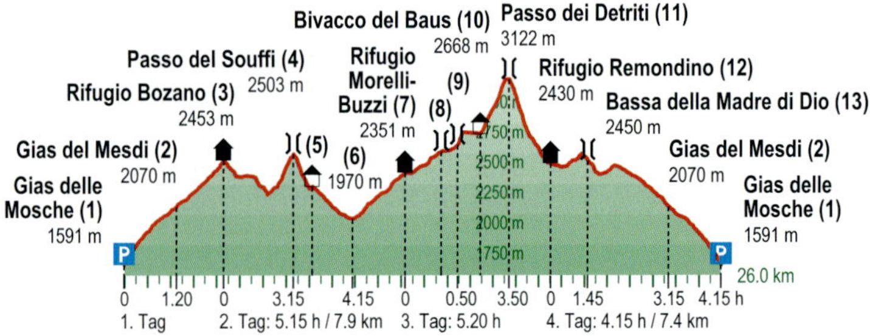

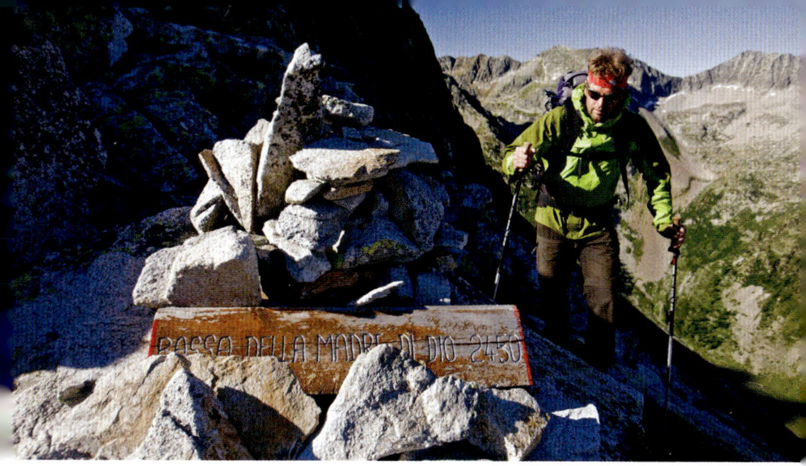

Bassa della Madre di Dio.

Vom Pass folgt ein unangenehmer Abstieg durch steilen Schutt südwestlich zum weithin sichtbaren **Rifugio Remondino (12)**, 2430 m (1.30 Std.), das wie ein kleines Schloss auf einer Terrasse über dem Valletta-Tal thront.

4. Tag: Rifugio Remondino, 2430 m – Gias delle Mosche, 1591 m

4.15 Std., 190 m im Aufstieg, 1030 m im Abstieg.

Wer die Runde gemütlich abschließen möchte, kann auf dem Hüttenweg direkt in den herrlichen Talschluss absteigen und auf einem Fahrweg durch den Talboden zurückkehren. Der Höhenweg hingegen benötigt wieder viel Konzentration, denn er schlängelt sich auf schmaler Spur durch exponiertes Gelände mit eindrücklichen Tiefblicken.

Man muss gut achtgeben, um den Abzweig vom Normalweg ca. 20 m unterhalb des Rifugio Remondino nicht zu verpassen. Rote Markierungen leiten nordwärts über Blockfelder in die Felsen. Im Bogen nach Westen, dann wieder nach Norden zieht die Route im steten Auf und Ab über mehrere Felsriffe. Zuletzt folgt ein kurzer, etwas heikler Steilabstieg in die **Bassa della Madre di Dio (13)**, 2450 m. Der Kessel des Vallone dell'Argentera liegt uns zu Füßen. Das Rifugio Bozano wirkt zwar nah, jedoch muss der gesamte Kessel – fast ausschließlich über Blockfelder – ausgegangen werden (1 Std.).

Allerdings gibt es auch einen Abstiegsweg direkt in den Talgrund des Vallone dell' Argentera: Erst steigen wir vom Pass steil ab, queren rechts im Bogen durch ein Kar, schließlich auf einen Grassattel, **Expostazione di Caccia**, 2360 m. Hier zieht links die Direktroute zur **Gias del Mesdi (2)**, 2070 m, wo wir auf schon bekanntem Weg zum Parkplatz **Gias delle Mosche (1)** zurückkehren.

42 Laghi del Frisson, 2057 m

4.15 Std.

Vom naturgeschützten Buchenwald zu Bergseen

Während durch das Vermenagna-Tal, eine wichtige Verbindungsachse über den Tenda-Pass nach Frankreich, der Verkehr rauscht, fühlt man sich in Palanfrè, in einem nur wenige Kilometer von Vernante entfernten Seitental, wie am Ende der Welt. Das aussichtsreiches Bergdorf unter weiten Wiesenhängen bietet nicht nur eine herrliche Sicht auf die angrenzenden Gebirgskämme, sondern auch Einblicke in einen jahrhundertealten Buchenbestand. Als »Riserva Naturale Bosco e Laghi di Palanfrè« wurde das Gebiet unter Naturschutz gestellt. Besonders attraktiv stellt sich diese Wanderung zu einer Palette hübscher Gebirgsseen im Talschluss dar.

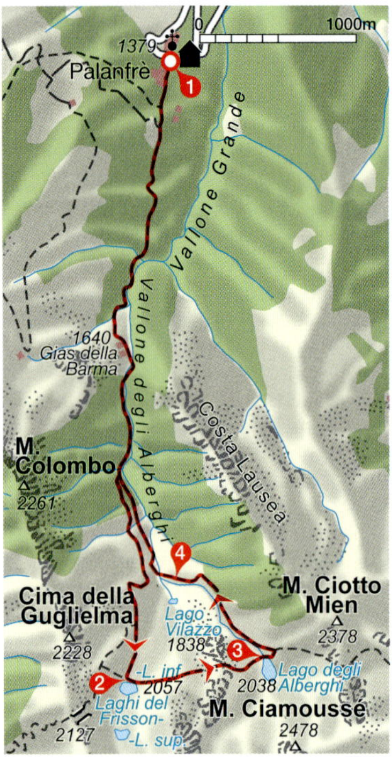

Ausgangspunkt: Palanfrè, 1379 m, Bergdorf 8 km von Vernante.

Markierung: Rot-weiß, rot, Hinweisschilder.

Höhenunterschied: 730 m.

Anforderungen: Gut markierte Bergwanderung, zwischendurch mit steileren Passagen. Der Pfad zwischen dem Lago inferiore del Frisson und dem Lago degli Alberghi verlangt gute Trittsicherheit, da Blockfelder passiert werden.

Beste Jahreszeit: Juni bis Oktober, am schönsten zur Frühlingsblüte im Juni sowie zur Herbstfärbung.

Einkehr und Unterkunft: Locanda L'Arbergh in Palanfrè, 1379 m, Giordano Silvana, Tel. +39/349/3270733, rifugiolarbergh.it. Mehrere Hotels in Vernante. Zu empfehlen ist das Hotel Nazionale mit gehobener Küche aus lokalen Produkten, Tel. +39/0171/920181, ilnazionale.com.

Tipp: Ein Bummel durch Vernante ist fast schon ein Muss: ein Dorf, das sich wie ein Bilderbuch lesen lässt. In ansprechenden Szenen ist die Geschichte von Pinocchio auf den Häuserfassaden illustriert. Attilio Mussino (1878–1954), der Illustrator, der der Erzählung von Carlo Collodi zu Berühmtheit verhalf, hat lange Zeit hier gelebt.

Karte: Fraternali editore 1:25.000, Blatt 16.

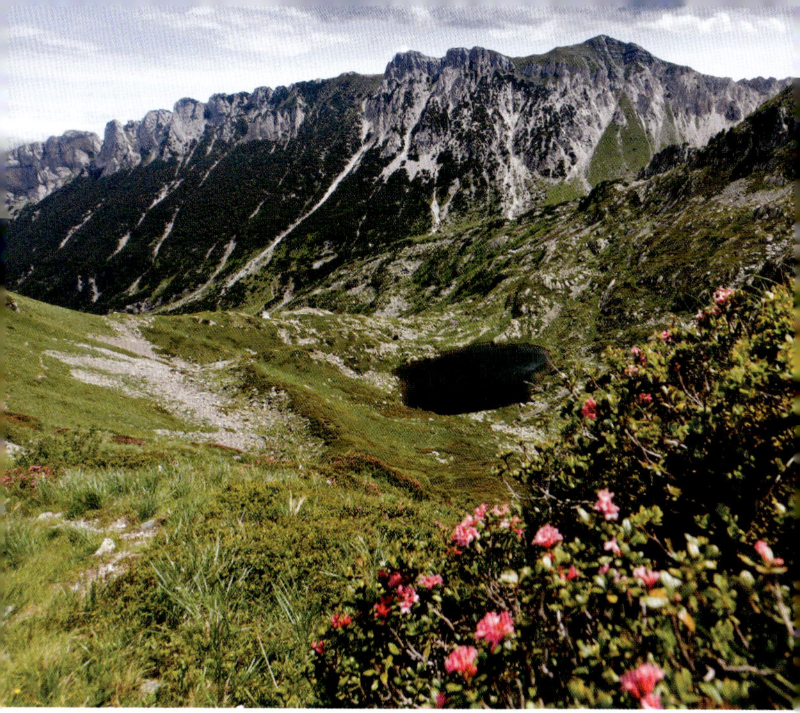

Lago inferiore del Frisson.

Von der Kapelle von **Palanfrè (1)** folgen wir der Straße südlich dorfauswärts und steigen auf der rot-weiß markierten GTA durch das Vallone degli Alberghi (aus dem Dialektwort »arbergh« hergeleitet, was oberste Weide der Region bedeutet) bergwärts, bis uns ein Wegkreuz nach rechts zum Lago inferiore del Frisson weist. Der Pfad (L7) steigt westlich auf, knickt dann nach Süden und erreicht über steile Matten den unteren der zwei Frisson-Seen, die sich unter die schroffen Nordabstürze des Monte Frisson betten. Ein rot markierter Pfad leitet vom nördlichen Seeufer des **Lago inf. del Frisson (2)**, 2057 m, nach Osten über Blockfelder zum **Lago degli Alberghi (3)**, 2038 m, hinüber. Von dort kehren wir dann auf der GTA-Route am **Lago Vilazzo (4)**, 1838 m, vorbei zurück zum Ausgangspunkt in **Palanfrè (1)**.

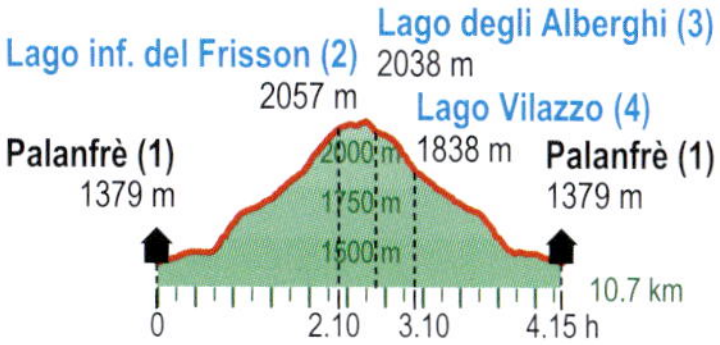

43 Fort de Giaure, 2254 m

6.00 Std.

Zur Festungsserie am Tenda-Pass

Limonetto klingt niedlich, man stellt sich ein archaisches Dörfchen vor und wird ein bisschen enttäuscht von der neuzeitlichen Skistation, die den alten Dorfkern umschließt. Im Talschluss merkt man nichts mehr davon – dieser ist grandios und liegt unberührt unter dem markanten Monte Frisson. Im Süden riegelt der stark befestigte Kamm des Tenda-Passes das Tal von Frankreich ab. Eine ganze Serie imposanter Festungen lässt sich dort auf einem Militärweg vor grandiosem Panorama bequem abwandern.

Ausgangspunkt: Limonetto, 1293 m, letztes Dorf im Vermenagna-Tal am Fuß des Tenda-Passes. Bahnverbindung bis ins 5 km entfernte Limone Piemonte, dann Bus. Parkhaus, 1337 m, ca. 800 m südwestlich von Limonetto, bevor die Straße über den Bach zieht.
Markierung: Gelb-grün, gelb, rot-weiß, Hinweisschilder, Steinmännchen.
Höhenunterschied: 1030 m.
Anforderungen: Steiler Auf- und Abstieg zum bzw. vom Grenzkamm, auf diesem leichte Höhenwanderung.
Beste Jahreszeit: Juni bis Oktober.
Einkehr und Unterkunft: Limonetto: Posto Tappa und B&B L'Abric, Tel. +39/348/2902263 (Walter spricht auch Englisch, Reservierung über WhatsApp möglich) oder Tel. +39/347/5441408 (Anja spricht Deutsch), colleditenda.com. Limone Piemonte: z. B. Albergo La Piazetta, Tel. +39/0171/926575, lapiazzettalimone.it; Hotel Edelweiss, Tel. +39/0171/928138, edelweisslimone.it. Tipp: Agriturismo Agrifolio, idyllisch etwas außerhalb gelegen, Tel. +39/0171/927970 oder Roberto (WhatsApp) +39/335/6549577, agriturismoagrifoglio.it.
Variante: Der Tenda-Pass ist auch mit dem Auto erreichbar. Dann ist die Wanderung als leicht einzustufen. Vom Fort de Giaure ist ein lohnender Gipfelabstecher auf den Roche de l'Abisse, 2755 m, möglich: 1.45 Std., gelb markiert.
Hinweis: Ein Kraftort befindet sich ungefähr 10 Minuten von Limonetto entfernt. Die nur zu Fuß erreichbare Alpe di Papa wurde nach einer Vision von Papst Johannes XXIII. (1958–1963 im Amt) durch Pfarrer Don Francesco Brondello ins Leben gerufen. Das rekonstruierte Dorf Tetti Brunda ist voller Symbole, die die Bibel repräsentieren. Die Unterkünfte stehen Pilgern zur Verfügung, die innere Einkehr suchen.
Karte: Fraternali editore 1:25.000, Blatt 16 Val Vermenagna, Valle Pesio, Alta Valle Ellero, Parco Naturale del Marguareis.

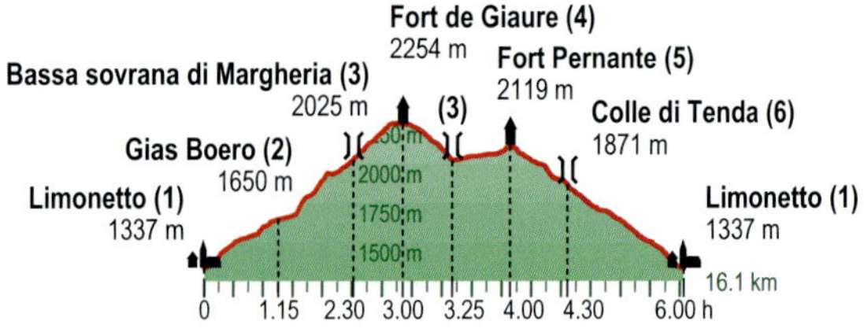

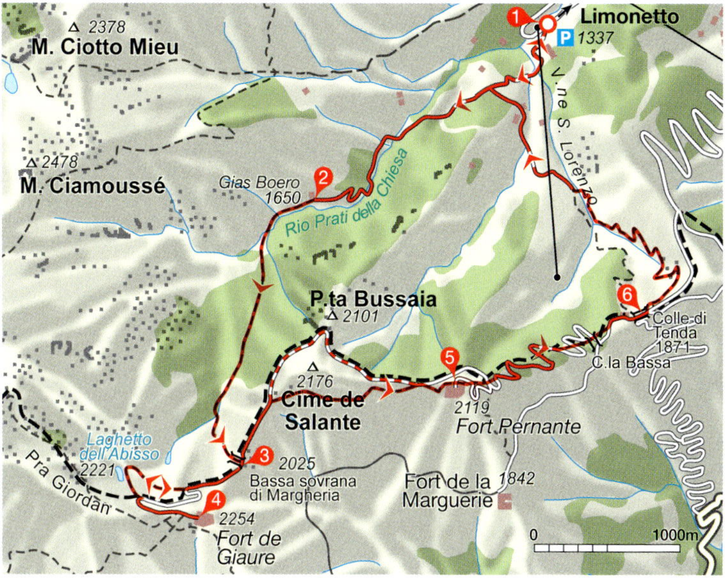

Vom Parkhaus bei **Limonetto (1)** zieht ein breiter Feldweg unter einem Sessellift hindurch den Hang hoch und quert dann eine Skipiste. Dieser Weg führt uns südwestlich in den herrlichen Talschluss (Abzweig der GTA ignorieren). An der »Murmeltier-Alp« (die Murmeltiere sind hier so zahm, dass sie aus der Hand fressen) wird links in den Fahrweg zur **Gias Boero (2)**, 1650 m, im Tal des Rio Prati della Chiesa abgebogen. Von der im Sommer bewohnten Alphütte mit Brunnen auf nun schmalem Pfad dem Bachlauf entlang, den wir bald überqueren. Tierpfade verleiten dazu, dem anderen Ufer weiter zu folgen, doch die gelb-grün markierte Route führt in direkter Linie südlich den Hang hinauf, dann über einen Wiesenrücken und Alprosenfelder, bis eine weite Mulde vor uns liegt. Rechtsseitig im Bogen um die Mulde, und nach einem kurzen Steilstück ist der Grenzkamm an der **Bassa sovrana di Margheria/Baisse du Pera (3)**, 2025 m (2.30 Std.), erklommen. Wir treffen auf einen breiten Militärweg, dem wir später links zurück zum Ausgangspunkt folgen werden. Doch vorab lohnt der Abstecher zum Fort de Giaure, der etwa eine zusätzliche Stunde in Anspruch nimmt. Also biegen wir rechts ein. In der nächsten Kurve verlassen wir die Militärstraße, denn der schönere Wanderpfad, nun gelb markiert, kürzt die weiten Kehren ab. Auf ihm queren wir ein Trümmerfeld und steigen zum Laghetto dell'Abisso auf. Etwas ober-

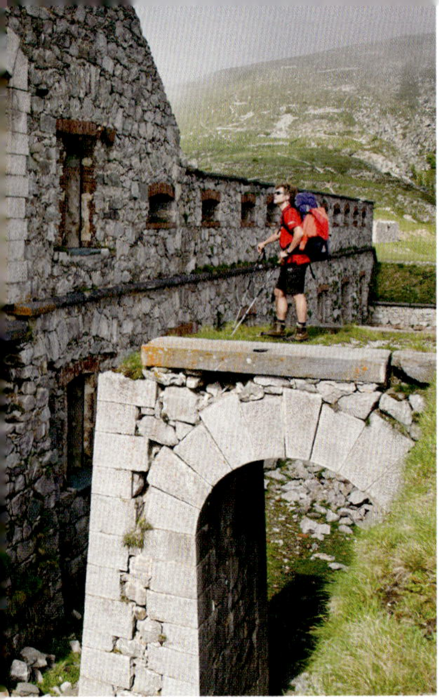

Fort de Giaure.

halb des Sees treffen wir wieder auf den Militärweg. Dieser zieht flach durch eine wildromantische Felspartie zum **Fort de Giaure (4)**, 2254 m (0.30 Std.), dem westlichsten der insgesamt sechs Höhenforts am Tenda-Pass, die in den 80er-Jahren des 19. Jahrhunderts zur Sicherung der Grenze erbaut wurden. Obwohl Italien 1860 alle Gebiete jenseits des Alpenhauptkammes an Frankreich abgetreten hatte, blieb das obere Roya-Tal ausgespart. Es wechselte erst 1947 zu Frankreich.
Der Blick vom Fort de Giaure ist einmalig und ungehindert, er schweift vom Mont Bego im Mercantour-Nationalpark bis zum Marguareis im Naturpark Pesio-Tanaro. Südlich zu unseren Füßen liegt das Roya-Tal. Auf demselben Wege kehren wir wieder zur Bassa sovrana di Margheria zurück und folgen nun weiter dem Grenzkamm wahlweise nördlich oder südlich unter der Cime de Salante entlang und dann vorbei am **Fort Pernante (5)**, 2119 m (0.35 Std.), zum **Colle di Tenda/Col de Tende (6)**, 1871 m (0.30 Std.). Der Blick fällt hier südlich auf das bautechnische Kunstwerk der alten Tenda-Passstraße, die sich in 47 engsten Kehren durch den Steilhang schraubt – vor dem Tunnelbau 1882 die wichtigste Salz- und Handelsroute zwischen Frankreich und Italien.
Vom Tenda-Pass biegen wir links auf die rot-weiß markierte GTA-Route, die uns auf altem, schon von den Römern genutztem Saumweg durch das Vallone San Lorenzo zurück zum Ausgangspunkt bei **Limonetto (1)** bringt.

Das weiße Gold des Mittelalters

Über den Tenda-Pass zog die bedeutendste Salzstraße, die Route du Sel/Via del Sale, und verband Nizza mit Turin. Für die Piemontesen war Salz, das an der Küste zwischen Hyères und Toulon gewonnen wurde, ein begehrtes Gut. Es wurde nicht nur als Gewürz verwendet, sondern war im Mittelalter auch der wichtigste Konservierungsstoff zur Haltbarmachung von Fleisch und Fisch.
Da der Weg über den gut kontrollierten Tenda-Pass hohe Zölle bedeutete, gab es viele Schmugglerrouten, z. B. über den Col Sabion (Tour 40) oder über den Colle del Ferro (Tour 28).

Ligurische Alpen

Die Ligurischen Alpen (Alpi Liguri) ziehen sich vom Tenda-Pass bis hin zum Mittelmeer. Der Anteil der Provinz Cuneo erstreckt sich bis zum Tanaro-Tal, wo sich jenseits die Region Ligurien anschließt.

Ganz im Kontrast zur dichten Besiedlung und Fun-Gesellschaft der Riviera, bezaubert hier im Hinterland eine weltentrückte Gegend voller einsamer Wandermöglichkeiten. So nah an der Küste und doch Welten entfernt! Höchster Punkt ist mit 2651 Metern die **Punta Marguareis** (Tour 45), gefolgt von dem 2630 Meter hohen **Monte Mongioie** (Tour 49) und der 2612 Meter hohen **Cima delle Saline** (Tour 46) – alle drei verhältnismäßig leicht zu besteigende, fantastische Aussichtsgipfel. Große Teile des Marguareis-Massivs stehen seit 1978 als Naturpark Alta Valle Pesio e Tanaro (jüngst in Parco del Marguareis umgetauft) unter Naturschutz. Das Karstgebiet birgt mit 150 Kilometer unterirdischen Gängen eines der größten Höhlensysteme Italiens. Doch nicht nur Speleologen sind begeistert. Wanderer finden hier eine bizarre Landschaft aus weiten Karrenfeldern, bizarren Felsformationen, Dolinen und Grotten, dazu eine große botanische Vielfalt und eine gute Hüttendichte, die zu Mehrtagestreks einlädt. Trotz mediterranem Einfluss sind die Touren durchaus alpin, verlangt das raue Karstgelände eine gute Trittsicherheit. Da viele Bäche im durchlässigen Gestein abtauchen, sollte man sich vor jedem Start zu einer Bergtour unbedingt mit genügend Trinkwasser eindecken. Nach heftigen Gewittern und längeren Regenperioden füllen sich die Karstgänge auf und spucken vielerorts herrliche Wasserfälle und Bäche aus.

Der südöstlichste Zipfel der Provinz Cuneo, das oberste **Tanaro-Tal,** zu dem die Dörfer Carnino, Upega und Piaggia gehören, wird auch Briga Alta genannt – nach dem Siedlungsgebiet der Brigasker, das mit dem oberen, heute französischen Roya-Tal eine Einheit gebildet hat. Noch bis 1947 gehörte das obere Roya-Tal jenseits von Tenda-Pass und Monte Saccarello zu Italien. Die Grenzverschiebungen haben das Alpterrain, die Lebensgrundlage der Brigasker, zerrissen und das Bergvolk zu einer vom Aussterben bedrohte Minderheit gemacht. Carnino ist längst verlassen. Neuerdings werden einige Häuser zu Wochenenddomizilen ausgebaut. Mehr über die Brigasker: vastera.it; patrimoine-labrigue.no-ip.fr.

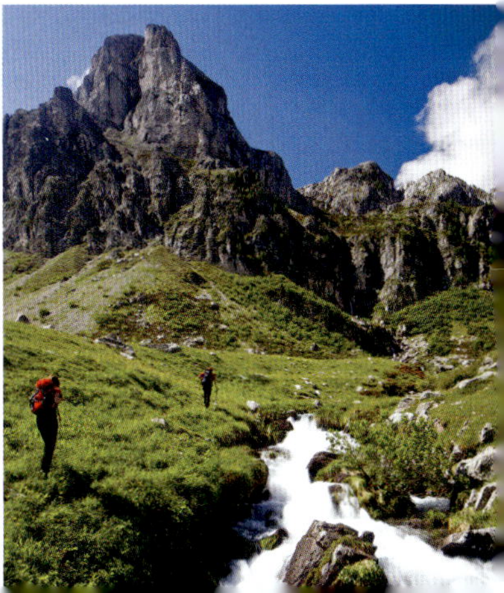

Oberes Ellero-Tal (Tour 45, 46).

44 Piscio del Pesio, 1426 m, und Cascata del Saut, 1184 m

3.45 Std.

Wasserfälle im Pesio-Tal

Die Straße durch das Pesio-Tal endet an einer idyllischen Wiesenlichtung mit steiler Gebirgsumrahmung. Einladende Picknicktische und das Rifugio Pian delle Gorre ziehen am Wochenende jede Menge Ausflügler an. Pian delle Gorre liegt schon im Parco del Marguareis, dem früheren Naturpark Alta Valle Pesio e Tanaro, und ist einer der Ausgangspunkte für Touren im faszinierenden Karstgebirge, das in der Punta Marguareis kulminiert. Am Fuß der Kalkwände bieten Wasserfälle besonders nach Regenfällen ein eindrucksvolles Schauspiel. Die Rundwanderung führt überwiegend durch Wald und ist eine ideale Alternative bei Hitze oder schlechtem Wetter.

Ausgangspunkt: Pian delle Gorre, 1032 m, Parkplatz im Talschluss des Pesio-Tals, 4 km von Certosa di Pesio, 36 km von Cuneo.
Markierung: Hinweisschilder.
Höhenunterschied: 500 m.
Anforderungen: Bergpfade und breite Wege. Abgesehen von einem Steilaufstieg leichte Waldwanderung.
Beste Jahreszeit: Immer, solange kein Schnee liegt.
Einkehr und Unterkunft: Unterwegs keine; Rifugio Pian delle Gorre, 16 Betten, ganzjährig, Tel. +39/0171/1836010 oder +39/335/6889542, rifugiopiandellegorre.cn.it. Frazione San Bartolomeo: Albergo Valle Pesio, Tel. +39/339/8372699, vallepesio.org; La Locanda Alpina, Tel. +39/366/7102711. Frazione Vigna: B&B Le Cabane, Tel. +39/0171/338207.
Karte: Fraternali editore 1:25.000, Blatt 16 Val Vermenagna, Valle Pesio, Alta Valle Ellero, Parco Naturale del Marguareis oder Blu Edizioni 1:25.000, Cartoguida 2 Alpi Liguri.

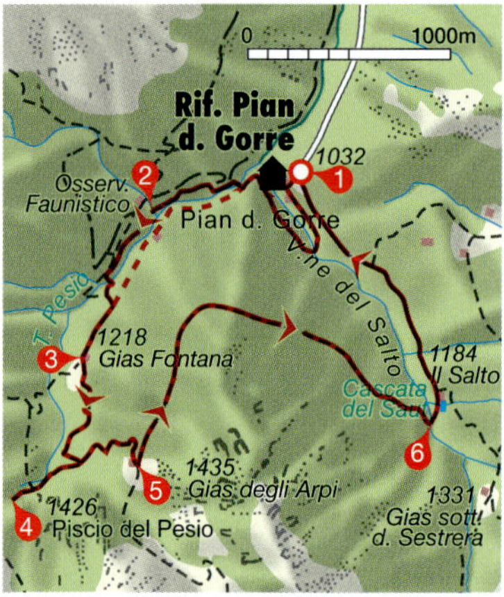

Vom Parkplatz gehen wir am **Rifugio Pian delle Gorre (1)** und einem kleinen Partisanenfriedhof vorbei in den Wald. Der breite Weg passiert zwei Bäche und senkt sich zur dritten Brücke über den Pesio-Bach, 1000 m (0.20 Std.). Noch vor der Brücke zweigt links der Direktweg (0.15 Std. kürzer) zum Piscio del Pesio ab. Die schönere Route jedoch führt nach der Brücke links zum **Osservatorio Faunistico (2)**, 1083 m (0.10 Std.), einem Wildgehege für kranke Tiere. Wir folgen dem Pfad links am Gehege vorbei, queren eine Brücke und stoßen im Aufstieg bald auf den Direktweg zum Wasserfall, den wir

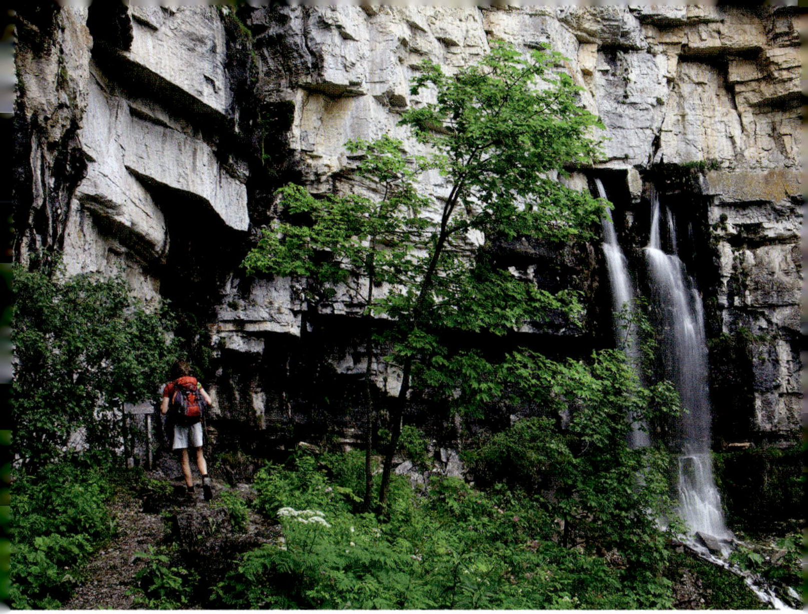

Piscio del Pesio.

nach rechts einschlagen. Auf der Wieseninsel der **Gias Fontana (3)**, 1218 m, halten wir uns am Wegkreuz links und setzen den Waldaufstieg südlich fort bis zur nächsten Weggabelung (0.20 Std.), von der nach rechts in weiteren 20 Minuten die offene Felswand des **Piscio del Pesio (4)**, 1426 m, erreicht ist, aus der mitunter mehrere Wasserfälle ihren Strahl ausspucken. Für den Rückweg biegen wir am letzten Wegkreuz rechts ein und steigen nochmals 10 Minuten zur Waldlichtung der **Gias degli Arpi (5)**, 1435 m, auf.

Gleich am Waldrand nehmen wir links den Weg, der in angenehmem Gefälle die waldigen Flanken erst nordöstlich, dann gegen Südosten ins **Vallone del Salto (6)** quert. Nach der zweiten Brücke lohnt sich rechts der kurze Abstecher zur **Cascata del Saut**, 1184 m. Unsere Route mündet in einen Fahrweg, über den wir nach einer halben Stunde das Rifugio **Pian delle Gorre (1)** erreichen.

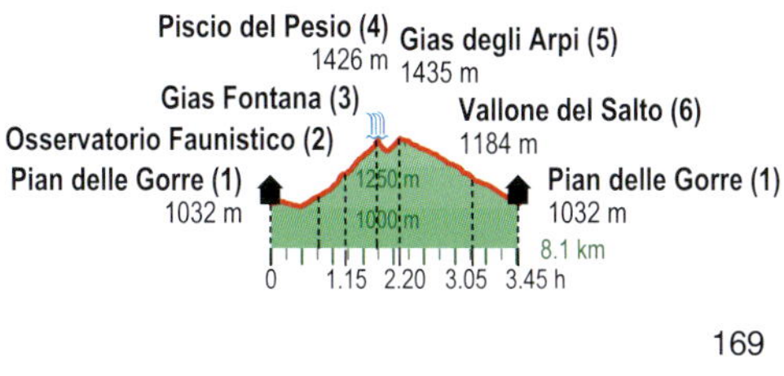

TOP **45**

Rund um die Punta Marguareis

3 Tage

Karsttrekking vom Feinsten

Wer das faszinierende Karstmassiv der Punta Marguareis kennenlernen möchte, muss kräftige Aufstiege in Kauf nehmen, egal von welchem der hineinziehenden Seitentälern er startet. Von daher machen Tagestouren weniger Spaß. Besser in der Höhe zu bleiben und von Hütte zu Hütte zu wandern. Die hier vorgestellte Drei-Tages-Tour gibt Einblick in grandiose Hochtäler voller Verkarstungen, die in der Sonne leuchten wie Schnee. Dazwischen liegen Wieseninseln mit großer botanischer Vielfalt. Mehrere Gipfel unterwegs laden zur Eroberung ein. Außerdem wird ein interessanter Abschnitt der »Via Cannoniera« begangen, der historischen Militärstraße Napoleons, die sich am Grenzkamm zwischen Frankreich und Italien entlangschlängelt.

Ausgangspunkt: Pian delle Gorre, 1032 m, Parkplatz im Talschluss des Pesio-Tals, 4 km von Certosa di Pesio, 36 km von Cuneo.
Markierung: Rot-weiß-rot, rot, Steinmännchen, Hinweisschilder.
Höhenunterschied: 1750 m.
Anforderungen: Gute Bergpfade durch stark gegliedertes Gelände, das Trittsicherheit und Kondition voraussetzt. Zwischen Passo del Duca und dem Passo di Scarason weglos, doch markiert. Die Hitze des Sommers sorgt oft schon ab Mittag für Wolkenbildung und Nebel auf den Hochflächen, und die Markierungen sind schwer zu finden. Daher früh starten!
Beste Jahreszeit: Juni bis Oktober.

Einkehr und Unterkunft: Rifugio Pian delle Gorre, 1032 m, 16 Betten, ganzjährig, Tel. +39/0171/1836010 oder +39/335/6889542, rifugiopiandellegorre.cn.it; Rifugio Don Barbera, CAI, 2079 m, Mitte Juni bis Mitte Okt., 40 Betten, Winterraum, Tel. +39/333/9117975 oder +39/0174/086157, rifugiodonbarbera.eu; Rifugio Garelli, CAI, 1965 m, Juni bis Ende Sept., Mai/Okt an Wochenenden, 90 Betten, Winterraum, Tel. +39/0171/738078 oder +39/339/7709937, rifugiogarelli.com.
Karte: Fraternali editore 1:25.000, Blatt 16 Val Vermenagna, Valle Pesio, Alta Valle Ellero, Parco Naturale del Marguareis oder Blu Edizioni 1:25.000, Cartoguida 2 Alpi Liguri.

1. Tag: Pian delle Gorre, 1032 m – Rifugio Don Barbera, 2079 m

4.45 Std. (ohne Gipfel), 1300 m im Aufstieg, 250 m im Abstieg.

Vom Parkplatz folgen wir dem Fahrweg, der links vom **Rifugio Pian delle Gorre (1)** südöstlich durch Wald ansteigt und nach etwa zwei Kilometern endet. In einem kurzen Abstecher kann man rechts die Cascata del Saut (10 Min.) besuchen, ansonsten nehmen wir den Bergpfad Richtung Rifugio Garelli. An der Wiesenlichtung der **Gias sottano di Sestrera (2)**, 1331 m (0.45 Std.), öffnet sich uns ein erster sagenhafter Blick auf die senkrechten Felsabstürze der Rocce und der Cima Scarason. Wir werden ihnen ganz schnell näher rücken, wenn wir am Wegkreuz und Brunnen neben dem Alpgebäude nach rechts gehen.

Durch das Vallone del Marguareis steigen wir mit Blick auf die Felsen rechts des Baches bis zum Wegkreuz. Nach rechts zieht ein Pfad durch den Hang am Fuße der Felsabstürze im Bogen nach Norden auf den Wiesensattel des **Colle del Prel Soprano (3)**, 1925 m. Im Osten können wir auf einer Terrasse über dem Vallone del Marguareis das Rifugio Garelli ausmachen, in dem wir am nächsten Tag nächtigen werden. In wenigen Minuten sind wir vom Wiesensattel südwestlich über den felsdurchsetzten Hang zum **Passo del Duca (4)**, 1989 m (1.30 Std.), aufgestiegen. In der ersten Kurve nach dem Pass zweigen wir nach links von der Hauptroute ab und folgen nun der roten Markierung weglos durch das Karstgelände.

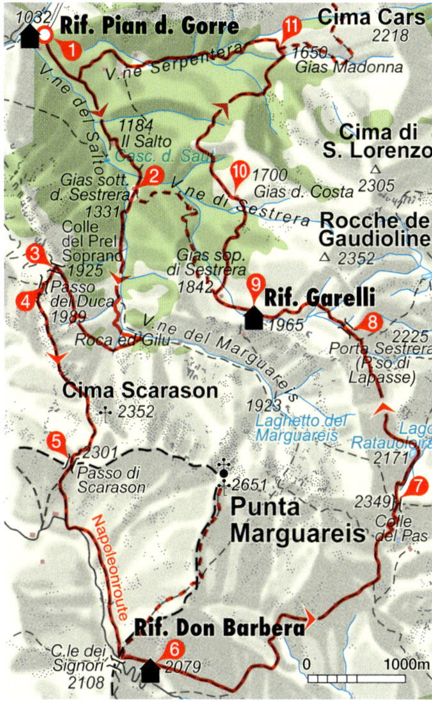

Die Route steigt jetzt am östlichen Rand der Conca delle Carsene mehr oder weniger in südliche Richtung an, berührt kurz die Abbruchkante der Rocce Scarason und quert dann durch eine exponierte Felspartie auf den von der Cima Scarason herabziehenden Bergrücken. Über diesen kann nach links leicht die Cima Scarason, 2352 m (insg. 30 Min.), bestiegen werden. Südwestlich verbindet sich der Bergrücken mit dem Grenzkamm, und wir betreten am **Passo di Scarason (5)**, 2301 m (1.30 Std.), französisches Terrain. Wieder liegt eine weite Karstfläche vor uns, durch die sich die berühmte, vom Tenda-Pass kommende und von Mussolini erbaute Militärstraße windet. Die roten Markierungen leiten südlich über Wiesenhänge hinunter, wo wir nicht, wie auf der Karte eingezeichnet, westlich der Schäferhütten, sondern östlich unterhalb auf die Militärstraße treffen. Am Wochenende sollte man die Militärstraße lieber meiden, denn der rege Betrieb an Quads, Motorrädern und Geländewagen ist nervtötend. Die ideale Alternative ist die Via Cannoniera, der von Napoleon erbaute Militärweg, auf dessen Wiesentrasse es sich ohnehin weitaus bequemer wandern lässt. Wenn wir auf die Militärstraße gestoßen sind und ihr ein kurzes Stück abwärts folgen, biegen wir an einem markanten Felszacken rechts der Straße auf die Via Canoniera, die erst unterhalb der Piste entlangläuft, dann oberhalb in den **Colle dei Signori**, 2108 m, zieht. Östlich unterhalb des Passes liegt das **Rifugio Don Barbera (6)**, 2079 m (1 Std.).

2. Tag: Rifugio Don Barbera, 2079 m – Rifugio Garelli, 1965 m

3 Std. (ohne Gipfel), 420 m im Aufstieg, 540 m im Abstieg.

Tipp: *Wer die Punta Marguareis, 2651 m (1.45 Std.), besteigen möchte, sollte früh aufbrechen, denn nur zu gerne hüllt sich der Gipfel schon mittags in Wolken. Der Zustieg erfolgt vom Rifugio Don Barbera oder vom Colle dei Signori nordöstlich über den Colle Galine, 2400 m.*

Von der gelben Biwakschachtel gleich neben dem **Rifugio Don Barbera (6)** folgen wir dem rot markierten Pfad, der sich oberhalb des Vallone dei Maestri durch die südliche Talflanke schlängelt und dann nordöstlich gegen den Colle delle Maestrelle zieht. Wir passieren den Pass etwas oberhalb und wandern hoch über der **Piaggia Bella** nach Norden. Die Piaggia Bella ist, wie der Name schon sagt, eine hübsche, von Verkarstungen eingefasste Wiesenebene. Wer genau schaut, sieht die gewaltige Doline unterhalb des Wanderweges, in die sich ein sprudelnder Bach stürzt und im Untergrund verschwindet. Es ist einer von 14 Eingängen in ein riesiges Grottensystem von insgesamt 54 Kilometern Länge. Etwas oberhalb der Ebene sehen wir die Capanna Saracco Volante, die von Speologen öfters genutzt wird und für Wanderer bei Gewitter ein willkommener Unterstand ist. Nach einem kurzen Steilstück erreichen wir den **Colle del Pas (7)**, 2349 m (1.45 Std.), und passieren damit die Wasserscheide zum Ellero-Tal. Das Gebiet ist voller mystischer Legenden, was sich in der Namensgebung manifestiert. So rührt der Name der Cime Pian Ballaur, die man vom Pass aus, dem Grat nach rechts folgend, in einer Stunde besteigen kann, von tanzen. Dort sollen sich die

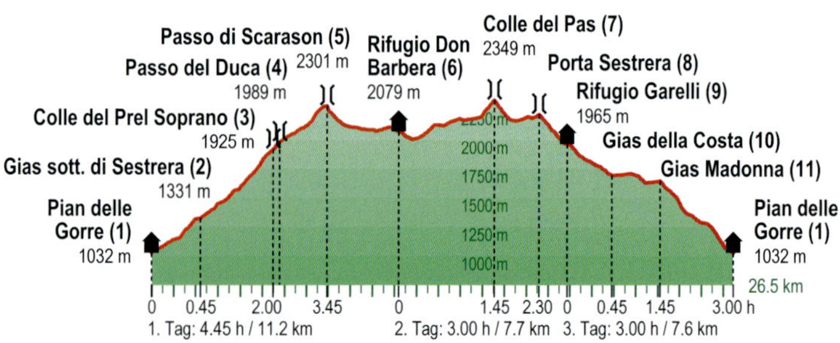

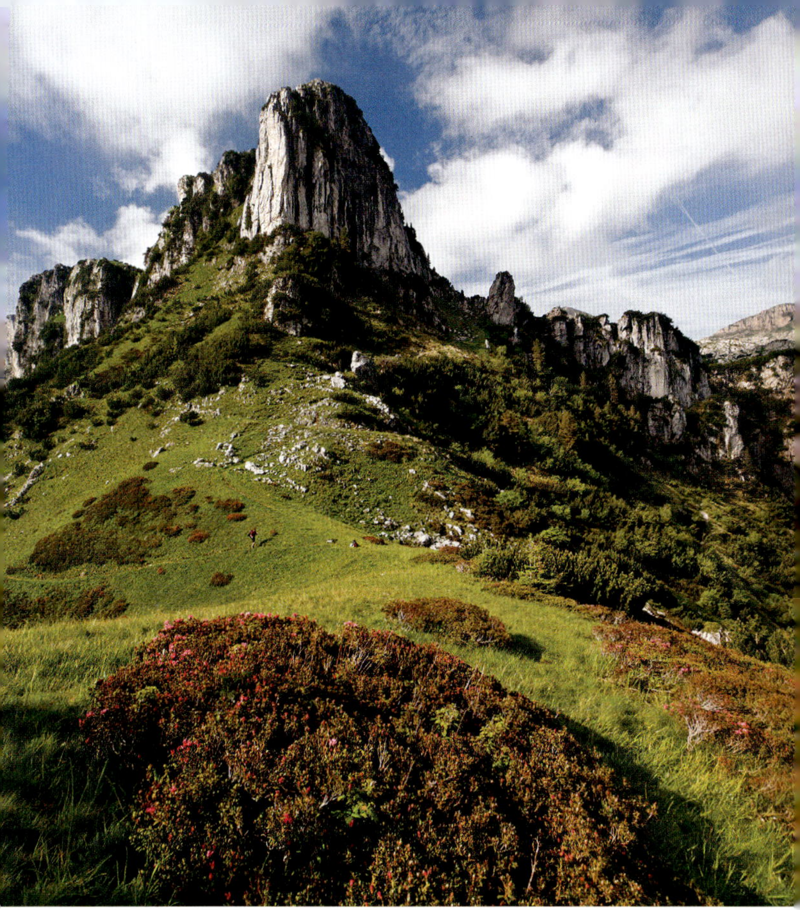

Colle del Prel, Testa del Duca.

Hexen getroffen haben, um sich zu beraten, zu feiern und zu tanzen. Der **Lago Ratauoloira**, 2171 m, zu dem wir vom Colle del Pas nordöstlich absteigen, lässt sich mit Fledermaus-See übersetzen, und den markanten Felsen Rocca di Maraquaia, auf den wir im Abstieg nordöstlich blicken, nennen die Einheimischen »il Magu«, den Zauberer. Am nördlichen Seeufer biegen wir von der Hauptroute ab und folgen links dem Pfad, der mehr oder weniger auf der Höhe bleibend nordwestlich zur **Porta Sestrera (8)**, 2225 m, quert

(0.45 Std.), wo wir auf die GTA stoßen. Im Abstieg nach Nordwesten liegt das **Rifugio Garelli (9)**, 1965 m (0.30 Std.), inmitten einer einmaligen Gebirgsumrahmung. Die Architektur der Hütte ist den Bergen der Umgebung abgeschaut und hat sich mit ihrer vorbildlichen Ausstattung auch einen Preis eingehandelt. Das kleine Wiesenplateau der Pian del Lupo (Wolfsebene) vor der Hütte begeistert im Bergfrühling mit einer Fülle an Orchideen und den seltenen gelben Schachbrettblumen. Der Blick vom Rifugio kann in die Ebene von Cuneo schweifen, bei klarer Sicht sind im Norden Gran Paradiso, Monte Rosa und das Matterhorn erkennbar.

3. Tag: Rifugio Garelli, 1965 m – Pian delle Gorre, 1032 m

3 Std. (ohne Gipfel), 30 m im Aufstieg, 960 m im Abstieg.

Vom **Rifugio Garelli (9)** steigen wir nordwestlich zum Alpgebäude der **Gias soprano di Sestrera**, 1842 m (0.15 Std.), ab und können uns dort für den direkten Abstieg (1.45 Std.) nach Pian delle Gore oder den etwas aussichtsreicheren Umweg durch das Valle Serpentera entscheiden. Letzteres führt uns rechts in einer Querung durch Wiesen und Buschwerk über die **Gias della Costa (10)**, 1700 m (0.30 Std.), zur Croce di Sestrera, 1710 m, wo durch Wald nordöstlich zur **Gias Madonna (11)**, 1650 m (1 Std.), im Valle Serpentera abgestiegen wird.

Wer noch Lust auf einen Gipfel hat, kann über die östlich gelegene Gias soprano Serpentera, 1799 m, die Cima Cars, 2218 m (1.30 Std.), besteigen, die einen wunderbaren Blick auf die Cima delle Saline und die Punta Marguareis bietet. Ansonsten geht es flussabwärts durch das Valle Serpentera zur idyllischen Lichtung der **Gias Pian del Creus**, 1290 m (0.45 Std.), und am Wegkreuz rechts weiter durch Wald zurück zum **Rifugio Pian delle Gorre (1)** (0.30 Std.).

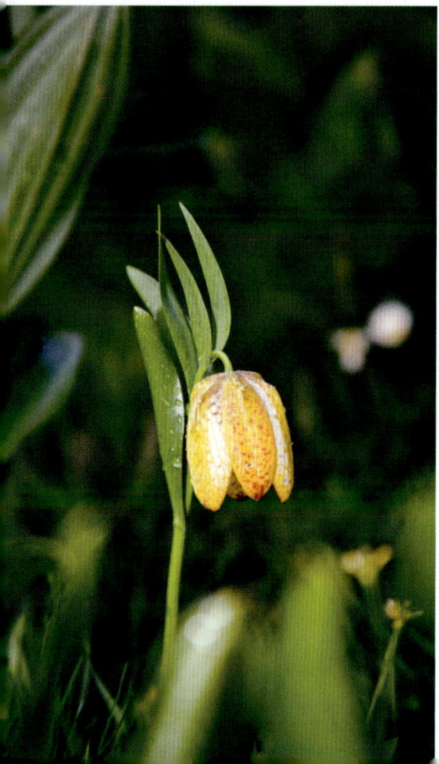

Schachbrettblume.

3 Tage

Cima delle Saline, 2612 m

46

Magische Welt um den dritthöchsten Berg der Ligurischen Alpen

Wie ein breiter Reptilienrücken mutet die Cima delle Saline von Süden her an, ganz im Kontrast zu ihren nördlichen Abstürzen, die sich dolomitenähnlich über dem Rifugio Mondovi drapieren. Ihre Überschreitung vom Colle del Pas kann, abgesehen vom heftigen Steilstück zum Passo delle Saline, als leicht eingestuft werden. Das Panorama ist überwältigend, und das Felsenreich steckt voller Legenden, was schon die Namen verraten: Cima delle Masche, der Hexengipfel, Rocca di Maraquaia, von den Einheimischen »il Magu«, der Zauberer, genannt, Cima Pian Ballaur, der Gipfel, wo die Hexen tanzen…

Ausgangspunkt: Pian delle Gorre, 1032 m, Parkplatz im Talschluss des Pesio-Tals, 4 km von Certosa di Pesio, 36 km von Cuneo.
Markierung: Rot-weiß, rot, Hinweisschilder, Steinmännchen.
Höhenunterschied: 2270 m.
Anforderungen: Aussichtsreiche 3-Tage-Tour, teilweise steile Bergpfade, Trittsicherheit wichtig. Schlüsselstelle ist der Ostabbruch der Cima delle Saline. Bei Nebel ist die Überschreitung zu meiden.
Beste Jahreszeit: Juni bis Oktober.
Einkehr und Unterkunft: Rifugio Pian delle Gorre, CAI, 1032 m, 16 Betten, Dusche, ganzjährig, Tel. +39/1836010 oder +39/335/6889542, rifugiopiandellegorre.cn.it; Rifugio Garelli, CAI, 1965 m, Juni bis Mitte Okt., Mai/Okt. an Wochenenden, 90 Betten, Winterraum, Tel. +39/0171/738078 oder +39/339/7709937, rifugiogarelli.com.
Karte: Fraternali editore 1:25.000, Blatt 16 Val Vermenagna, Valle Pesio, Alta Valle Ellero, Parco Naturale del Marguareis oder Blu Edizioni 1:25.000, Cartoguida 2 Alpi Liguri.

1. Tag: Pian delle Gorre, 1032 m – Rifugio Garelli, 1965 m

3 Std., 950 m im Aufstieg, 20 m im Abstieg.

Von **Pian delle Gorre (1)** können wir das Rifugio Garelli entweder auf dem Direktweg (2.30 Std.) oder schöner durch das Vallone del Marguareis (wie in Tour 45 beschrieben) angehen. Fällt die Wahl auf Letzteres, halten wir uns am Wegkreuz oberhalb der **Gias sott. d. Sestrera (2)** rechts, steigen zum **Laghetto del Marguareis (3)**,1924 m, auf, von wo wir mit einem Knick nach Norden das **Rifugio Garelli (4)**, 1965 m, erreichen.

2. Tag: Rifugio Garelli, 1965 m – Rifugio Mondovi, 1761 m

5.30 Std.; 840 m im Aufstieg, 1040 m im Abstieg

Vom **Rifugio Garelli (4)** folgen wir der GTA östlich in steilen Kehren zur **Porta Sestrera (5)**, 2225 m (0.45 Std.), hinauf. Nach einem kurzen Abstieg durch ein Tälchen halten wir uns rechts und queren südlich ansteigend zum **Lago Ratauoloira**, 2171 m. Die rot markierte Route steigt dann südwestlich in den **Colle del Pas (6)**, 2349 m (1 Std.). Dort folgen wir links dem breiten Gratzug über die **Cima Pian Ballaur**, 2603 m (1 Std.), zur **Cima delle**

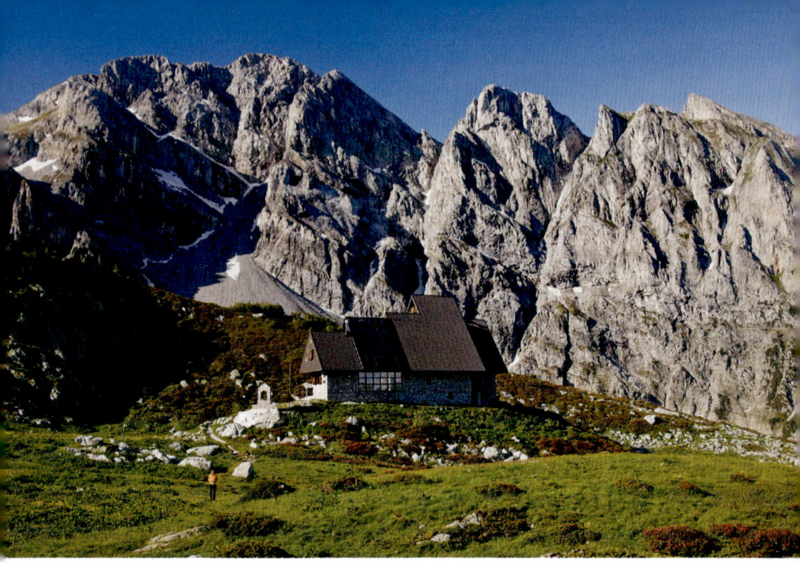

Rifugio Garelli.

Saline (7), 2612 m (0.30 Std.). Die bisher bequeme Hochfläche der Cima delle Saline stürzt gegen Osten in einer Steilstufe ab. Der Pfad durch Felsen und rutschigen Schutt hindurch fordert die Knie. Nach dem etwa 80 Meter hohen Abbruch geht es durch sanfteres Gefälle den Schrofenhang abwärts in den **Passo delle Saline (8)**, 2174 m (0.45 Std.), über den einst eine alte Salzstraße führte. Hier stoßen wir auch wieder auf die GTA, der wir nördlich in den Talschluss des Val Ellero folgen. In Bachnähe mündet der Pfad in den

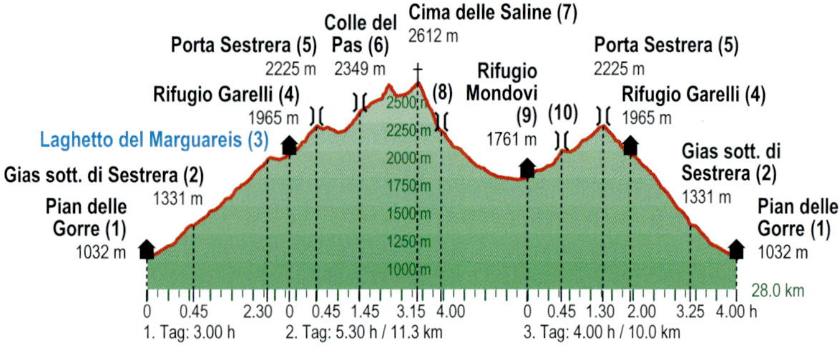

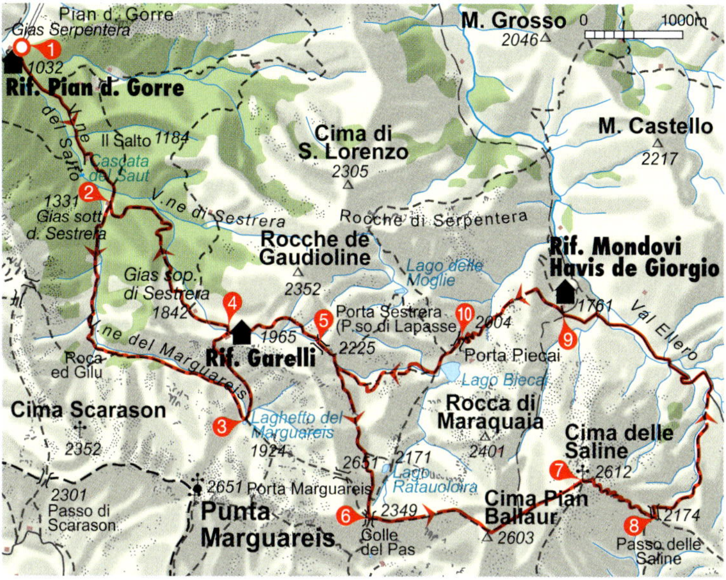

von der Gias Gruppetti kommenden Fahrweg ein, der uns durch das idyllische Hochtal zum **Rifugio Mondovi (9)**, 1761 m (1.30 Std.), bringt. Spezialität von Hüttenwirt Mariolino ist Polenta mit geschmolzenem Bergkäse und Lauchrahmsoße.

3. Tag: Rifugio Mondovi, 1761 m – Pian delle Gorre, 1032 m

4 Std., 480 m im Aufstieg, 1210 m im Abstieg.

Vom **Rifugio Mondovi (9)** steigen wir nordwestlich den Alpenrosenhang auf. Der Pfad knickt nach Südwesten, quert die rechte Talseite über dem Rio Ciappa und steigt zur **Porta Biecai (10)**, 2004 m (0.45 Std.), auf. Vor uns liegt nun ein hübscher Talkessel, in den sich der Lago Biecai bettet, ein reiner Schmelzwassersee, der nur nach Wintern und längeren Regenperioden gefüllt ist. Wir queren den Kessel oberhalb gegen Südwesten, lassen den Abzweig zum Lago delle Moglie rechts liegen und steigen durch einen Bachgraben westlich zu einer nächsten Hochfläche auf. Links führt ein Pfad in den Colle del Pas, wir halten uns jedoch rechts nordwestlich zur **Porta Sestrera (5)**, 2225 m (0.45 Std.), und steigen auf bekanntem Weg zum **Rifugio Garelli (4)**, 1965 m (0.30 Std.), ab, wo wir uns diesmal für den Direktweg nach **Pian delle Gorre (1)**, 1032 m (2 Std.), entscheiden.

47 Monte Armetta, 1739 m

3.30 Std.

Aussichtsbalkon zwischen Meer und Marguareis

Schroff bricht der Monte Armetta zum Tanaro-Tal ab, während seine Südseite sich als behäbiger Wiesenrücken präsentiert, der im Frühling mit einer artenreichen Flora begeistert. Ein Gang entlang dem Grat, einer Teiletappe der Alta Via dei Monti Liguri, bietet hinreißende Tiefblicke auf Ormea, den Hauptort des Tanaro-Tals. Nach Süden schweift der Blick bis zum Meer, bei klarer Sicht ist sogar Korsika auszumachen. Im Nordwesten türmt sich die Karstbastion des Naturparks Pesio-Tanaro, die im Marguareis kulminiert.

Ausgangspunkt: Colle Caprauna, 1379 m, Zufahrt von Ormea Richtung Caprauna, 12 km.
Markierung: Rot-weiß, Hinweisschilder.
Höhenunterschied: 530 m.
Anforderungen: Problemlose Bergpfade, familienfreundlich.
Beste Jahreszeit: Juni bis Oktober.
Unterkunft: Hotels in Ormea; unterwegs keine Einkehrmöglichkeit.
Karte: Fraternali editore 1:25.000, Blatt 19 Alta Val Tanaro, Alta Valle Arroscia, Alta Valle Argentina.

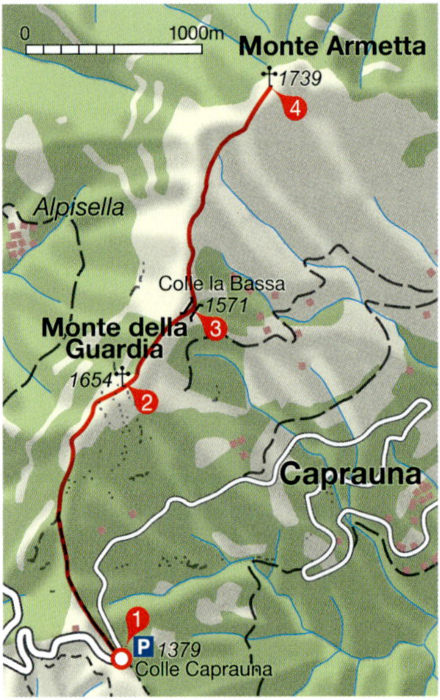

Vom Picknickplatz am **Colle Caprauna (1)**, 1379 m, zieht nordwestlich der Wanderpfad den Kamm entlang. Zunächst mehr oder weniger flach, dann steiler durch Wald bergwärts. An einer felsigen Lichtung halten wir uns rechts, gewinnen durch Wald an Höhenmetern und erreichen einen ersten Ausguck ins oberste Tanaro-Tal und zum französisch-italienischen Grenzkamm.
Die Route setzt sich auf der Südostseite des Bergrückens zum Colle Bassa fort. Schöner ist es, schon unterwegs beim Hinweisschild zum **Monte della Guardia (2)**, 1654 m, nach links einzuschlagen. Der Pfad führt direkt zum Kamm, der wunderbare Tiefblicke bereithält. Zwar weglos, aber unproblematisch kann man dem Kamm nordöstlich folgen und stößt am **Colle Bassa (3)**, 1571 m, wieder auf die Alta Via dei

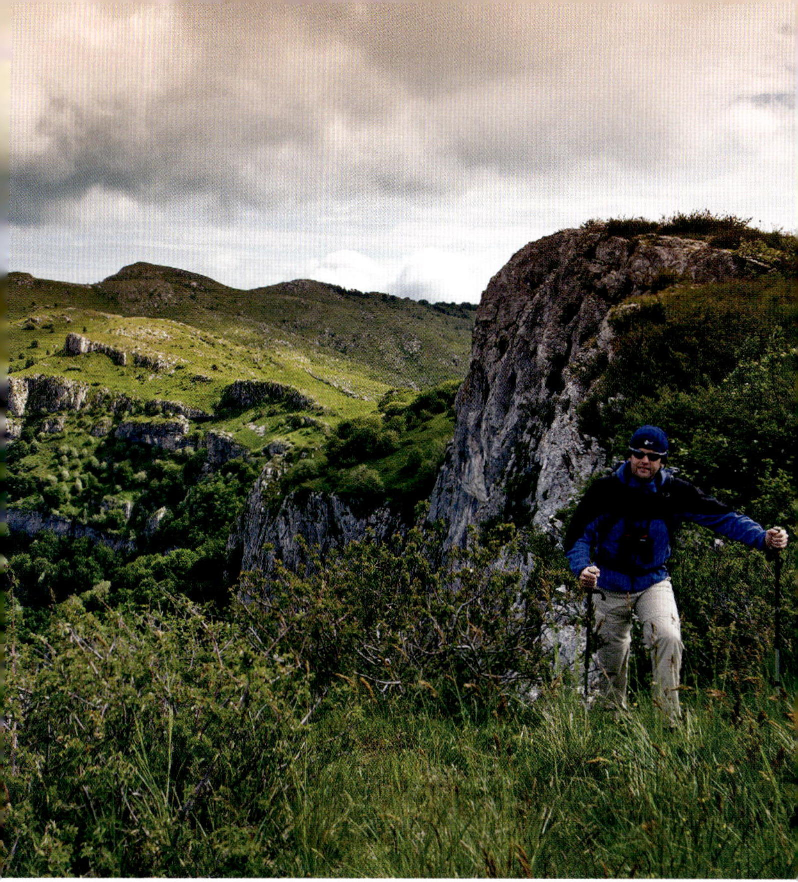

Immer am Kamm entlang geht's zum Monte Armetta.

Monti Liguri. Diese windet sich nun über die breite Südseite zum **Monte Armetta (4)**, 1739 m, hinauf. Mit etwas Glück kann man hier Anfang Juni bereits auf Edelweiß stoßen.
Für den Rückweg wählen wir dieselbe Route.

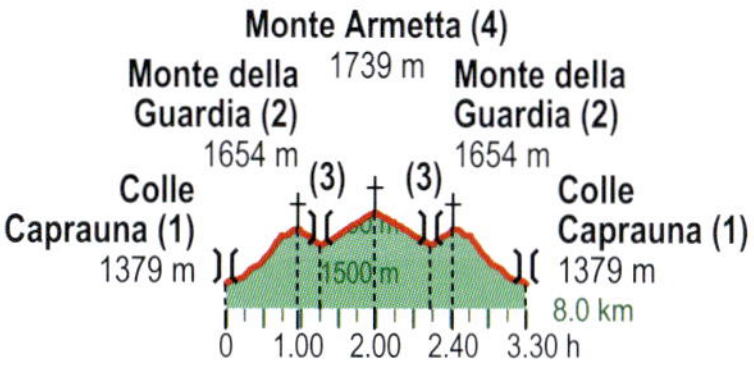

48 Rifugio Mongioie, 1555 m

4.10 Std.

Ein Paradies für große und kleine Kinder

Einer der schönsten unter den leichten Wegen des oberen Tanaro-Tals ist der Naturlehrpfad vom archaischen Weiler Carnino zum Rifugio Mongioie. Ansonsten sind die Wanderungen aus dem waldigen Tal in die aussichtsreichen Höhen anspruchsvoller. Bei dieser Route jedoch kann die ganze Familie mitkommen. Nicht nur Kinder werden ihre Freude haben an der Hängebrücke, die schwankend über die Karstquelle der Vene führt, oder an der gleichnamigen Grotte, in die man hineinklettern kann. Als weiterer Höhepunkt lockt das Rifugio Mongioie mit seiner fantastischen Aussicht: Hinter dem Haus türmen sich faszinierende Dolomitwände, und der Blick nach Süden kann über das Tanaro-Tal, bei klarer Sicht gar bis zum Meer schweifen. An Wochenenden herrscht in der Gaststube meist Hochbetrieb, in erster Linie wegen der guten Küche von Mamma Odasso, Mutter des Hüttenwirts und Bergführers Silvano.

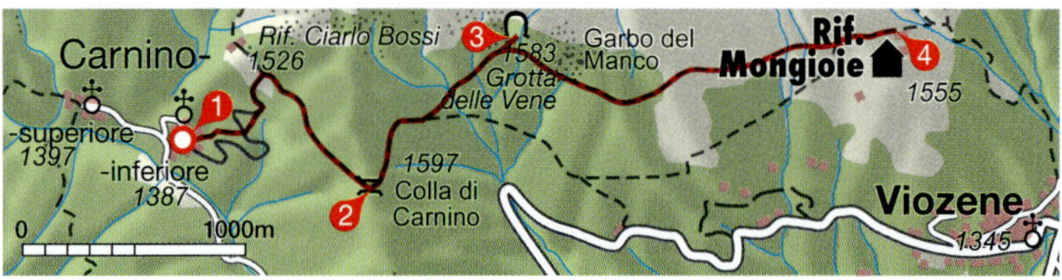

Ausgangspunkt: Carnino inferiore, 1387 m, Weiler der Gemeinde Briga Alta im obersten Tanaro-Tal, 22 km von Ormea, Zufahrt Richtung Upega, Abzweig rechts kurz vor der Gola delle Fascette.
Markierung: Rot-weiß, Hinweisschilder.
Höhenunterschied: 470 m.
Anforderungen: Problemlose Bergpfade mit ein paar Steilabschnitten. Der »sentiero dei camosci« ist dagegen anspruchsvoller, hier ist Trittsicherheit nötig – exponiertere Wegführung mit etwa 20 m langer, drahtseilgesicherter Passage.
Beste Jahreszeit: Juni bis Oktober.
Unterkunft: Rifugio Mongioie, CAI, 1555 m, Silvano Odasso, bewirtschaftet Mai bis Okt., 46 Betten, Winterraum, Tel. +39/0174/390196, rifugio-mongioie.com; Foresteria di Carnino (siehe Tour 50).
Karte: Fraternali editore 1:25.000, Blatt 16 Val Vermenagna, Valle Pesio, Alta Valle Ellero, Parco Naturale del Marguareis oder Wanderkarte Blu Edizioni 1:25.000, Cartoguida 2 Alpi Liguri.

An der Kirche von **Carnino inferiore (1)** folgen wir links dem rot-weiß-rot markierten GTA durch den Weiler bergwärts. Der schmale Pfad mündet bald in einen breiten Weg und erreicht nach mehreren Kehren die Wegkreuzung Tetti delle Donzelle. Hier schlagen wir rechts ein und steigen südöstlich in den **Colla di Carnino (2)**, 1597 m, der einen Blick in das von eindrucksvollen Wänden umrahmte Vallone Carnino spendet. Die Route senkt sich durch

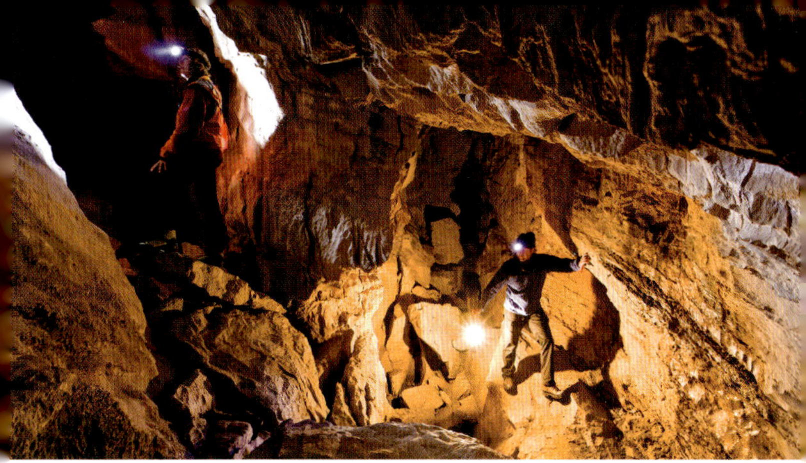

Grotta delle Vene.

die waldige Ostseite des Bergrückens zur Vene, die hier aus dem Untergrund des Karstes als »Resorgenza« (wiedererscheinende Quelle) auftaucht. Eine Hängebrücke führt über den Bach. Kurz danach weist ein Hinweisschild nach links zur **Grotta delle Vene (3)**, 1583 m. Machen wir den lohnenden Abstecher, müssen wir uns nach wenigen Metern rechts halten und durch eine steile Rinne zum Höhleneingang aufsteigen (1550 m, 5 Min.). Wer eine Stirnlampe bei sich hat, kann über den mit einer Leiter und Seilen gesicherten Einstieg in den dunklen Spalt klettern. Bis zu 4,7 Kilometer sind erforscht.

Zurück auf der Hauptroute wandern wir durch lockeren Wald – die Terrassenböden der früheren landwirtschaftlichen Nutzung sind noch deutlich sichtbar – östlich der Höhenlinie entlang zum offenen Wiesenplateau mit dem **Rifugio Mongioie (4)**, 1555 m. Der innovative Hüttenwirt Silvano Odessa richtete einen Weg ein, der sich alternativ zur Rückkehr anbietet, jedoch anspruchsvoller als der Hinweg ist. Der »sentiero dei camosci« (Gämsenweg) steigt vom Rifugio nordwestlich zur Felsbarriere Rocce del Manco auf und quert an dessen Fuß entlang mit einer kurzen gesicherten Passage zu dem vom Passo delle Saline kommenden Wanderweg, von wo man dann nach links über das Rifugio Carlo Bossi nach Carnino inferiore hinabsteigt – was insgesamt 0.30 Std. länger ist als die Strecke des Hinwegs.

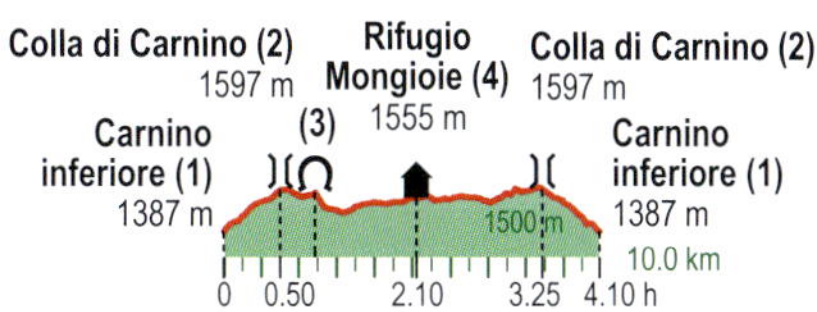

49 Monte Mongioie, 2630 m

2 Tage

Rund um und auf den zweithöchsten Berg der Ligurischen Alpen

Der behäbige Kalkgipfel, zweithöchster Berg der Ligurischen Alpen, fordert regelrecht zu einer Besteigung heraus. Das Szenario seiner Umgebung erinnert an die Dolomiten, besonders die wild gegliederte Front, die über dem Rifugio Mongioie aufragt. Am schönsten ist es, den Berg zu umrunden – mit der Option, ihn an zwei Tagen besteigen zu können, je nach eigener Verfassung und Wettersituation. Man lernt dabei fantastische Talschlüsse kennen: die Hochalmen und hübschen Seen des Raschera-Tals, von wo der würzige, gleichnamige Käse herstammt und das oberste Ellero-Tal, das besonders im Bergfrühling mit einer großartigen Alpflora begeistert.

Ausgangspunkt: Rif. Mongioie, 1555 m. Die Alpenvereinshütte im oberen Tanaro-Tal ist nur zu Fuß erreichbar: 0.45 Std. von Viozene oder in 2 Std. über Naturlehrpfad von Carnino Inferiore (Tour 48).
Markierung: Rot-weiß, Hinweisschilder, Steinmännchen.
Höhenunterschied: 2060 m.
Anforderungen: 2-Tage-Tour (in Verbindung mit Tour 48 3 Tage) über Bergpfade, die Trittsicherheit verlangen. Der Abschnitt zwischen der Gias Gruppetti und der Cima delle Colme am zweiten Tag ist markiert, aber weglos; bei schlechter Sicht schwierige Orientierung, deshalb sollte man die Tour bei Nebel unbedingt unterlassen. Auch der Abstieg durch die Gola delle Scaglie ist weglos und verlangt vor allem für den obersten Schutthang stabile Knie.
Beste Jahreszeit: Juni bis Oktober.
Einkehr und Unterkunft: Rifugio Mongioie, CAI, 1555 m, Silvano Odasso, bewirtschaftet Mai bis Okt., 46 Betten, Winterraum, Dusche, Tel. +39/0174/390196, rifugio-mongioie.com; Rifugo Mondovì-Havis de Gorgio, CAI, 1761 m, Mario Canavese, bewirtschaftet Mitte Juni bis Mitte Sept., außerdem Juni und Okt. an Wochenenden, 61 Betten, Dusche, Winterraum, Tel. +39/0174/1976669 oder +39/335/5475807, rifugiomondovi.com.
Variante: Man kann den Mongioie natürlich auch in einer Tagestour besteigen. Wählt man die Route am zweiten Tag über den Passo delle Saline fällt diese Tour in die rote Kategorie.
Karte: Fraternali editore 1:25.000, Blatt 16 Val Vermenagna, Valle Pesio, Alta Valle Ellero, Parco Naturale del Marguareis oder Wanderkarte Blu Edizioni 1:25.000, Cartoguida 2 Alpi Liguri.

1. Tag: Rifugio Mongioie, 1555 m – Rifugio Mondovì, 1761 m

7.15 Std., 1430 m im Aufstieg, 1220 m im Abstieg (5.15 Std. ohne Monte-Mongioie-Besteigung, 340 Hm weniger).

Vom **Rifugio Mongioie (1)** folgen wir dem rot-weiß markierten Weg, der sich nordöstlich über dem Vallone di Vastera zum Bocchino dell'Aseo hochzieht (2.30 Std.). Kurz vor dem Pass führen Wegspuren nach links durch den Schutthang auf den Gipfel des **Monte Mongioie (2)**, 2630 m (1 Std.). Vom

Rifugio Mongioie.

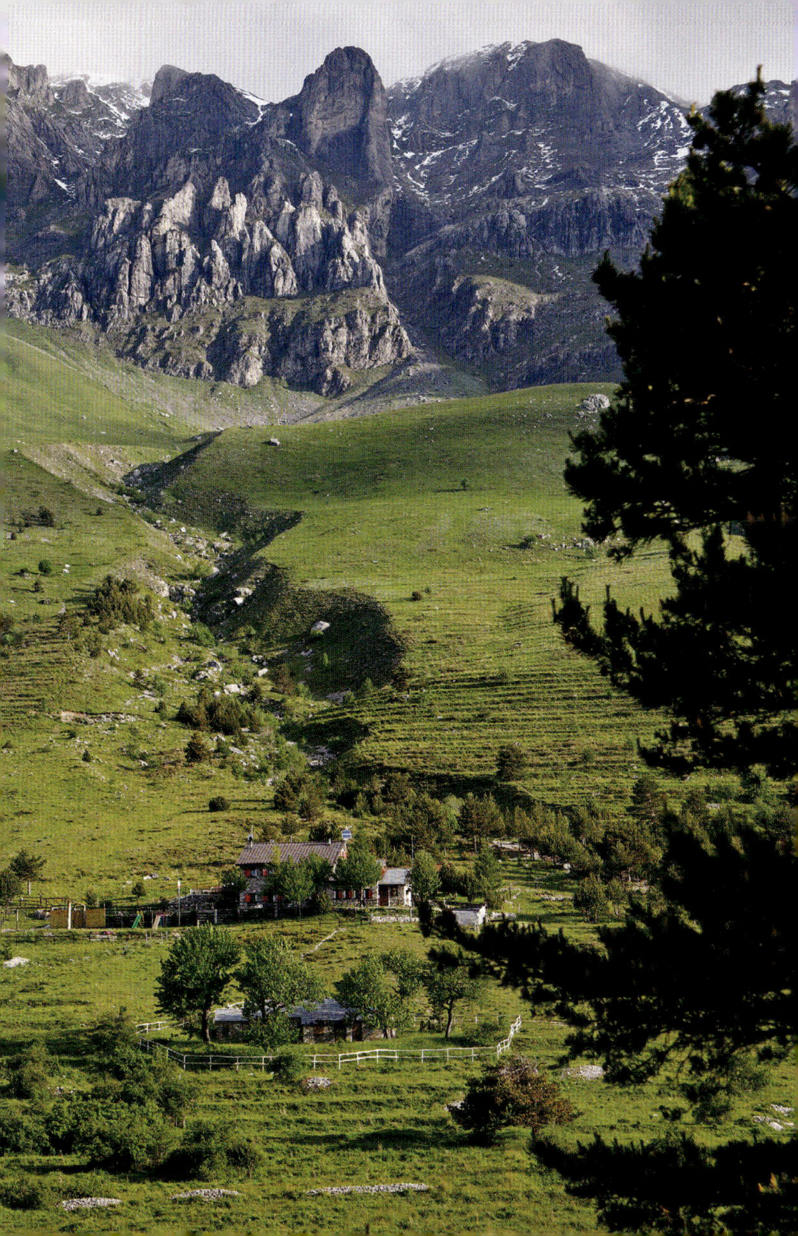

Gipfel geht es nun direkt zum **Bocchino dell'Aseo (3),** 2295 m. Am Pass wird erst nördlich abgestiegen, dann zieht der Pfad nordwestlich durch Mulden, schließlich an einem Hang entlang zum **Lago Raschera**, 2108 m (0.30 Std.). Wir passieren sein Ostufer, steigen dann rechts über den Südhang auf einen Wiesenrücken, diesen links entlang zu einer kleinen Moorebene. Es geht weiter am Bach hinauf und in den Sattel **Bocchino della Brignola (4)**, 2260 m (0.30 Std.). An der ersten Weggabelung im Abstieg (0.15 Std.) queren wir links auf einem neu angelegten Weg den Hang oberhalb der Laghi della Brignola und erreichen weiter westlich durch einen Bachgraben eine Wiesenebene. Hier folgen wir nicht dem rechten, sondern dem linken Pfad, der in südlicher Richtung den **Colle Brignola (5)**, 2330 m (0.45 Std.), gewinnt. Von unten können wir schon das Wegschild am Pass sehen. Wer einen Gipfelabstecher unternehmen möchte, kann dort links am Kamm entlang die **Cima della Brignola**, 2472 m (insg. 0.30 Std.), besteigen. Der Abstieg zieht sich westlich über die Weiden (im Juni viele Orchideen!) des Ellero-Tals zur **Gias Gruppetti (6)**, 1862 m (0.30 Std.). Von dort folgen wir einem Fahrweg durch den Talgrund nordwestlich zum **Rifugio Mondovi (7)**, 1761 m (0.45 Std.).

2. Tag: Rifugio Mondovi, 1761 m – Rifugio Mongioie, 1555 m

4.45 Std. (ohne Gipfel), 630 m im Aufstieg, 840 m im Abstieg.

Während der Klassiker (mit der GTA identisch) über den Passo delle Saline (Tour 46) nach Carnino und weiter (Tour 48) zum Rifugio Mongioie verläuft, bekommt man auf der hier vorgestellten Route einen noch intensiveren Einblick in den Karst. Fernab des Hauptweges ist auch die Chance auf Tierbeobachtung größer.

Vom **Rifugio Mondovi (7)** wandern wir wieder auf bekanntem Weg zur **Gias Gruppetti (6)**, 1862 m (1 Std.), zurück. Von dort folgen wir dem Bachlauf bis in den Talschluss, wo wir links den roten Markierungen durch den Graben an der Schnittstelle von Karst und Wiesenfläche südöstlich aufsteigen. Am Ende des Grabens tut sich rechts ein Gang im Karst auf, durch den wir

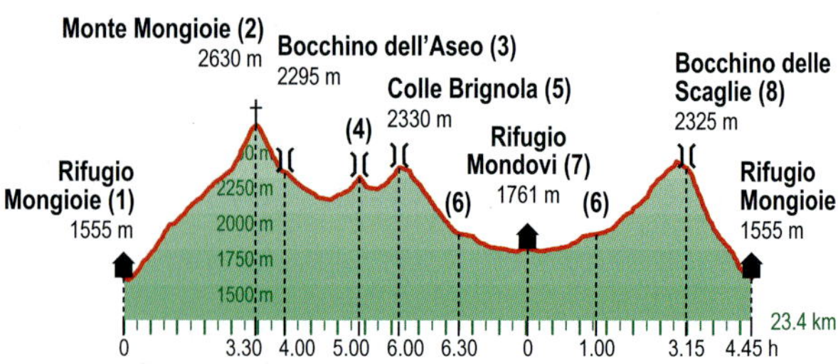

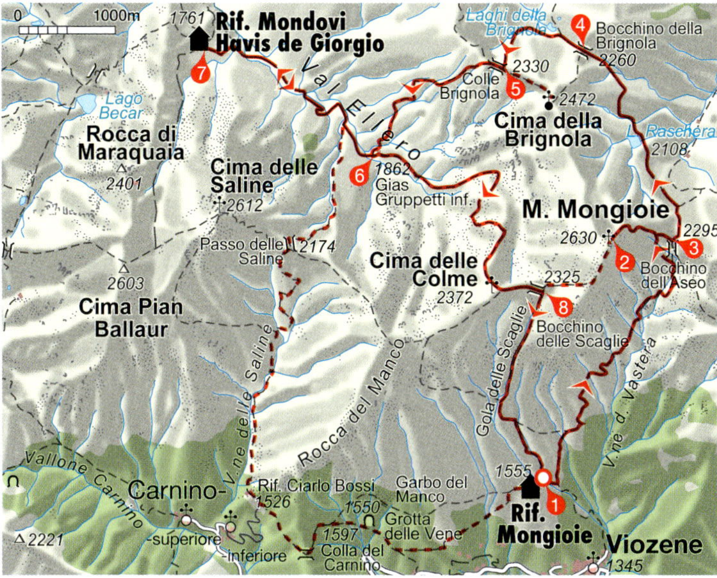

eine kleine Anhöhe erreichen. In kurzem Abstieg durchschreiten wir ein Tälchen mit Dolinen. Die roten Punkte führen uns im Zickzack mehr oder weniger in südlicher Richtung auf einen Karstrücken, zu dessen Füßen sich östlich die grüne Senke der Conca di Ngoro-Ngoro auftut. Wir steigen den Rücken nach rechts auf eine Schulter, wo wir auf einen Pfad treffen, der nordseitig der **Cima delle Colme** fast eben auf den das Ellero- und Tanaro-Tal trennenden Kamm, 2372 m (2 Std.), führt. Gewaltig sind die Ausblicke. Sowohl rechts Richtung Passo delle Saline wie links kann man bequem dem breiten Rücken folgen. Wir halten uns links und steigen in den **Bocchino delle Scaglie (8)**, 2325 m, ab. Östlich sehen wir im Hang den Pfad, über den wir als zweite Möglichkeit den Mongioie (0.45 Std.) besteigen könnten.

Wem der Abstieg durch die Gola delle Scaglie zu steil ist, könnte alternativ auch den Mongioie überschreiten und vom Bocchino dell'Aseo auf bekanntem Weg zum Rif. Mongioie zurückkehren. Der steile Schutthang südlich durch die **Gola delle Scaglie** erfordert vollste Aufmerksamkeit, doch liefert er spannende Perspektiven in die Kletterfelsen der »Piramidi«. Nach dem Couloir treffen wir auf verschiedene Kletter- und Tierpfade, die uns über Wiesenhänge zum **Rifugio Mongioie (1)** (1.45 Std.) bringen.

50 Rocca del Fera, 2221 m

7.20 Std.

Gratroute mit schaurig-schönen Tiefblicken

Carnino, ein charmantes, dennoch von der Landflucht heimgesuchtes Nest, ist eines der Tore in den Naturpark Pesio-Tanaro. Wer aus dem waldigen Talgrund zu den verkarsteten Alpgründen am Fuße des Marguareis aufsteigt, bekommt schon einen guten Eindruck von den Schönheiten, die diese faszinierende Kalklandschaft bereithält. Am Rifugio Don Barbera stößt man auf historische Militärwege, die zum Spazierengehen einladen, die aber an Wochenenden auch von motorisierten Freaks als Spielplätze missbraucht werden. Garantiert einsam gestaltet sich dagegen die Gratroute über die Rocca del Fera: ein abenteuerlicher Gang zwischen Himmel und Abgrund, der den routinierten Berggängern vorbehalten bleibt.

Ausgangspunkt: Carnino superiore, 1397 m, erster Weiler im Briga Alta, wie das oberste Tanaro-Tal genannt wird, 22 km von Ormea, Zufahrt Richtung Upega, Abzweig rechts kurz vor der Gola delle Fascette.
Markierung: Rot, Hinweisschilder und Steinmännchen.
Höhenunterschied: 970 m.
Anforderungen: Am besten als Zwei-Tages-Tour einplanen. Bis zum Rifugio Don Barbera problemloser Wanderweg, dann bequeme Militärpiste. Die exponierte Gratroute hingegen ist nur etwas für routinierte Berggänger mit absoluter Trittsicherheit und Schwindelfreiheit. Die Markierung ist teilweise schon recht verblichen, bei klarer Sicht jedoch gut auszumachen. Bei Nebel und Nässe unbedingt unterlassen. Kehrt man auf dem Hinweg zurück, ist es eine leichte, familientaugliche Wanderung.
Beste Jahreszeit: Juni bis Oktober.
Einkehr und Unterkunft: Carnino, 1387 m: Foresteria di Carnino, Juni bis Sept., 12 Betten, Matteo Eula, Tel. +39/0174/086108 oder +39/347/3018685 (Mirko), foresteriacarnino.it; Rif. Don Barbera (siehe Tour 45).
Variante: Bei Start in Upega verlängert sich die Tour um 2 Std.
Karte: Fraternali editore 1:25.000, Blatt 16 Val Vermenagna, Valle Pesio, Alta Valle Ellero, Parco Naturale del Marguareis oder Wanderkarte Blu Edizioni 1:25.000, Cartoguida 2 Alpi Liguri.

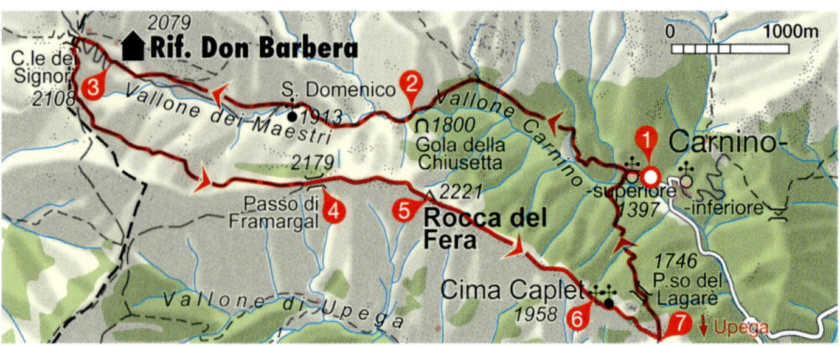

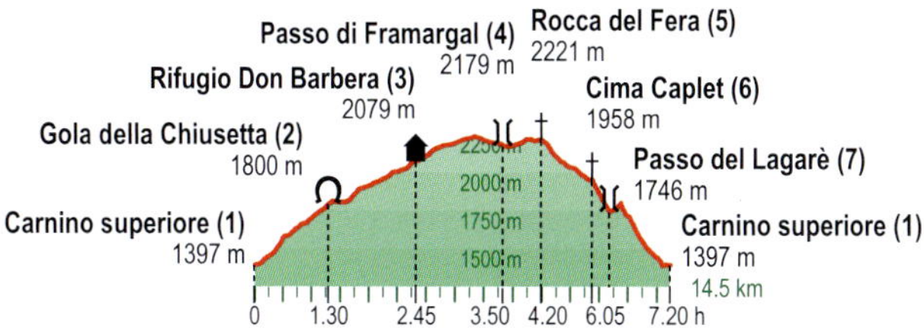

Carnino besteht aus zwei Ortsteilen, die nur noch im Sommer von ein paar Ferienhausbesitzern belebt werden. Wir starten in **Carnino superiore (1)**, dessen enge Gassen zu einem kurzen Bummel einladen. Eine alte Mulattiera zieht die linke Talseite durch das Vallone Carsino bergwärts und verengt sich schließlich an der **Gola della Chiusetta (2)**, 1800 m. Links des Weges fällt ein Kreuz auf, das an die neun verunglückten Speläologen erinnert, die hier im Winter 1990 einer Lawine zum Opfer fielen. Wir durchwandern einen flachen Talboden und steigen nur ein kurzes Stück steil durch eine Verengung mit Wasserfall. Danach betreten wir die offenen Alpgründe des Vallone dei Maestri. Gleich zu Beginn passieren wir die Kapelle Chiesetta di Sant'Erim (2 Std.) und schreiten dann durch eine faszinierende Karstlandschaft weiter talaufwärts.

Kurz vor dem Pass treffen wir auf das **Rifugio Don Barbera (3)**, 2079 m (0.45 Std.), eine einfache Hütte in bester Lage. Fünf Minuten oberhalb, am **Colle dei Signori**, 2108 m, betreten wir bereits französisches Terrain. Einmalig der Blick in eine bizarre Karstwelt und hinüber zu den Gipfeln des Mercantour-Nationalparks. Wir folgen links etwa drei Kilometer der Militärpiste unter den Nordabstürzen der Cima Pertega entlang bis zu der scharfen Rechtskurve am **Passo di Framargal (4)**, 2179 m (1 Std.). Wir verlassen die Straße und folgen dem markanten Grat nach Osten. Teilweise sind Pfadspuren ersichtlich, wir richten unser Auge auf die rote Markierung, die zunächst nordseitig ein Felsriff umgeht, dann südseitig unterhalb des Kammes entlangleitet. Bald ist der markante Felssporn der **Rocca del Fera (5)**, 2221 m (0.30 Std.), erreicht, den man in einem kurzen Abstecher erklimmen kann. Die Route wechselt auf die Nordseite, traversiert drahtseilgesichert steile Grasflanken, setzt sich dann auf dem felsigen Kamm fort und senkt sich zu einer Wiesenterrasse. Die nächste Kuppe passieren wir links durch eine Waldschneise (1.15 Std.), queren dann wieder zur Gratscheide und folgen dieser teilweise etwas mühsam durch Nadelgehölz, bis links der äußerste Spitz des Grats, die **Cima Caplet (6)**, 1958 m (0.30 Std.), auftaucht. Über den steilen Wiesenhang, in dem sich die Pfadspuren immer wieder verlieren, steigen wir nun östlich zum **Passo del Lagarè (7)**, 1746 m (0.30 Std.), ab. Dort treffen wir wieder auf einen gut ausgeprägten Wanderweg, der uns nach links zurück nach **Carnino superiore (1)** bringt.

Stichwortverzeichnis

Umschlagbild:
Über Pian del Re, dem Talschluss des Valle Po,
bäumt sich der Monviso auf.

Bild im Innentitel:
Chiappera mit Rocca Castello und R. Provenzale
(Touren 16, 20).

Alle 89 Fotos von der Autorin, ausgenommen Foto S. 102 (Peter Vogt).

Kartografie:
61 Wanderkärtchen im Maßstab
1:25.000 / 1:50.000 / 1:75.000 / 1:100.000

Übersichtskarten im Maßstab 1:500.000 und 1:2.000.000

Werk-Nr.: 4359

5., aktualisierte Auflage 2024

ISBN 978-3-7633-4899-2

FSC
www.fsc.org
MIX
Papier | Fördert
gute Waldnutzung
FSC® C147178

Wir freuen uns über jeden Korrekturhinweis zu diesem Wanderführer!
Bitte per E-Mail an: leserzuschrift@rother.de

ROTHER BERGVERLAG · München
D-82041 Oberhaching · Keltenring 17 · Tel. +49 89 608669-0 · rother.de